高职高专汽车专业视频图解创新教材

视频图解
汽车构造与原理

陈新亚　编著

机械工业出版社
CHINA MACHINE PRESS

《视频图解汽车构造与原理》书中附有 103 个视频,配合 400 多幅精美结构图,精准的中文和英文图注说明,按照汽车专业教材的编排顺序,以一问一答的形式通俗讲解汽车的构造、原理及最新技术和配置等,并对新能源汽车、驾驶辅助技术等进行了特别介绍。

书中所配视频以超清画面为主,大多配有中文字幕说明,直观、清晰、简洁、专业,非常适合汽车专业师生、汽车爱好者、车主和汽车行业从业人员观看阅读。

图书在版编目(CIP)数据

视频图解汽车构造与原理 / 陈新亚编著 . — 北京:机械工业出版社, 2020.6
高职高专汽车专业视频图解创新教材
ISBN 978-7-111-65740-8

Ⅰ.①视… Ⅱ.①陈… Ⅲ.①汽车-构造-高等职业教育-教材 Ⅳ.① U463

中国版本图书馆 CIP 数据核字 (2020) 第 092338 号

机械工业出版社(北京市百万庄大街22号 邮政编码100037)
策划编辑:李 军　　　　责任编辑:李 军　徐 霆
责任校对:潘 蕊　　　　封面设计:马精明
责任印制:张 博
北京宝隆世纪印刷有限公司印刷
2020年9月第1版第1次印刷
184mm×260mm・14印张・346千字
标准书号:ISBN 978-7-111-65740-8
定价:69.90元

电话服务　　　　　　　　　网络服务
客服电话:010-88361066　　机 工 官 网:www.cmpbook.com
　　　　　010-88379833　　机 工 官 博:weibo.com/cmp1952
　　　　　010-68326294　　金 书 网:www.golden-book.com
封底无防伪标均为盗版　　机工教育服务网:www.cmpedu.com

前言 FOREWORD

让汽车跑起来

汽车被誉为会跑动的艺术品，汽车最吸引人也最实用的特性就是能够快速奔跑。让汽车跑起来才能呈现汽车的最大魅力。《视频图解汽车构造与原理》揭示的就是汽车奔跑的奥秘，并以视频配合图片的形式，让读者更直观地理解其中的奥秘。

普通的图书只能在纸上体现静止而平面的汽车，即使加上详细的文字说明，再加上读者丰富的想象力，也难以让读者迅速而深刻地理解汽车构造和它奔跑的原理。在众多媒介中，只有影像最适合帮助人们解读汽车，视频可以全面展现汽车的魅力和风采，它可以让汽车真正动起来，甚至能展现汽车内部各个总成部件的构造和工作原理。

正因如此，我们在畅销书《汽车为什么会跑：图解汽车构造与原理》的基础上，增加了更多更形象的视频，转换成二维码附在书中，读者只要用手机扫描书中的二维码，就可轻松欣赏解构汽车奥秘的视频，让汽车在您面前真正地跑起来。

本书按汽车专业教材的章节序列编排，并在每章后附有思考题，希望您在阅读后能够系统地掌握汽车的构造和原理，成为专业级的汽车人才。

270963083@qq.com

目录 CONTENTS

前言
第一章　汽车总体构造 1
第一节　汽车主要总成 1
汽车由哪些主要总成组成? 1
一辆轿车有多少个零部件? 2
汽车底盘由哪些主要部件组成? 4
第二节　底盘布局形式 5
什么是前置发动机、前轮驱动车型? 5
什么是前置发动机、四轮驱动车型? 5
什么是前置发动机、后轮驱动车型? 6
什么是后置发动机、后轮驱动车型? 6
什么是前纵置发动机、四轮驱动车型? 7
什么是后中置发动机、四轮驱动车型? 7
什么是前中置发动机、后轮驱动车型? 8
第一章思考题 9

第二章　发动机基本构造 10
第一节　发动机总体构造 10
为什么说气缸是汽车心脏中的心脏? 10
气缸数为什么不能太多? 11
第二节　发动机部件 12
发动机共有多少个部件? 12
第三节　发动机气缸排列形式 14
发动机的气缸有哪几种排列形式? 14
为什么直列发动机应用最多? 15
V形发动机更先进吗? 16
为什么说水平对置发动机更有个性? 17
W形发动机为什么应用少? 18
第二章思考题 19

第三章　发动机基本原理 20
第一节　发动机动力来源 20
为什么说发动机动力来自于爆炸? 20
什么是内燃机和外燃机? 21
怎样计算发动机排气量和压缩比? 21
第二节　汽油机燃烧原理 22
为什么发动机需要吸入大量的空气? 22
第三节　汽油机工作循环 23
为什么发动机会发出有节奏的声音? 23
为什么汽油机的动力能够源源不断? 24
第四节　柴油发动机 26
为什么柴油发动机没有点火系统? 26
柴油发动机是怎样工作的? 27
第五节　转子发动机 28
转子发动机是怎样产生动力的? 28
第三章思考题 29

第四章　曲柄连杆与配气机构 30
第一节　曲柄连杆机构 30
活塞的直线运动怎样转变成曲轴的旋转运动? 30
为什么说活塞是动力产生的源泉? 32
1马力代表1匹马的力量吗? 33
怎样理解转矩的概念? 33
什么是曲轴、曲拐、曲柄? 34
为什么说曲轴是中心轴? 35
为什么需要平衡重和平衡轴? 35
第二节　配气机构 36
进气门为什么比排气门大? 36

气门数为什么不能太多? 37
为什么说凸轮轴像是指挥棒? 38
什么是顶置凸轮轴和双顶置凸轮轴? 39
为什么发动机需要正时? 39
第三节　可变气门技术 40
可变气门有什么优点? 40
奔驰CAMTRONIC可变气门是怎样工作的? 40
宝马Valvetronic电子气门是怎样工作的? 41
本田VTEC可变气门是怎么回事? 42
奥迪AVS可变气门是怎么回事? 43
第四章思考题 43

第五章　发动机进排气系统 44
第一节　进气系统 44
为什么发动机要进气和排气? 44
节气门起什么作用? 45
什么是理想空燃比? 46
为什么进气歧管长度可以变化? 47
第二节　可变气缸 48
可变气缸和可变排量是怎么回事? 48
第三节　涡轮增压器 49
涡轮增压器如何增压? 49
为什么要配备增压器? 50
为什么涡轮增压器还要使用中冷器? 50
双涡管单涡轮增压器是怎么回事? 51
为什么排气有动力? 51
第四节　机械增压器 52
机械增压器是怎样工作的? 52
机械增压和涡轮增压有什么区别? 53
第五节　排气系统 54
氧传感器起什么作用? 54
为什么排气歧管奇形怪状? 55
第五章思考题 55

第六章　发动机燃油供给系统 56
第一节　燃油箱 56
燃油箱是怎样布置的? 56
炭罐起什么作用? 56
第二节　燃油供给系统 58
燃油是怎样供给到发动机的? 58
第三节　燃油喷射系统 59
多点喷射和单点喷射有什么不同? 59
缸内直喷和缸外喷有什么不同? 59
"双喷"发动机有什么优势? 60
为什么要采用高压喷射喷油?什么是高压油轨? ...61
怎样控制喷油时刻和喷油量? 62
第六章思考题 62

第七章　发动机点火与起动系统 63
第一节　点火系统 63
为什么说火花塞像闪电? 63
怎样控制点火顺序? 63
第二节　起动系统 64
发动机是怎样起动的? 64
起动机是怎样工作的? 64
为什么发动机起动需要飞轮? 66
第七章思考题 66

目录

第八章　发动机冷却与润滑系统...........67
　第一节　冷却系统..................................67
　　发动机都有哪些冷却方式?.................67
　　为什么发动机不能过热或过冷?..........68
　　散热器是怎样散热的?.........................68
　第二节　润滑系统..................................70
　　机油在发动机内是怎样流动的?..........70
　　为什么机油能起润滑作用?.................70
　　为什么要使用机油滤清器?.................71
　　湿式油底壳和干式油底壳有什么不同?...72
　　为什么水平对置发动机的润滑系更复杂?...73
　　第八章思考题......................................73

第九章　汽车变速器.........................74
　第一节　变速原理..................................74
　　为什么汽车需要变速器?.....................74
　　什么是齿轮传动比?.............................74
　　为什么变速器中要使用很多齿轮?......75
　第二节　手动变速器..............................76
　　手动变速器是怎样变速的?.................76
　第三节　同步器......................................77
　　手动变速器为什么需要同步器?..........77
　　同步器是怎样工作的?.........................78
　第四节　自动变速器（AT）.................79
　　自动变速器主要由哪些机构组成?......79
　第五节　液力变矩器..............................80
　　液力变矩器的构造和工作原理是什么?...80
　第六节　行星齿轮变速系统..................82
　　行星齿轮是怎样变速的?.....................82
　　为什么行星齿轮也能变速?.................82
　　锁止离合器起什么作用?.....................84
　　自动变速器最多档位数是多少?..........85
　第七节　无级变速器（CVT）..............86
　　无级变速器如何实现无级变速的?......86
　第八节　双离合变速器（DCT）..........88
　　双离合变速器是怎样变速的?.............88
　第九节　序列式变速器（SMG）..........90
　　序列式变速器是怎样变速的?.............90
　第十节　自动离合变速器（AMT）......91
　　自动离合变速器是怎样变速的?..........91
　第十一节　变速器档位数.....................92
　　变速器档位数的多少对汽车性能有什么影响?...92
　　第九章思考题......................................92

第十章　汽车传动系统.....................93
　第一节　传动形式..................................93
　　汽车都有哪些传动形式?.....................93
　　前置前驱（FF）有什么特点?............94
　　前置后驱（FR）有什么特点?............95
　　后置后驱（RR）有什么特点?............96
　　中置后驱（MR）有什么特点?...........97
　第二节　离合器......................................98
　　为什么说离合器是动力开关?.............98
　第三节　传动轴和半轴........................100
　　传动轴和半轴起什么作用?...............100
　第四节　差速器....................................101
　　为什么汽车需要差速器?...................101
　　差速器是怎样差速的?.......................101
　第五节　差速限制器............................102

　　为什么差速器会导致车轮打滑?........102
　　什么是差速限制器?...........................102
　　什么是限滑差速器?...........................102
　第六节　差速器锁................................103
　　为什么越野型汽车要配差速器锁?....103
　第七节　四轮驱动................................104
　　什么是分时四轮驱动?.......................104
　　什么是全时四轮驱动?.......................104
　　什么是适时四轮驱动?.......................104
　第八节　中央差速器............................105
　　为什么四驱汽车需要中央差速器?....105
　第九节　电控多片离合器....................106
　　电控多片离合器是怎样工作的?........106
　第十节　取力器与分动器....................108
　　取力器起什么作用?...........................108
　　分动器起什么作用?...........................109
　　分动器都有哪些形式?.......................110
　　为什么一些分动器还有两个档位?....111
　第十一节　液力耦合器........................112
　　液力耦合器是怎样分配前后动力的?...112
　第十二节　运动型差速器....................113
　　运动型差速器是怎样分配左右车轮动力的?...113
　第十三节　四驱系统图解....................114
　　宝马xDrive四驱系统是怎样工作的?...114
　　HALDEX（翰德）四驱系统是怎样工作的?...116
　　奔驰4MATIC四驱系统都有哪些形式?...118
　　奔驰4MATIC四驱系统是怎样工作的?...119
　　丰田适时四驱系统是怎样工作的?....123
　　第十章思考题....................................123

第十一章　汽车行驶系统.................124
　第一节　悬架的作用和构造................124
　　悬架起什么作用?...............................124
　　悬架由哪些部件构成?.......................125
　　为什么液压减振器能减振?...............125
　　减振器是怎样起减振作用的?...........126
　第二节　悬架形式................................127
　　什么是独立悬架和非独立悬架?........127
　　常见的悬架形式都有哪些?...............128
　　什么是麦弗逊式悬架?.......................129
　　什么是扭转梁式悬架?.......................130
　　什么是双叉臂式悬架?.......................131
　　什么是多连杆式悬架?.......................132
　　稳定杆起什么作用?...........................132
　　什么是空气悬架?...............................133
　　空气悬架是怎样调节性能的?...........134
　　什么是电磁减振器?...........................135
　　什么是瓦特连杆悬架?.......................136
　　什么是自适应减振器?.......................136
　第三节　悬架性能................................137
　　什么是簧下质量?...............................137
　　为什么说悬架都是妥协设计?...........137
　第四节　轮胎..138
　　为什么轮胎里会有许多钢丝?...........138
　　轮胎胎块和沟槽分别起什么作用?....139
　　第十一章思考题................................139

第十二章　汽车转向系统.................140
　第一节　转向形式................................140

V

转向器都有哪些形式？	140
什么是齿轮齿条式转向器？	140
可变转向齿比是怎么回事？	141
什么是循环球式转向器？	141
第二节　转向助力	142
为什么转向需要助力？	142
转向助力都有哪些形式？	143
电动随速助力转向系统有什么优势？	143
电动随速助力转向系统是怎样工作的？	144
第三节　四轮转向	145
四轮转向有什么优点？	145
第十二章思考题	145

第十三章　汽车制动系统 146

第一节　制动系统形式	146
什么是鼓式制动？	146
什么是盘式制动？	147
为什么一踩制动踏板制动灯就会亮？	148
陶瓷复合制动盘有什么特点？	149
为什么通风盘式制动性能更好？	150
第二节　驻车制动	151
驻车制动系统装置在哪里？	151
电子驻车制动是怎样工作的？	151
第三节　制动助力器	152
真空制动助力器是怎样帮助制动的？	152
第十三章思考题	153

第十四章　汽车车身 154

第一节　车身构造	154
为什么车身要由面板和骨架组成？	154
什么是承载式车身和非承载式车身？	155
为什么说车门防撞杠非常重要？	156
什么是 NVH 特性？	157
第二节　车身材料	158
什么是车身刚性？	158
怎样减轻车身重量？	159
第十四章思考题	159

第十五章　汽车电气系统 160

第一节　空调与暖风	160
汽车空调制冷的原理是什么？	160
汽车空调是怎样制冷的？	161
汽车内的暖风是从哪来的？	161
第二节　灯光照明	162
什么是卤素灯？	162
氙气灯是怎样发光照明的？	162
随动转向前照灯有什么优点？	163
为什么 LED 灯应用越来越多？	164
采用日间行车灯有什么好处？	165
什么是矩阵 LED 前照灯？	166
什么是全天候灯？它有什么特点？	168
激光前照灯有什么优势？	169
自动前照灯是怎样工作的？	170
雨感刮水器是怎样感应雨水的？	170
第三节　仪表与电信号传递	171
奥迪虚拟驾驶舱是怎么回事？	171
抬头显示是怎样将行车信息投射在车前方的？	172
什么是 CAN 总线？	173

第四节　电子主动安全系统	174
防抱死制动系统（ABS）起什么作用？	174
电子制动力分配（EBD）起什么作用？	174
什么是牵引力控制系统（TCS）？	175
ESP 是怎样起作用的？	176
制动力辅助系统起什么作用？	177
第五节　被动安全系统	178
预紧式安全带是怎样工作的？	178
安全气囊是怎样工作的？	179
第十五章思考题	179

第十六章　驾驶辅助系统 180

第一节　驾驶模式选项	180
驾驶模式选项有什么用处？	180
第二节　变道警告系统	181
变道警告系统是怎样工作的？	181
第三节　车道保持系统	182
车道保持系统起什么作用？	182
车道保持系统是怎样工作的？	183
第四节　巡航控制系统	184
定速巡航系统是怎样工作的？	184
自适应巡航控制系统是怎样工作的？	185
怎样操作自适应巡航控制系统？	186
第五节　自动驾驶系统	187
自动驾驶技术是怎样分级的？	187
第十六章思考题	187

第十七章　新能源汽车 188

第一节　混合动力汽车	188
混合动力汽车是咋"混"的？	188
什么是轻混合动力？	189
什么是重混合动力？	190
什么是串联式混合动力？	190
什么是并联式混合动力？	191
什么是混联式混合动力？	193
丰田普锐斯混合动力是怎样工作的？	194
第二节　插电式混合动力汽车	198
什么是插电式混合动力汽车？	198
并联式插电混合动力汽车是怎样工作的？	198
混联式插电混合动力汽车是怎样工作的？	199
奥迪 A3 e-tron 插电式混合动力汽车是怎样工作的？	200
上汽荣威插电式混合动力汽车是怎样工作的？	203
雪佛兰沃蓝达插电式混合动力汽车是怎样工作的？	204
插电式与非插电式混合动力汽车有什么区别？	206
第三节　纯电动汽车	207
纯电动汽车的构造是怎样的？	207
纯电动汽车是怎样奔跑的？	208
纯电动汽车为什么没有变速器？它是怎样变速的？	209
纯电动汽车是怎样回收能量的？	210
为什么电动机又能充当发电机？	210
第四节　燃料电池汽车	212
什么是燃料电池汽车？	212
燃料电池汽车是怎样奔跑的？	213
燃料电池是怎样发电的？	214
丰田 Mirai 燃料电池汽车有什么特点？	216
奥迪 A7 Sportback 燃料电池汽车有什么特点？	217
第十七章思考题	217
本书视频资源索引	218

第一章　汽车总体构造

第一节　汽车主要总成

汽车由哪些主要总成组成？

汽车由车身与底盘两大部分组成，也可以分成车身、动力系统、底盘和电气系统四大部分。

车身部分包括车身骨架、车身钣金件以及座椅、仪表、天窗、车外后视镜等车身附件。

动力系统由发动机和变速器组成。

底盘由传动系统、行驶系统、转向系统和制动系统组成。

电气系统包括空调、灯光照明、音响以及电子控制单元、驾驶辅助系统、仪表和电信号传输系统等。

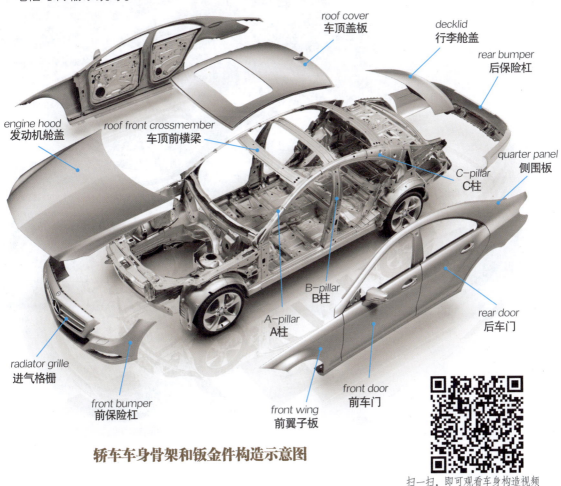

轿车车身骨架和钣金件构造示意图

扫一扫，即可观看车身构造视频

一辆轿车有多少个零部件？

这个问题没有标准答案。据估计，一辆燃油轿车约由8000多个不可拆解的独立零部件组成，包括所有电气和机械零部件。汽车大小和复杂程度不同，其零部件数量也会有所不同。

虽然电动汽车的构造相对燃油汽车简单，但由于其动力蓄电池都是由数千个芯片蓄电池或柱状蓄电池组合而成，如特斯拉的动力蓄电池就是由7000多个柱状蓄电池组成，因此电动汽车的零部件数量并不比燃油汽车的少。

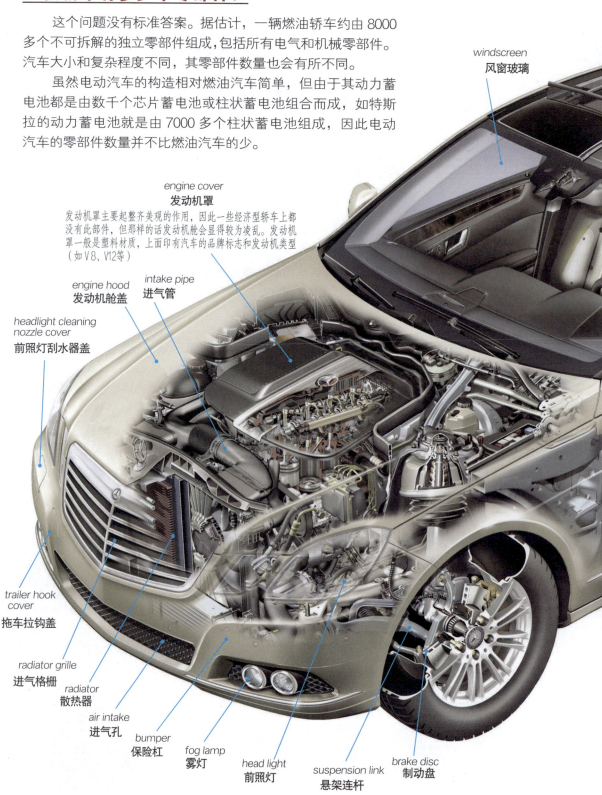

四门轿车主要部件构造图

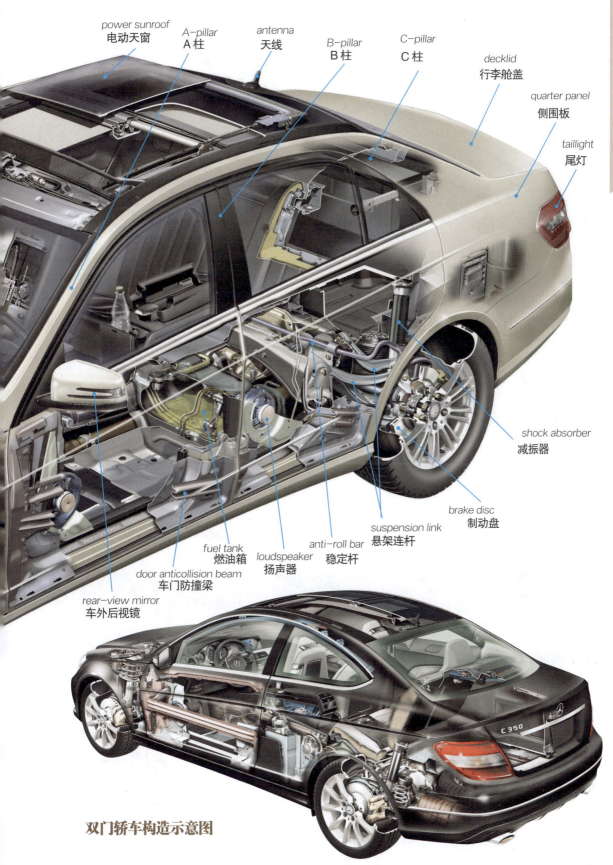

双门轿车构造示意图

视频图解汽车构造与原理

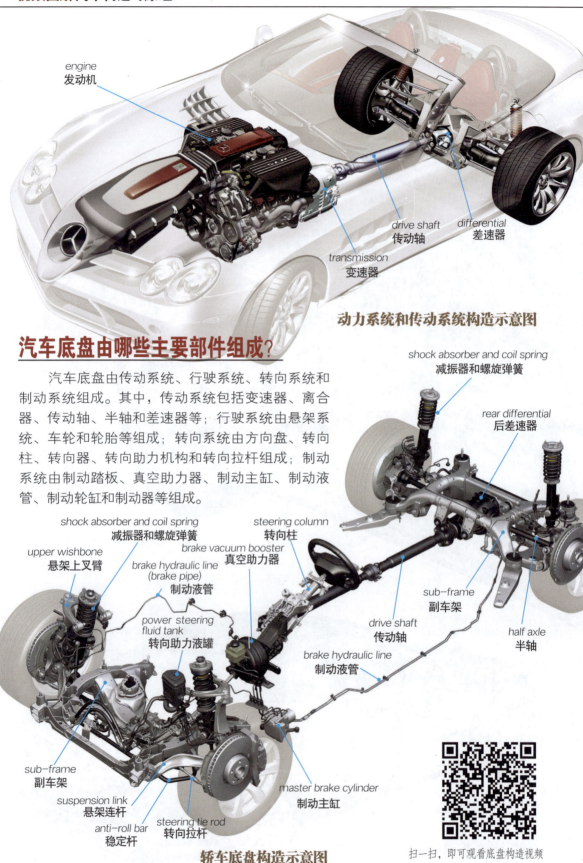

动力系统和传动系统构造示意图

汽车底盘由哪些主要部件组成?

汽车底盘由传动系统、行驶系统、转向系统和制动系统组成。其中,传动系统包括变速器、离合器、传动轴、半轴和差速器等;行驶系统由悬架系统、车轮和轮胎等组成;转向系统由方向盘、转向柱、转向器、转向助力机构和转向拉杆组成;制动系统由制动踏板、真空助力器、制动主缸、制动液管、制动轮缸和制动器等组成。

轿车底盘构造示意图

扫一扫,即可观看底盘构造视频

第二节　底盘布局形式

什么是前置发动机、前轮驱动车型？

将发动机放置在前部，而且一般都是横置，并采用前轮驱动，就是前置前驱车型（简称FF）。这种传动方式简单，结构紧凑，传动效率高，制造和维修成本低，因此是经济型轿车最常采用的布局形式。

前横置发动机前轮驱动车型构造图

扫一扫，即可观看前横置发动机前轮驱动视频

什么是前置发动机、四轮驱动车型？

前置发动机、四轮驱动是小型SUV最常见的布局方式。小型车的发动机舱较小，如果要在原来前驱车的基础上再塞进四轮驱动系统，就只能按原来的样子将发动机横向放置。虽然，这样要将发动机输出的动力方向转90°才能向后传递，但这也是迫不得已的办法。许多以前置前驱车为基础的SUV，基本都采用这种传动形式。

扫一扫，即可观看前横置发动机四轮驱动视频

前横置发动机四轮驱动车型构造图

第一章　汽车总体构造

什么是前置发动机、后轮驱动车型？

将发动机放置在前部，两个后轮为驱动轮，这种布局方式称为前置后驱车型（简称FR）。豪华轿车一般采用这种前置后驱方式，因为它们通常采用大排量发动机，发动机的体积较大，如果把发动机和传动系统都放置在汽车前部，不仅布置困难，而且还会造成汽车"一头沉"，从而影响汽车的操控性和安全性。

扫一扫，即可观看前置后驱车型视频

前置后驱车型构造图

什么是后置发动机、后轮驱动车型？

将发动机放置在后轴后方并采用后轮驱动，称为后置后驱车型（简称RR）。现在，这种布局方式只有保时捷等少量车型采用。

扫一扫，即可观看保时捷GT3视频

后置后驱车型构造图

什么是前纵置发动机、四轮驱动车型？

大排量发动机的四驱车型，一般都是由前纵置发动机、后驱车型改造来的。它的发动机采用前纵置方式，动力经变速器后由分动器一分为二，分别传递给后轴和前轴。

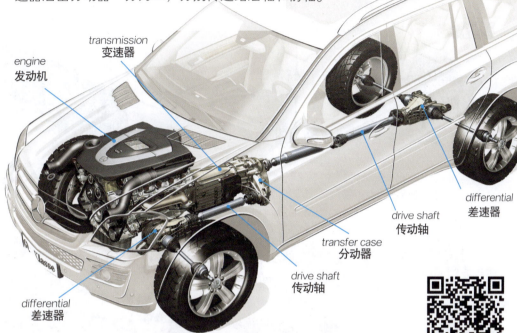

前纵置发动机、四轮驱动车型构造图

扫一扫，即可观看宝马M6视频

什么是后中置发动机、四轮驱动车型？

将发动机放置在后轴前端并采用四轮驱动，称为后中置发动机、四轮驱动方式。现在，大多数超级跑车都采用这种驱动方式。

扫一扫，即可观看奥迪R8超级跑车视频

后中置发动机、四轮驱动车型构造图

第一章 汽车总体构造

什么是前中置发动机、后轮驱动车型？

将发动机放置在前轴后方并采用后轮驱动，称为前中置发动机、后轮驱动布局方式（简称MR）。跑车喜欢采用这种驱动方式，因为这样可以将整车重心尽量靠近车身中间，使车辆拥有较高的操控性能。

transmission
变速器

air intake
进气孔

fog lamp
雾灯

shock absorber
减振器

奔驰 SLR McLaren Roadster 构造图

anti-roll cage
防滚杆
防滚杆的作用不仅是为了美观，更重要的是当车辆翻滚时它可以保护驾乘人员的头部，避免触碰受伤

brake caliper
制动钳

door anticollision beam
车门防撞梁

A-pillar reinforcement
A柱加强筋

air outlet
出气孔
汽车制动时，前制动盘要比后制动盘承受更大的制动力，它需要更快速地散热，尤其对于车速较快的超级跑车而言，前制动盘的散热效果更为重要。因此，多数超级跑车上都设计有专为前制动盘散热的出气孔，以利于提高制动性能

第一章 汽车总体构造

第一章思考题　Questions

1.1　汽车底盘由哪几大系统组成？

1.2　经济型轿车一般采用哪种布局形式？

1.3　为什么豪华轿车常采用前置发动机、后轮驱动布局形式？

1.4　为什么跑车喜欢采用前中置发动机、后轮驱动布局形式？

1.5　超级跑车最常用哪种布局形式？

第二章 发动机基本构造

第一节 发动机总体构造

为什么说气缸是汽车心脏中的心脏?

汽车动力来源于它的"心脏",也就是发动机。那么发动机的"心脏"是什么?气缸!气缸是产生汽车驱动力的源头,不论汽车能达到多高的速度,能爬多大的坡度,能拉多重的货物,一切动力都来自气缸内部,都是由燃料在气缸内部燃烧后推动活塞运动,再通过连杆、曲轴、变速器、传动轴、差速器和半轴等,将动力传递到车轮上,从而推动汽车前进的。

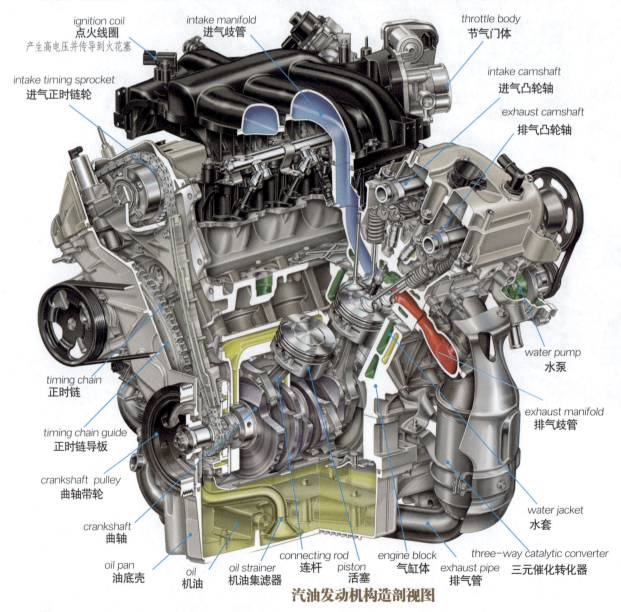

汽油发动机构造剖视图

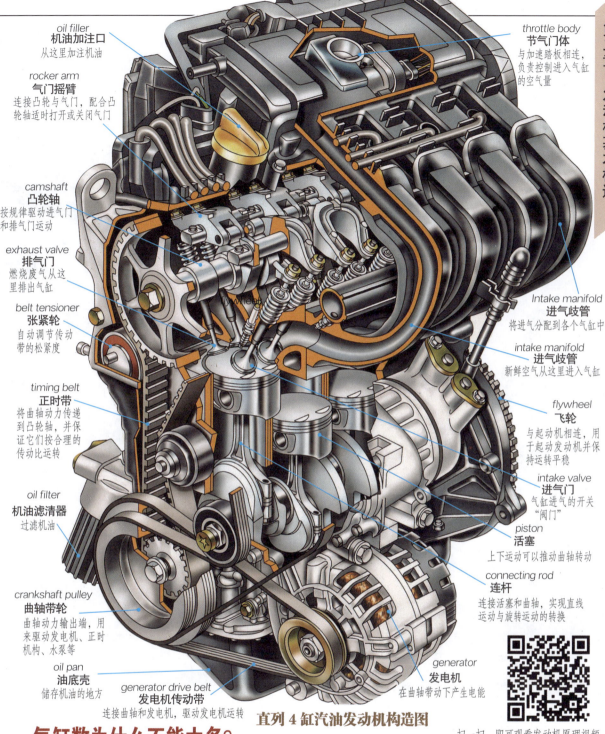

直列 4 缸汽油发动机构造图

扫一扫,即可观看发动机原理视频

气缸数为什么不能太多?

在同样功率的要求下,缸数越多,缸径就可越小,转速就可提高,发动机的运转平衡性也更好。但是,随着气缸数的增加,发动机的零部件数也成比例增加,从而使发动机结构更复杂、可靠性降低、重量增加、制造成本和使用费用增加、油耗增加等。因此,汽车发动机的气缸数都是根据车型定位、发动机用途和性能要求等,在权衡各种利弊之后做出的合适选择。随着增压技术和燃油喷射技术的进步,现在汽车发动机的气缸数有减少的趋势,有的小型汽车的发动机气缸数只有 3 个。

第二节　发动机部件

发动机共有多少个部件？

根据构造复杂程度的不同，一台发动机不可拆解的零部件总数为 300~600 个。据称，一辆法拉利跑车的发动机约有 800 个独立的零部件，而布加迪威航的 W16 发动机约有 3500 个零件。图为一台 V8 发动机的部件展示。

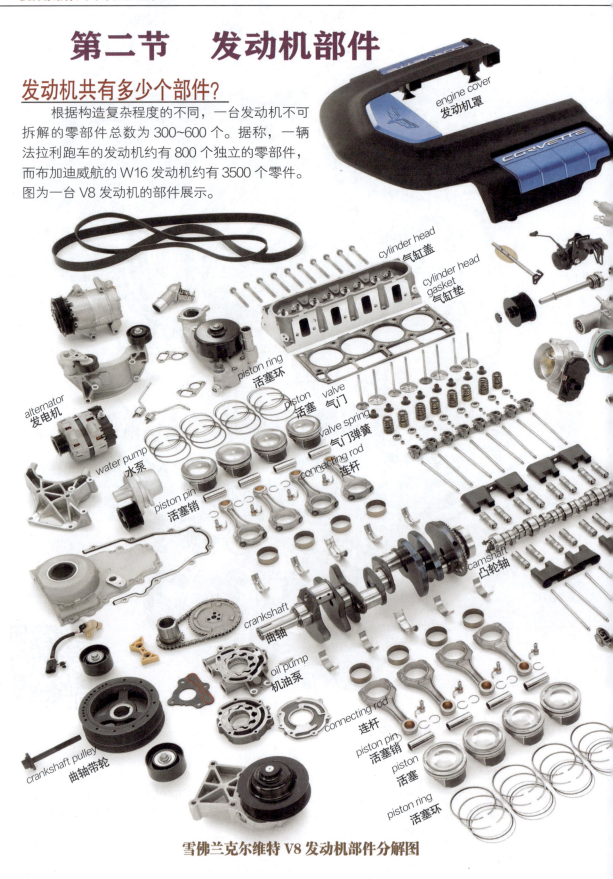

雪佛兰克尔维特 V8 发动机部件分解图

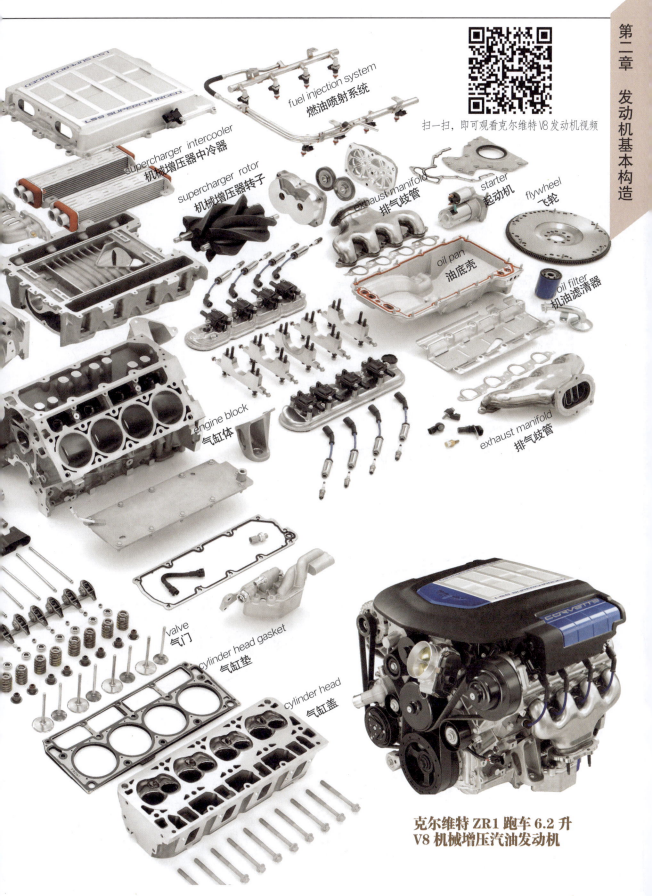

克尔维特 ZR1 跑车 6.2 升 V8 机械增压汽油发动机

第三节　发动机气缸排列形式

发动机的气缸有哪几种排列形式？

在往复式活塞发动机中，汽车发动机一般由多个圆筒状的气缸组成，每个气缸可以独立工作。它们的动力汇合在一起，共同驱动汽车前进。这些气缸可按不同形式组合，从而产生出不同形式的发动机。目前，最常见的有三种气缸排列形式：直列、V形和水平对置。

还有一种W形气缸排列形式，但这种形式较为少见，而且与V形发动机较为相似。因此，发动机气缸排列形式多指上述三种。

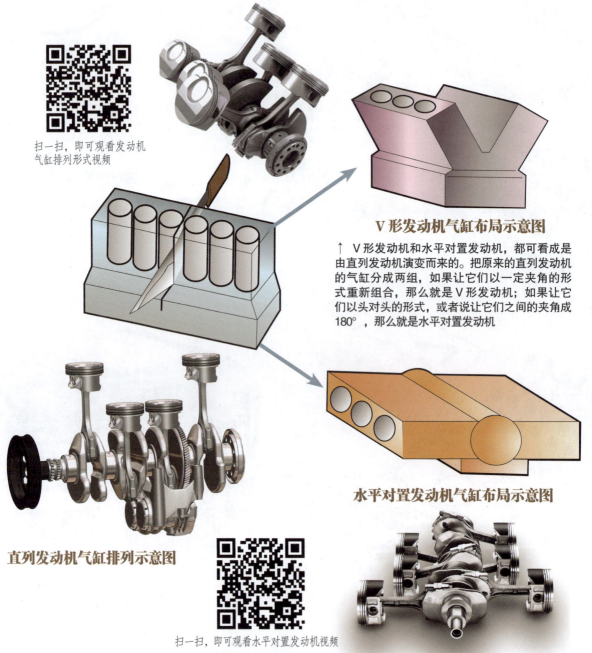

扫一扫，即可观看发动机气缸排列形式视频

V形发动机气缸布局示意图

↑ V形发动机和水平对置发动机，都可看成是由直列发动机演变而来的。把原来的直列发动机的气缸分成两组，如果让它们以一定夹角的形式重新组合，那么就是V形发动机；如果让它们以头对头的形式，或者说让它们之间的夹角成180°，那么就是水平对置发动机

直列发动机气缸排列示意图

水平对置发动机气缸布局示意图

扫一扫，即可观看水平对置发动机视频

为什么直列发动机应用最多？

一般5缸以下的发动机多采用直列方式排列，现在少数6缸发动机也有直列方式的，过去也有过直列8缸发动机。直列发动机的气缸体成一字排开，气缸体、气缸盖和曲轴结构简单，制造成本低，低速转矩特性好，燃料消耗少，尺寸紧凑，维修方便，因此应用最为广泛。

一般1升以下的汽油机多采用直列3缸，现在也有1.5升涡轮增压发动机采用3缸设计。1~2.5升汽油机多采用直列4缸，少数也有采用直列5缸的，但是动平衡比较困难。直列6缸发动机的动平衡较好，振动相对较小，因此主要应用在豪华轿车上，现在主要应用在奔驰和宝马汽车上。

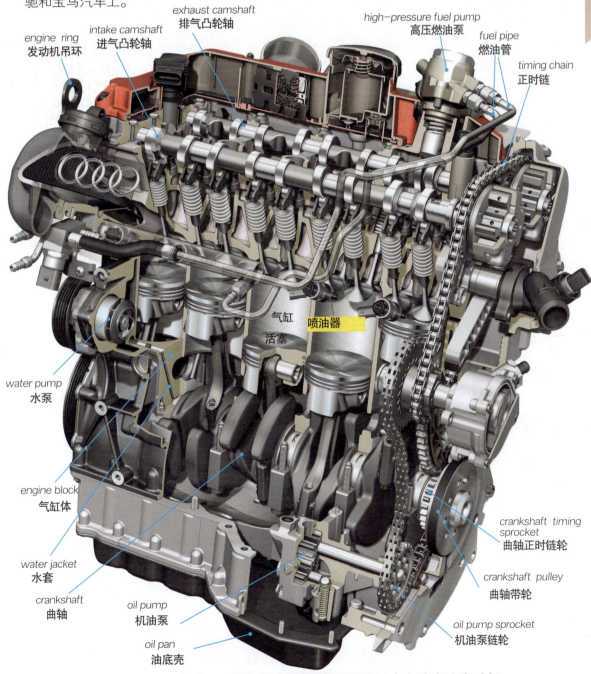

奥迪2.5升直列5缸涡轮增压燃油缸内直喷汽油发动机

V 形发动机更先进吗？

　　将所有气缸分成两组，把相邻气缸以一定的夹角布置在一起（一般为 90°），从正面看气缸呈 V 字形，就是 V 形发动机。

　　V 形发动机的高度和长度相对直列发动机较小，在汽车上布置起来较为方便。尤其是现代汽车比较重视空气动力学，要求汽车的迎风面积越小越好，也就是要求发动机舱盖越低越好。另外，如果将发动机的长度缩短，便能为乘员舱留出更大的空间，从而提高舒适性。将气缸分成两排并斜放后，便能缩小发动机的高度和长度，从而满足车身设计的要求。V 形发动机的气缸成一角度对向布置，还可以抵消一部分振动。V 形发动机的缺点，就是必须使用两个气缸盖，结构较为复杂。另外，其宽度加大后，发动机两侧空间较小，不易再安排其他装置。

扫一扫，即可观看
V6 发动机视频

扫一扫，即可观看
V8 发动机视频

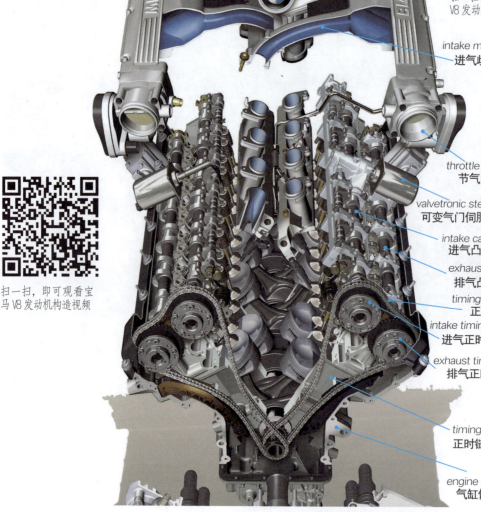

扫一扫，即可观看宝马 V8 发动机构造视频

intake manifold
进气歧管

throttle body
节气门体

valvetronic stepper motor
可变气门伺服电动机

intake camshaft
进气凸轮轴

exhaust camshaft
排气凸轮轴

timing chain
正时链

intake timing sprocket
进气正时链轮

exhaust timing sprocket
排气正时链轮

timing chain guide
正时链导板

engine block
气缸体

宝马 V8 发动机构造示意图

为什么说水平对置发动机更有个性?

水平对置发动机的所有气缸呈水平对置排列,就像是拳击手在搏斗,活塞就是拳击手的拳头(当然拳头不止两个),你来我往,毫不示弱。水平对置发动机的英文为Boxer Engine,含义就是"拳击手发动机",简称为B型发动机。比如B6、B4发动机,分别代表水平对置6缸和4缸发动机。

由于相邻两个气缸水平对置,这种发动机可以很简单地相互抵消振动,使发动机运转更平稳。水平对置发动机的重心低,能让车头设计得又扁又低。这两点都增强了汽车的行驶稳定性。

水平对置发动机本身就左右对称,因此它可使变速器等放置在车身正中,让汽车左右重量对称,而不会像大多数汽车那样重心偏向一侧。

水平对置发动机的动力输出轴方向与传动轴方向一致,因此不需要改变动力传递方向,而是可以直接与离合器、变速器对接,大大提高了动力传递效率,使汽车的起动和加速更迅猛。

水平对置发动机的缺点是维修不方便,而且各缸点火间隔不一致,使其排气声音比较怪异。普通汽车极少装配水平对置发动机,现在只有保时捷、斯巴鲁和丰田等仍在生产和使用这种发动机。

扫一扫,即可观看水平对置发动机视频   **水平对置6缸发动机构造图**

W 形发动机为什么应用少?

将 V 形发动机的每侧气缸再进行小角度的错开（如大众汽车 W8 发动机为 15°），就成了 W 形发动机。与 V 形发动机相比，W 形发动机可以更短，曲轴也可更短，这样就能节省所占的空间，同时减轻重量。但是，它的宽度更大，使得发动机舱更满。

与 V 形发动机相比，W 形发动机最大的问题，就是发动机由一个整体被分割为两个部分，在运作时必然会引起很大振动，因此现在应用极少。针对这一问题，大众汽车在 W 形发动机上设计了两个反向转动的平衡轴，让两个部分的振动在内部相互抵消。现在，只有大众汽车集团某些品牌车型采用 W 形发动机，如 W8、W12 和 W16 等发动机。

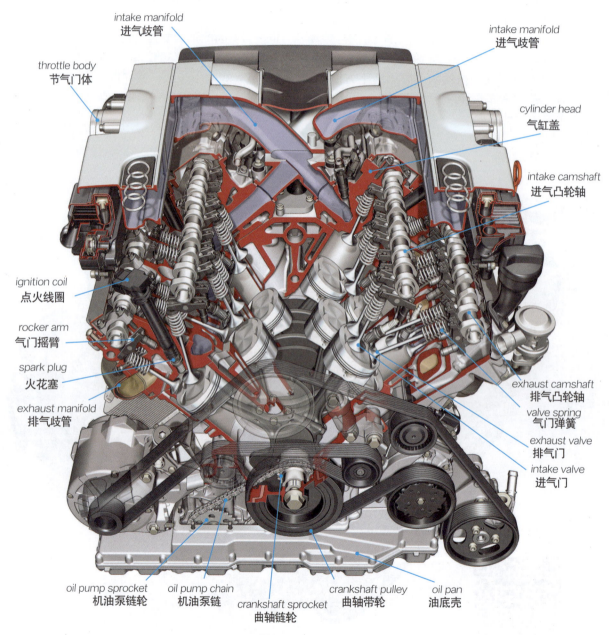

奥迪 W12 发动机构造图

W12 发动机气缸排列示意图

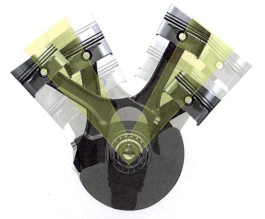

W 形发动机气缸夹角示意图

采用 W 形 16 缸发动机的布加迪超级跑车

扫一扫，即可观看 W16 形气缸视频

第二章思考题

2.1　发动机气缸排列形式主要有哪三种？
2.2　直列发动机有什么优点和缺点？
2.3　V 形发动机有什么优点和缺点？
2.4　水平对置发动机有什么优点和缺点？
2.5　W 形发动机与 V 形发动机相比有什么优点？

第二章　发动机基本构造

第三章　发动机基本原理

第一节　发动机动力来源

为什么说发动机动力来自于爆炸？

汽车的动力，来自于汽油或柴油燃烧时产生的爆炸力。可是，如果把汽油放在一个盆中并把它点燃，为什么只燃烧而不爆炸呢？这是因为盆子不是密封的，而是敞口的。如果在一个密封容器中装入汽油和空气，然后点燃它们，便会产生爆炸现象。汽车发动机就是根据这个原理设计的。

如果将汽油和空气按照最适合的燃烧比例（1∶14.7）混合，并对它们进行大力压缩使之温度上升，此时点燃它们就会产生更大的爆炸力。将这种力量通过一系列的机构"引导"到车轮上，便会推动汽车前进。

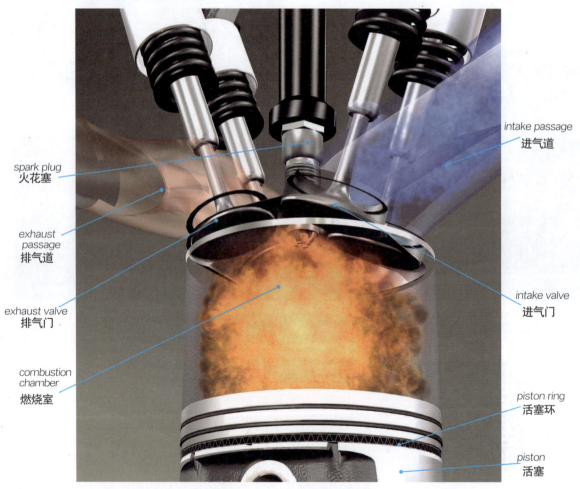

汽油在气缸内燃烧爆炸示意图

什么是内燃机和外燃机？

我们经常把汽车发动机称为内燃机，难道还有外燃机？是的，外燃机是存在的，比如原来火车上用的蒸汽机，发电厂和轮船上使用的汽轮机等，都是外燃机。它们都是利用燃料在发动机气缸的外部燃烧来产生动力的。如早期的蒸汽机，它利用燃料（木材、煤、煤气、柴油等）烧开锅炉中的水，使之产生高压蒸汽并进入气缸内，利用蒸汽压力推动活塞做功，从而产生动力。

内燃机则是相对外燃机而言的，它的燃料在气缸内燃烧。现在，汽车上用的汽油发动机和柴油发动机，都是内燃机。

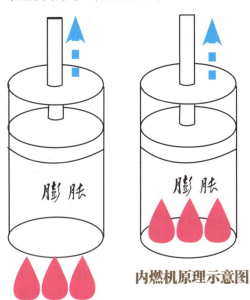

外燃机原理示意图　　内燃机原理示意图

内燃发动机气缸内部构造图

怎样计算发动机排气量和压缩比？

气缸排气量是指活塞从下止点到上止点所扫过的气体容积，它取决于缸径和活塞行程。发动机排量是各气缸排量的总和，一般用cc（立方厘米）、mL（毫升）或L（升）来表示。由于气缸体是圆柱体，它的容积不太可能正好是整升数，因此才会出现1998cc、2397cc等数字，它们可近似标示为2.0L、2.4L等。

发动机的排量越大，每次吸入的可燃混合气就越多，燃烧时产生的动力就越强。这相当于人的胃口越大，吃的就越多，可能就越有劲儿。

发动机的压缩比是指压缩前的气缸容积与压缩后的气缸容积（即燃烧室容积）之比。

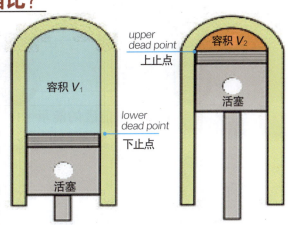

V_1是压缩前的气缸容积，V_2是压缩后的气缸容积

$$V_1 - V_2 = 排气量$$
$$V_1 : V_2 = 压缩比$$

排气量和压缩比计算方式示意图

第二节　汽油机燃烧原理

为什么发动机需要吸入大量的空气？

　　汽油中最主要的成分是碳氢化合物，这种物质分子中只含有碳和氢两种原子。在汽油爆炸燃烧时，碳氢化合物与吸入空气中的氧产生化学反应，其中1个碳原子和2个氧原子化合生成1个二氧化碳分子，2个氢原子和1个氧原子化合生成1个水分子。如果吸入的空气量不足，那么和碳原子结合的氧原子就会显得少，这样就不会完全生成二氧化碳，便会生成一部分一氧化碳。在爆炸燃烧的过程中，由于温度极高，还会造成空气中的氮原子被氧化生成一氧化氮和二氧化氮。因此，汽车排气中的主要成分就是一氧化碳、二氧化碳、一氧化氮和二氧化氮等。

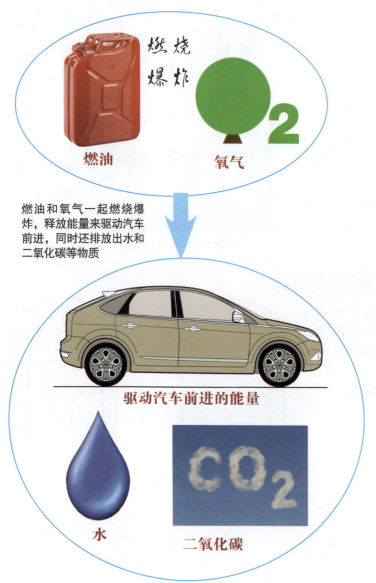

燃油和氧气一起燃烧爆炸，释放能量来驱动汽车前进，同时还排放出水和二氧化碳等物质

Did You Know?

汽油蕴含巨大能量

　　汽油中蕴含巨大的能量：同等重量情况下，汽油所含能量大约是糖的3倍，木头的5倍，电池的200倍。因此，要想用电池取代汽油，还需要电池技术研发人员加倍努力。

第三节　汽油机工作循环

为什么发动机会发出有节奏的声音?

　　活塞在气缸中要完成进气、压缩、做功和排气四个行程，才算是完成一个工作循环。在此期间，活塞要在气缸内上下运动各两次，曲轴则同时要旋转两周。

　　看一下汽车上的转速表，就会知道这个过程有多快。如果转速表的指针指向6，则表明此时的发动机转速为每分钟6000转，合计每秒钟100转，那么一个活塞每秒钟就要完成50个工作循环（一个工作循环内曲轴要转2周），也就是说在一个气缸内要爆炸50次。如果是一台4缸发动机，那么在1秒内4个气缸则要产生200次爆炸。发动机工作时的呼呼声，其实就是燃料燃烧时的爆炸声。

　　同理，如果转速表指针指向3，则表明此时发动机转速为每分钟3000转，合计每秒钟50转，那么一个活塞每秒钟就要完成25个工作循环，也就是说在一个气缸内要爆炸25次。如果是一台4缸发动机，那么在1秒内4个气缸则要产生100次爆炸。

转速表表面上反映的是发动机转速，但实际上它是发动机气缸内爆炸次数的体现。转速越高，说明发动机内发生的爆炸次数越多，动力输出就越大

第三章　发动机基本原理

为什么汽油机的动力能够源源不断?

活塞在气缸中上下移动,活塞下行到的最低点叫下止点,上行到顶点的位置称为上止点。上止点与下止点之间的距离称为行程。当活塞在上止点时,活塞顶端的空间称为燃烧室。

进气行程

活塞在气缸内自上止点向下行到下止点时,进气门打开,排气门关闭,气缸内可以产生部分的真空,将新鲜的空气和汽油的混合气吸进气缸内。

压缩行程

进气门和排气门都关闭,活塞由下止点上行移动到上止点,将气缸的混合气压缩,进入气缸的混合气越多,活塞越接近上止点位置,压缩力越大。在压缩行程内,气缸中混合气的最大压力称为压缩力。将混合气压缩是为了使混合气混合得更均匀,且提高温度易于燃烧,得到较大的动力。

做功行程

进气门和排气门都关闭后,火花塞跳出高压电火花适时将混合气点燃,使其燃烧并爆发出强大压力,将活塞从上止点推到下止点。

火花塞的高压电火花来自高压线圈,它能将火花能量放大,然后再由电子控制单元(ECU)将高压电火花按顺序分配到各个气缸,从而点燃被压缩的混合气。

排气行程

活塞自下止点上行到上止点,此时进气门关闭,排气门打开,气缸中已经燃烧过的废气由

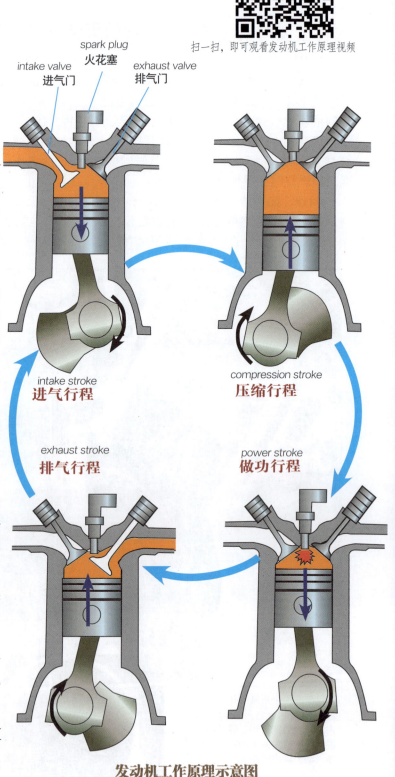

发动机工作原理示意图

扫一扫,即可观看发动机工作原理视频

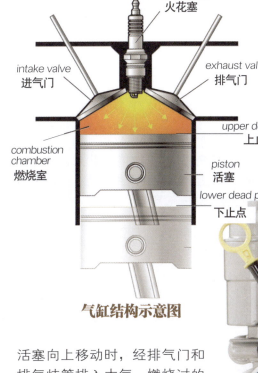

气缸结构示意图

活塞向上移动时，经排气门和排气歧管排入大气。燃烧过的废气经过消声器的消声后，才不会产生太大的噪声。

　　这四个行程连续不断，重复不停，周而复始，一直循环下去，发动机产生的动力便源源不断。

　　前面所述的发动机，活塞在气缸中移动四个行程，也就是曲轴转720°（2周）才完成一次动力输出，因此称为四冲程发动机。

　　如果活塞在气缸中移动两个行程，也就是曲轴转360°（1周）就可完成一次动力输出，则称为二冲程发动机。以前，在汽车上曾使用过二冲程发动机，但现在只在摩托车上使用。二冲程发动机的进气和压缩动作可以在一个行程中完成，而燃烧做功和排气动作则在另一个行程完成。

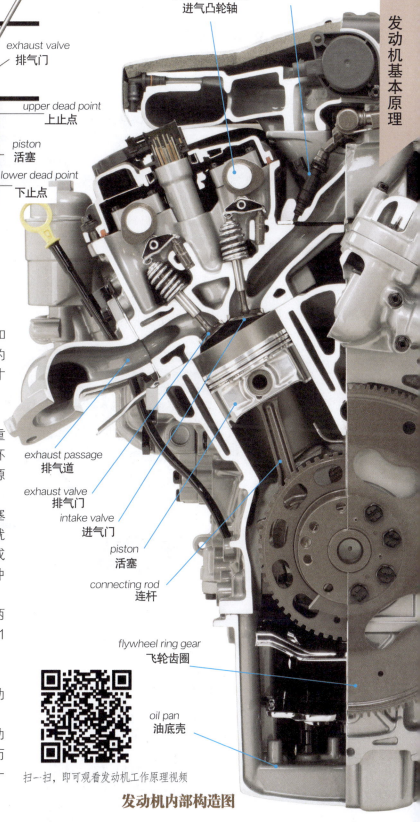

扫一扫，即可观看发动机工作原理视频

发动机内部构造图

第三章　发动机基本原理

25

第四节　柴油发动机

为什么柴油发动机没有点火系统？

现在，马路上的汽车主要使用两种燃料：汽油和柴油。使用汽油的发动机主要装配在轿车等乘用车上，而大货车、大客车和工程车等需要大力量而不需要跑太快的汽车，一般采用柴油发动机。

柴油发动机是一种压燃式内燃机，是以柴油为燃料的内燃机。柴油发动机利用气体被压缩后温度会上升的原理，用活塞压缩进入气缸的空气；当空气温度上升到柴油燃点温度时，用喷油器将柴油喷成雾状射入气缸；柴油一旦与灼热的空气相遇，随即发生燃烧；燃烧所产生的高温高压燃气在气缸内膨胀，从而推动活塞做功。柴油是在高温高压之下"自燃"的，不是被点燃的，所以柴油发动机不需要点火系统。

和柴油发动机相比，汽油发动机转速更快，但力量相对较小；柴油机则更有劲儿，但转速不是太高，因此柴油发动机更适合对车速要求不高但对力量要求更高的车型。其实，可以把柴油发动机比作牛，将汽油发动机比作马，牛有劲儿但跑得慢，马跑得快但劲儿相对较小。

随着技术的发展，现在一些柴油发动机也被应用在轿车上，甚至作为跑车的动力系统。尤其在欧洲，柴油发动机在轿车上的应用非常普遍。

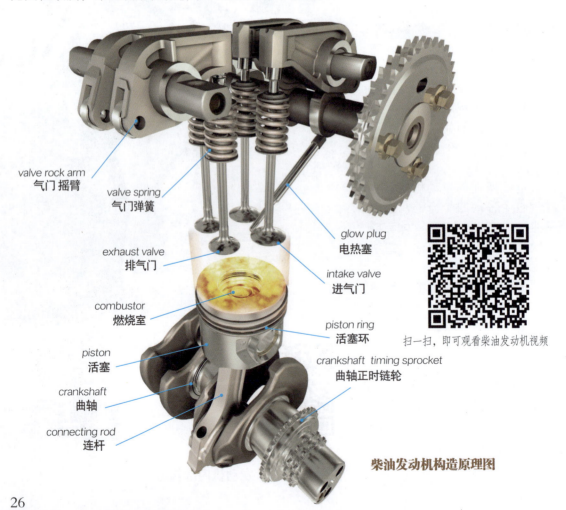

扫一扫，即可观看柴油发动机视频

柴油发动机构造原理图

柴油发动机是怎样工作的？

1. 进气行程
进气门打开，排气门关闭，空气从进气门被吸入气缸，然后进气门关闭。

2. 压缩行程
活塞上升并压缩吸入的空气，使空气温度升高。喷油器将燃油喷入气缸，并混入热空气中。

3. 做功行程
柴油与空气的混合气越来越热，以至于温度升高到可以自燃。混合气燃烧爆炸的力量将活塞向下推动，并通过连杆推动曲轴旋转。

4. 排气行程
排气门打开。旋转的曲轴推动活塞向上运动，活塞将燃烧后的废气从排气门推出气缸。

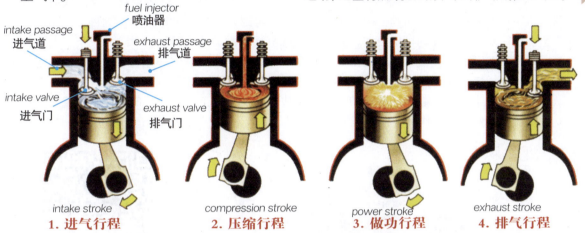

柴油发动机工作行程示意图

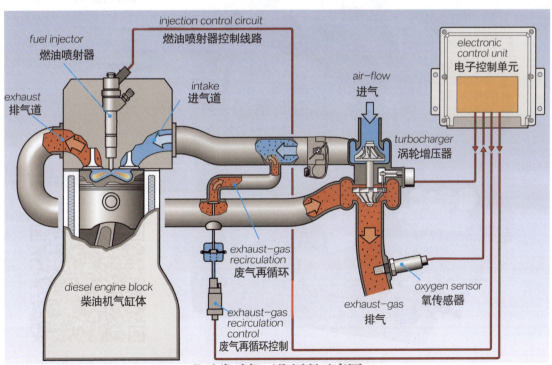

柴油发动机工作原理示意图

第五节　转子发动机

转子发动机是怎样产生动力的？

　　汽车大多采用往复式发动机，因为它的活塞是直线往复运动的。不论是汽油发动机还是柴油发动机，都是如此。与往复式活塞发动机相对的，就是转子发动机，其活塞在气缸内做旋转运动。

　　现在所说的转子发动机，是指德国工程师菲利克斯·汪克尔在20世纪50年代设计的三角形活塞式转子发动机。因此，转子发动机也被称为汪克尔发动机。

　　转子发动机的主要部件结构简单，体积小，功率大，高速时运转平稳，性能较好，曾引起汽车行业的关注，纷纷进行研制试验。但是，经过几十年的试验证明，这种发动机尚无法与传统往复活塞式发动机相媲美，其活塞边缘磨损严重，油耗较高。

　　转子发动机的活塞呈扁平三角形，气缸是一个扁盒子，活塞偏心地置于空腔中。当活塞在气缸内做行星运动时，工作室的容积随活塞转动而发生周期性的变化，从而完成进气、压缩、做功、排气四个工作行程。活塞每转一次，完成一次四行程工作循环。四行程工作循环与往复式发动机的四行程工作循环在原理上是一样的，只不过活塞的形状和运行轨迹不一样。

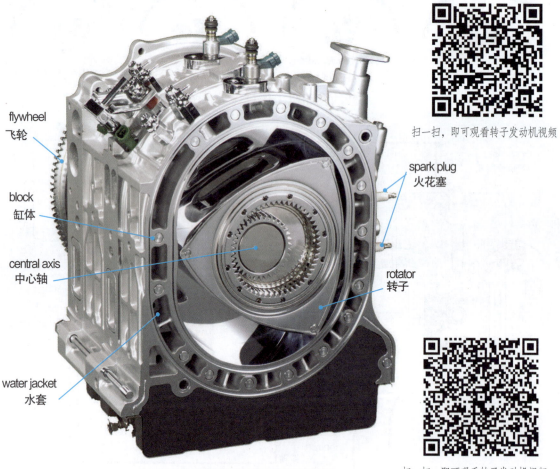

马自达转子发动机构造图

扫一扫，即可观看转子发动机视频

第三章　发动机基本原理

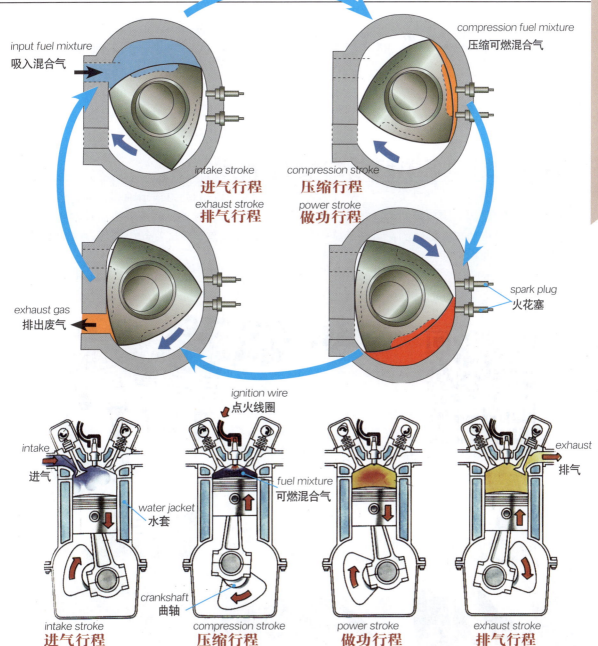

转子发动机与往复式四冲程发动机工作原理对比图

第三章思考题

3.1　什么是内燃机？它和外燃机有什么本质区别？

3.2　气缸排气量是指什么？怎样计算压缩比？

3.3　四冲程发动机工作时在一个工作循环内要完成哪四个行程？

3.4　四冲程发动机完成一个工作循环，曲轴要旋转多少周？

3.5　为什么柴油发动机不需要点火系统？

3.6　转子发动机有什么特点？

第四章　曲柄连杆与配气机构
第一节　曲柄连杆机构

活塞的直线运动怎样转变成曲轴的旋转运动？

　　活塞在气缸内是直线往复运动（转子发动机除外），但它的动力输出轴却是旋转运动，其原理何在？其实，这与我们骑自行车的情况类似。骑自行车时，人的两个膝盖基本是上下直线运动，但带动车轮旋转的花盘却是旋转运动。因为人膝盖下压或提起小腿后，将力量通过脚腕、脚、曲拐，便将上下往复运动转变为旋转运动。

　　在发动机内部也是如此，活塞相当于人的膝盖，连杆相当于人的小腿，曲轴相当于脚蹬子，当活塞上下运动时，便会带动曲轴做旋转运动。

扫一扫，即可观看发动机内部运动视频

由直线运动转变为旋转运动示意图　　**发动机曲柄连杆构造图**

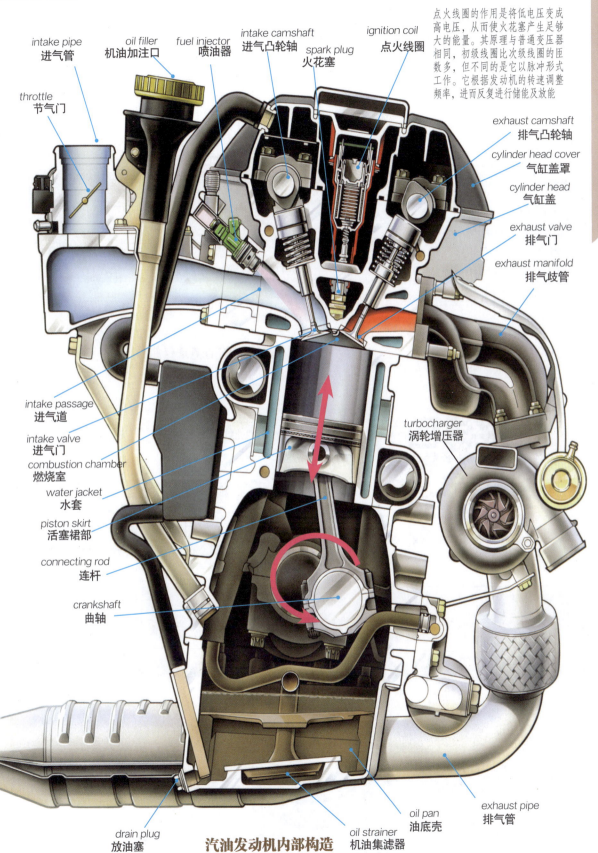

为什么说活塞是动力产生的源泉？

活塞是装在气缸中做往复运动的部件，它将顶部所承受的爆炸压力传递给连杆，从而推动曲轴旋转。在发动机中，活塞的工作条件最严酷，汽车的每一分力量都是通过活塞发出的。活塞不仅要承受巨大的压力，而且要承受非常高的温度。在高速运转中，活塞的行进速度有时可达到20米/秒。因此，活塞对材质和制作精度等要求都非常高。

活塞的顶部一般都不是平的，而是凹进去一点，这主要是为燃烧室留出空间。另外，为了减轻活塞的重量，一般都将它设计成空心的。

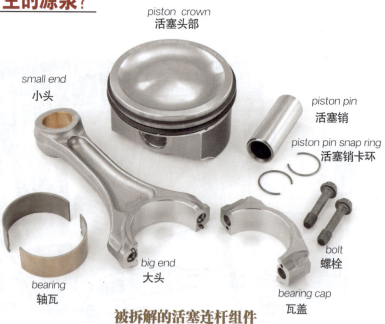

被拆解的活塞连杆组件

扫一扫，即可观看发动机活塞视频

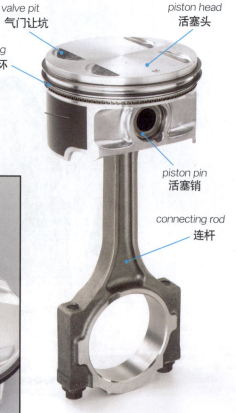

活塞连杆构造图

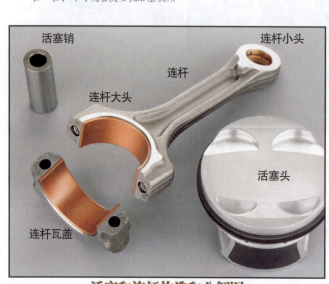

活塞和连杆构造和分解图

1马力代表1匹马的力量吗？

1公制马力=75千克力·米/秒

1马力相当于将75千克重的物体在1秒内提升1米，或者相当于将1千克的物体在1秒内提升75米。

"马力"概念示意图

现在，衡量发动机动力大小的单位有多种，但我们最为熟悉的可能还是"马力"。虽然，英制马力和公制马力之间有微小差别。

马力最早是指一匹货运马在一定时间内所做的功，而不是指一匹马的力量或它的"劲儿"有多大。

马力（horsepower）是由苏格兰科学家詹姆斯·瓦特首先提出的。瓦特是蒸汽机的发明者，为了推销他的蒸汽机，他需要用一种办法来表示蒸汽机能力的大小。当时，蒸汽机的潜在客户主要是矿井老板，他们使用大量的马匹拉动抽水机来抽取矿井中的水，或提升从矿井中挖出的煤。因此，瓦特就想到了用"马力"（马的能力简称）来表示蒸汽机能力的大小。瓦特是以当时小马驹的能力来作为估算基础的。

一只小马驹可以在1分钟内将220磅的煤提升100英尺（即22000磅力·英尺/分）。瓦特考虑到成年马匹的能力更大些，他估计（实际是错误的）应大出50%，也就是一半，因此，他就将"1马力"简单定义为33000磅力·英尺/分，折合为：

1英制马力（hp）=76千克力·米/秒

后来马力又被定义为：

1公制马力（ps）=75千克力·米/秒

实际上，一匹成年马比小马驹的能力大不出一半，达不到他定义的"1马力"的能力，只相当于他定义的"1马力"的70%的能力。所幸的是，在正规场合或专业术语中，人们基本不再使用马力作为功率的单位，而是使用瓦特（W）或千瓦（kW）作为功率的标准单位，或同时用马力和千瓦来表示。

1英制马力（hp）=0.746千瓦（kW）
1公制马力（ps）=0.735千瓦（kW）

注：美国SAE标准常用英制马力（hp），而德国DIN、欧共体EEC和日本JIS标准常用公制马力（ps）。

怎样理解转矩的概念？

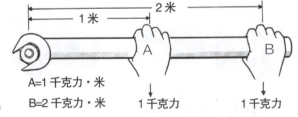

A=1千克力·米
B=2千克力·米

用一根1米长的扳手去扭动一个螺母，如果你用1牛顿或1千克力的手力量去扭动，那么施加在螺母上的转矩就是"1牛·米"或"1千克力·米"。如果扳手长度增加1米，则施加在螺母上的转矩便会增加到"2牛·米"或"2千克力·米"。同理，如果增加手的力量，也会增加转矩。

燃料在发动机内膨胀燃烧产生热能，热能使气体膨胀转变为气体的压缩势能，压缩气体推动活塞做功，使势能转变为直线运动的动能。连杆活塞推动曲轴旋转，把直线运动的动能转变成旋转的动能，于是发动机的转矩通过飞轮、离合器、变速器将动力传递下去。所谓发动机的动力，其实是源源不断的能量，其大小是转矩与转速的乘积。

什么是曲轴、曲拐、曲柄？

发动机上的曲轴和自行车上的曲柄有异曲同工之妙，它们都是将往复直线运动的力转变为旋转的力。不同的是，发动机曲轴的构造要复杂些，它的形状与发动机气缸数有直接关系，尤其是它的曲拐数目。如果是直列发动机，那么它的曲拐数目与气缸数相同；如果是V形发动机，那么它的曲拐数只是气缸数的一半，因为相对应的两个气缸共用一个曲拐。

曲轴上的曲柄长度对发动机性能有直接影响。曲柄长度越大，它的最大转矩输出相对也越大，但最大转速相对较低；反之，如果曲柄越短，则它的发动机最大转矩相对较小，但最高转速相对较高。另外，活塞的工作行程等于曲柄长度的2倍。

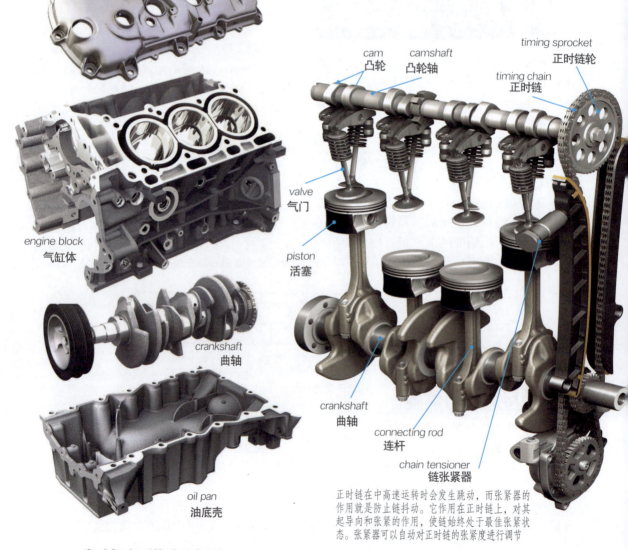

正时链在中高速运转时会发生跳动，而张紧器的作用就是防止链抖动。它作用在正时链上，对其起导向和张紧的作用，使链始终处于最佳张紧状态。张紧器可以自动对正时链的张紧度进行调节

发动机主要构造分解图   **曲轴在发动机中的位置示意**

为什么说曲轴是中心轴？

发动机产生的动力经由活塞、连杆再传到曲轴，使曲轴每分钟旋转数千次，将动力传递到传动系统，使车轮转动。曲轴的旋转也会带动水泵、机油泵、发电机和凸轮轴带轮等。可以说，曲轴是发动机动力的中转轴，是中心轴。由于它是弯弯曲曲的轴，故称为曲轴。

扫一扫，即可观看发动机运动部件视频

revolution signal wheel
转速信号轮

转速信号轮用来配合转速传感器以获得发动机转速。转速传感器是由传感线圈和永久磁铁组成的磁脉冲式信号发生器，它安装在飞轮的侧面，并使线圈的铁心与飞轮边缘上的N个凸齿相对应。当曲轴旋转时，飞轮上的凸齿不断地从线圈铁心旁边扫过，使线圈中产生交变的电压脉冲信号。曲轴每转一周，线圈中产生脉冲信号，输入控制器作为计算发动机转速的依据。驾驶人从转速表上看到的数字就源自转速信号轮

为什么需要平衡重和平衡轴？

平衡重的作用

曲轴通过连杆将活塞的往复运动转变成圆周运动，既要承受很大的力，又要高速旋转，它的强度必须非常高，刚性也要好，因此一般都比较粗壮，运动起来振动也较大。为了减小曲轴运转中的振动，一般都会在它上面装有平衡重块，以保证发动机运转平稳。

平衡轴的作用

当活塞运行到上止点和下止点时，连杆是倾斜的，会产生一个横向力，从而使曲轴在运转时产生振动。由于活塞完成一次往复运动要产生两次振动，因此又把这种振动称为二次振动。在曲轴两侧设置两根平衡轴，并且使平衡轴的转速是曲轴的2倍，以平衡二次振动。

平衡轴有链传动和齿轮传动形式，它们的转速都是曲轴的2倍。

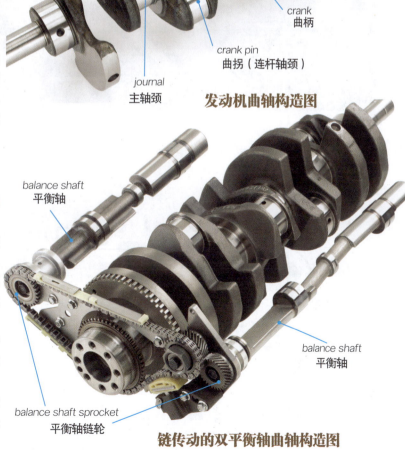

发动机曲轴构造图

链传动的双平衡轴曲轴构造图

第二节 配气机构

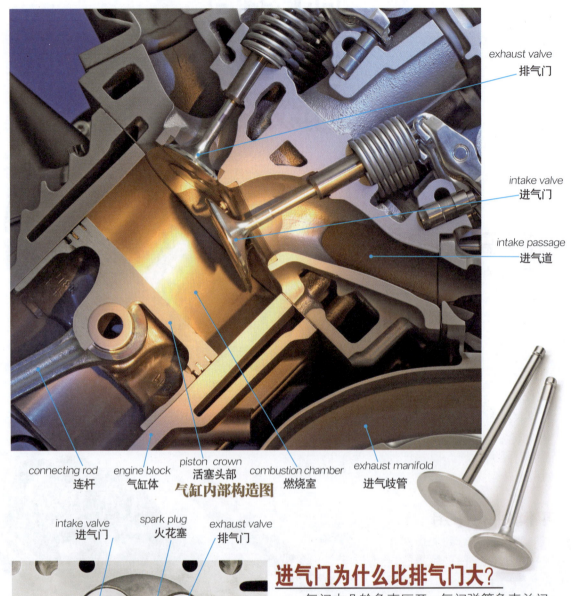

气缸内部构造图

进气门和排气门

进气门为什么比排气门大?

气门由凸轮负责压开,气门弹簧负责关闭。当需要吸混合气进入气缸时,进气门便会打开;当需要排出燃烧后的废气时,排气门便会打开。

因为进气是被"吸"进去的,而排气是被"推"出去的,所以进气比排气更困难,而且进气越多,燃烧得越好,发动机的性能也越好。因此,一般都将进气门设计得比排气门大,以降低进气难度,提高进气量。有的干脆多设计一个进气门,这才有了3气门(2进1排)和5气门(3进2排)设计。

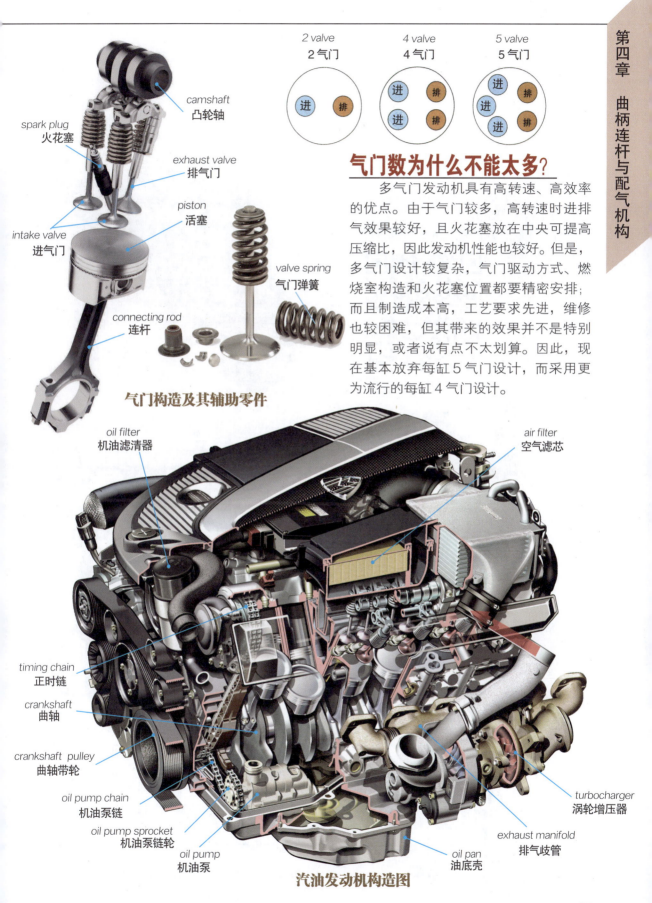

气门数为什么不能太多？

多气门发动机具有高转速、高效率的优点。由于气门较多，高转速时进排气效果较好，且火花塞放在中央可提高压缩比，因此发动机性能也较好。但是，多气门设计较复杂，气门驱动方式、燃烧室构造和火花塞位置都要精密安排；而且制造成本高，工艺要求先进，维修也较困难，但其带来的效果并不是特别明显，或者说有点不太划算。因此，现在基本放弃每缸5气门设计，而采用更为流行的每缸4气门设计。

气门构造及其辅助零件

汽油发动机构造图

第四章　曲柄连杆与配气机构

为什么说凸轮轴像是指挥棒?

凸轮轴是一根可以不断旋转的金属杆,具有控制进气门和排气门开启和关闭的功能,它就像是配气和正时机构的指挥棒。

在凸轮轴上,有数个圆盘形的凸轮。当凸轮轴旋转时,凸轮便会依序下压而使气门运动,使发动机产生四行程循环运动。同时,通过灵活控制凸轮轴的运行,还可调节气门的升程和正时,从而提高发动机的性能。

扫一扫,即可观看发动机工作原理视频

双顶置凸轮轴(DOHC)构造图

这就是双顶置凸轮轴(DOHC),分别负责进气门和排气门的动作

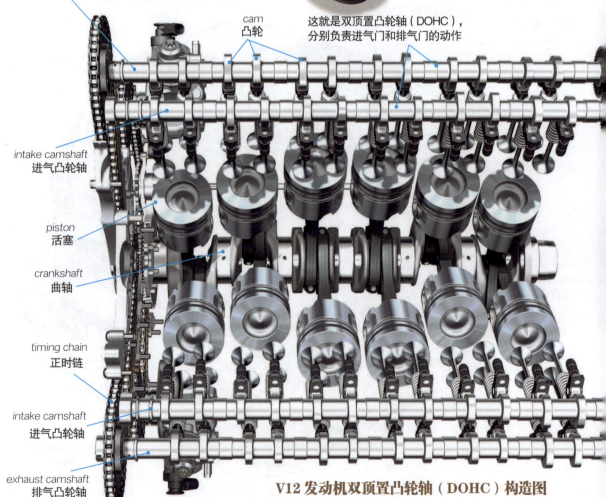

V12发动机双顶置凸轮轴(DOHC)构造图

配气正时机构示意图

什么是顶置凸轮轴和双顶置凸轮轴？

如果凸轮轴位于气缸的顶部，就称为顶置凸轮轴（Over Head Camshaft，简称OHC）。

如果在顶部只有一根凸轮轴同时负责进气门和排气门的开关，则称为单顶置凸轮轴（Single Over Head Camshaft，简称SOHC）。

如果在顶部有两根凸轮轴分别负责进气门和排气门的开关，则称为双顶置凸轮轴（Double Over Head Camshaft，简称DOHC）

对于SOHC，一根凸轮轴为了控制分布在左右两边的进气门和排气门，必须使用摇臂间接地操纵气门的开启，它不能灵活地控制气门的开启，也对燃烧室的形状有影响。

DOHC有两根凸轮轴：一根专门控制进气门，另一根专门控制排气门。这种设计不仅增大了进气门面积，改善了燃烧室形状，而且提高了气门运动速度，非常适合高速汽车使用。

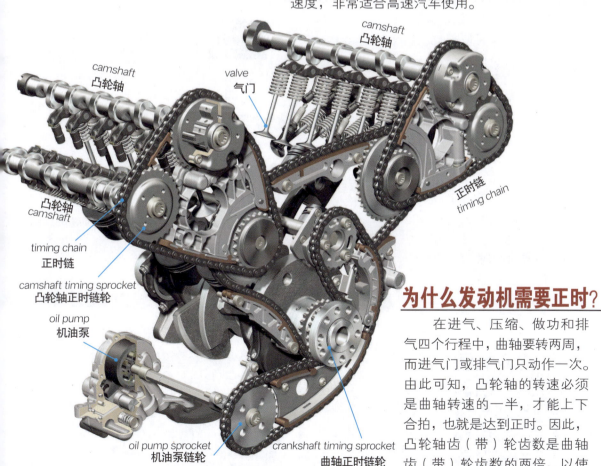

奥迪V6发动机正时机构示意图

为什么发动机需要正时？

在进气、压缩、做功和排气四个行程中，曲轴要转两周，而进气门或排气门只动作一次。由此可知，凸轮轴的转速必须是曲轴转速的一半，才能上下合拍，也就是达到正时。因此，凸轮轴齿（带）轮齿数是曲轴齿（带）轮齿数的两倍，以使它的转速慢下一半来。

第四章 曲柄连杆与配气机构

第三节　可变气门技术

可变气门有什么优点？

当人快速奔跑时，氧气消耗量就会增大。为了吸进更多的空气，人会自然地张大嘴巴；反之，当平常走路时，人的嘴巴不会张得太大。对于发动机来讲，也是如此，当高转速时，也需要吸入更多的空气（混合气），因此如果能把气门提得更高些（改变升程）或延长气门的打开时间（改变正时），便能满足需求，从而提高动力；反之，低速时，则可以降低气门的升程或缩短打开时间，少吸入混合气，从而节省燃料。

但是，传统发动机的气门升程和正时都是固定的，当发动机运行工况变化时，进气量并不能随之发生改变，这对节油和提高动力都不利。因此，各种各样的可变气门便应运而生。虽然，各厂家所采用的执行机构不尽相同，但其作用基本原理都是控制气门的升程或正时，或对气门正时和升程同时进行控制（因为气缸的进气量或排气量主要取决于气门的升程和正时）。可变气门可以使气门在低速时进排气少点，在高速时进排气多点，从而使供给的燃料不浪费，也不亏欠，使燃烧更完全，这对动力、节油和排放都有好处。

奔驰 CAMTRONIC 可变气门是怎样工作的？

奔驰 CAMTRONIC 可变气门升程系统可以根据发动机的负荷不同而自动调节进气门的开度。其关键技术部件是一个伺服电动机和一个可横向移动的凸轮轴，而且这个凸轮轴上有两种不同曲度的凸轮（低扬程和高扬程）。当发动机负荷发生变化时，伺服电动机便会推动两个凸轮件横向移动，从而切换到另一个不同曲度的凸轮，进而改变气门的升程，改变气门的开度，最终达到调节进气量的目的。

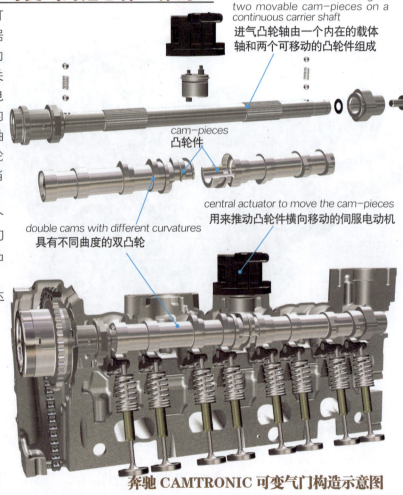

奔驰 CAMTRONIC 可变气门构造示意图

扫一扫，即可观看奔驰可变气门视频

宝马 Valvetronic 电子气门是怎样工作的？

宝马的 Valvetronic 电子气门机构，利用一个步进电动机来控制一个偏心轴，以实现一个由转速到角度的转换，从而使偏心轴更精确地转动，再由它控制一个异形中间臂。中间臂的运动轨迹同时受凸轮轴运动的影响，这个中间臂再带动进气门摇臂动作，可以实现对进气门的无级调节。当驾驶人踩加速踏板时，步进电动机便会根据所收集的信号进行适当的运转，然后驱动偏心轴、异形中间臂、可变正时凸轮轴和气门摇臂，对进气门的正时和升程进行无级调节。

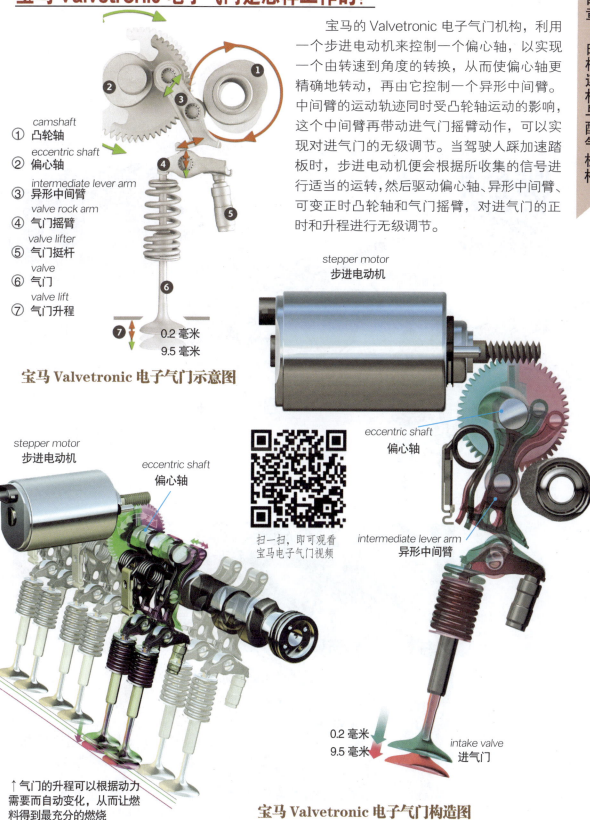

① camshaft 凸轮轴
② eccentric shaft 偏心轴
③ intermediate lever arm 异形中间臂
④ valve rock arm 气门摇臂
⑤ valve lifter 气门挺杆
⑥ valve 气门
⑦ valve lift 气门升程

宝马 Valvetronic 电子气门示意图

扫一扫，即可观看宝马电子气门视频

↑气门的升程可以根据动力需要而自动变化，从而让燃料得到最充分的燃烧

宝马 Valvetronic 电子气门构造图

第四章　曲柄连杆与配气机构

41

视频图解汽车构造与原理

本田 VTEC 可变气门是怎么回事？

本田的可变气门简称 VTEC，在常规只有两个凸轮的地方设计了三个凸轮：一个高转角凸轮在中间；两个高度相同的低转角凸轮在两侧。

当发动机低速运转时（图 A），三个摇臂相互独立运动，其中高转角凸轮对应的摇臂悬空不工作，低转角凸轮正常工作，发动机的气门升程很小，进气量减小。

转速升高后，高转角凸轮的摇臂和低转角凸轮的摇臂"串"为一体（图 C），此时变成低转角凸轮不起作用了，而是由高转角凸轮来带动摇臂控制气门升程。此时，气门升程也就自然而然地变大了，进气量增大。

扫一扫，即可观看本田可变气门视频

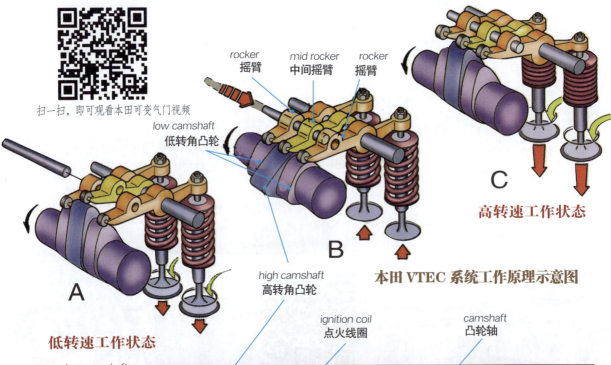

本田 VTEC 系统工作原理示意图

A 低转速工作状态
C 高转速工作状态

通过一个根据发动机转速可以移动的连杆，将三个摇臂连成一体或分开，从而控制气门的升程，起到调节发动机进气的作用

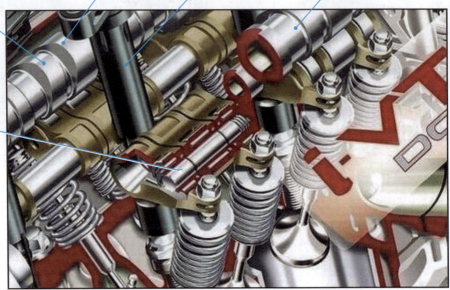

本田 VTEC 系统构造示意图

奥迪 AVS 可变气门是怎么回事？

气门的运动是由凸轮轴来控制的，而凸轮轴上的凸轮形状决定了气门工作的正时和升程。奥迪 AVS 可变气门机构，就是在凸轮轴上装备两级不同的凸轮，以实现对气门运动特性的调节。

AVS 的核心部件有两个：一是两组不同角度的凸轮，负责控制进气门的凸轮轴；二是负责改变升程的螺旋沟槽套筒。螺旋沟槽套筒由电磁驱动器加以控制，以切换使用两组不同的凸轮，改变进气门的正时和升程。

在发动机高负载的情况下，AVS 将凸轮向右推动 7 毫米，使角度较大的凸轮得以推动气门顶杆。在此情况下，气门升程可达到 11 毫米，以提供燃烧室最佳的进气流量和进气流速，实现更加强劲的动力输出。

而在发动机低负载时，为了追求发动机的节油性能，AVS 将凸轮推到左侧，以较小角度的凸轮推动气门顶杆。此时，气门升程可在 2~5.7 毫米间进行调整。

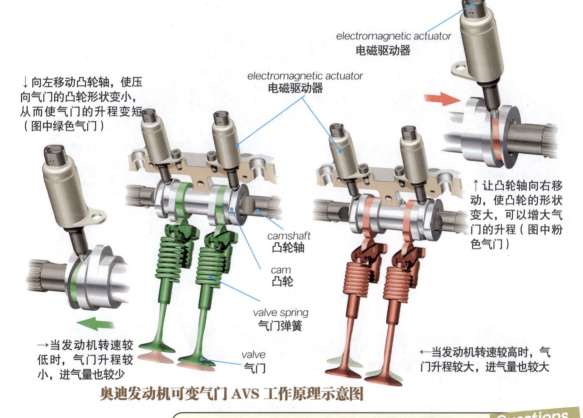

奥迪发动机可变气门 AVS 工作原理示意图

第四章 曲柄连杆与配气机构

Questions

第四章思考题

4.1　为什么进气门都要比排气门大或多？
4.2　DOHC 和 SOHC 分别是什么意思？
4.3　为什么活塞顶部有个凹进去的小坑？
4.4　活塞的工作行程是曲柄长度的多少倍？
4.5　平衡重和平衡轴的作用是什么？
4.6　V 形发动机中气缸数是曲拐数的多少倍？

扫一扫，即可观看奥迪可变气门视频

第五章 发动机进排气系统
第一节 进气系统

为什么发动机要进气和排气?

与人一样,发动机也要呼吸空气才能生存。发动机在工作中要吸入大量的空气,以供燃油燃烧时使用。发动机进气系统的作用,是为发动机燃烧提供新鲜而充足的空气。空气由进气口进入,通过空气滤清器过滤后,经进气歧管进入气缸,并在进气歧管内布置有节气门和空气流量计来控制和调节进气量。

与人一样,发动机也要向外排气。发动机排气系统的作用,是将已燃烧的废气排入大气。它主要由排气歧管、排气管和排气消声器组成,并在排气管段布置有三元催化转化器,以净化排气。

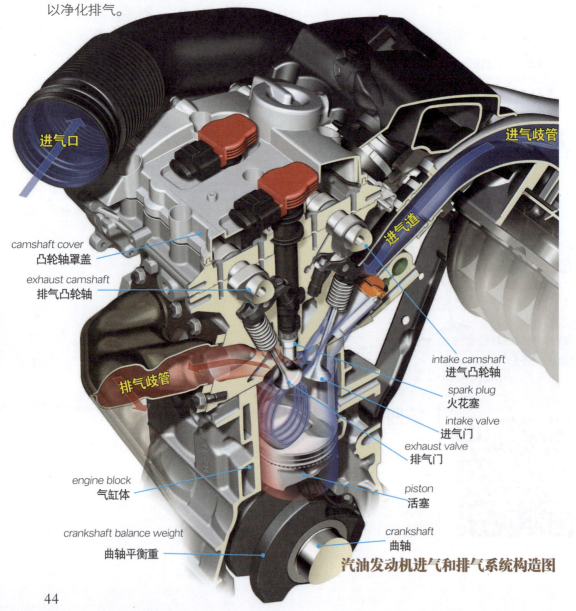

汽油发动机进气和排气系统构造图

第五章 发动机进排气系统

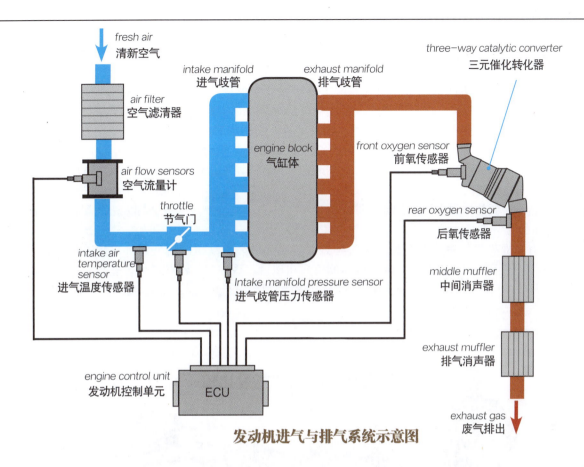

发动机进气与排气系统示意图

节气门起什么作用?

进气系统主要包括两大部件：一是空气滤清器，它主要滤清空气，去除空气中的杂质；二是进气道，它将空气与燃油的混合气引入气缸。在进气道中有节气门，它可控制进入气缸的混合气的多少。此节气门与驾驶人脚下的加速踏板（俗称"油门踏板"）直接相连，加速踏板踏下越深，节气门开度越大，混合气进入就越多，发动机的转速就越高。如果加速踏板和节气门是通过电信号控制的，而不是拉索硬性连接，那么就称其为电子节气门（俗称"电子油门"）。

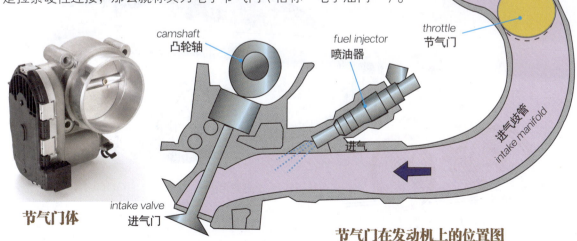

节气门体

节气门在发动机上的位置图

45

什么是理想空燃比？

汽油在发动机内部发生的爆炸实际上是一种化学反应，因此，参与化学反应的物质之间就有理想的混合比。这个理想的混合比，是根据参与化学反应的分子的原子量计算出的。

空气与汽油的混合比也称空燃比。根据计算，它的理想值大概在 14.7∶1 左右，也就是燃烧 1 千克的汽油需要吸入 14.7 千克的空气。如果按体积之比，则大概为 9000∶1，就是说要燃烧 1 升的汽油，必须吸入 9000 升的空气。这样算来，汽车每分钟要吸入 3000~5000 升的空气，而我们人体每分钟只需吸入 6 升空气就够用了。

因此，要想增强发动机的动力输出，让更多的汽油充分燃烧，就要加大进气量，使之能有充足的空气来帮助燃油燃烧。

为了提高进气量，人们想出了各种方法，比如增大发动机的排气量、采用进气歧管可变技术、采用气门可变技术、配备增压器等。可以说，现在的发动机技术，基本就是指怎样精确调节进气的技术，使发动机顺畅呼吸，让燃油得到充分燃烧，从而提高动力，节省燃油，降低排放。

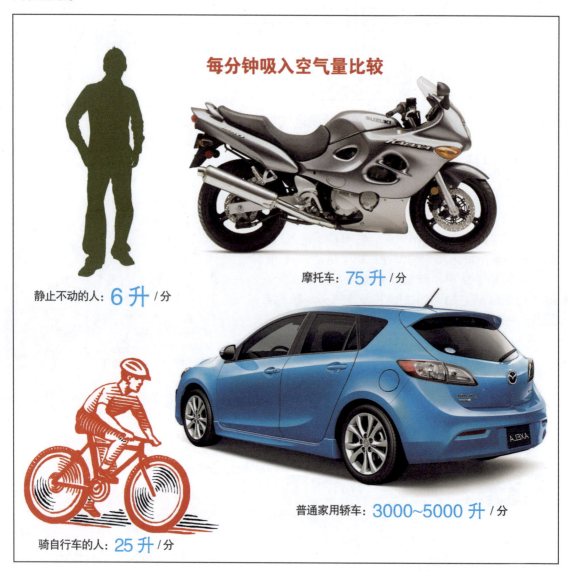

每分钟吸入空气量比较

静止不动的人：6 升/分
摩托车：75 升/分
骑自行车的人：25 升/分
普通家用轿车：3000~5000 升/分

为什么进气歧管长度可以变化？

进气歧管是指从空气滤清器到气缸进气道那段弯弯曲曲的管子。为了调节进气量，一些发动机进气歧管的长度是可变的，其原理是根据需要打开或关闭进气歧管中的一些阀门，使进气"走捷径"或"绕道"来改变进气行程，从而调节进气量和进气速率。

一些发动机进气歧管的粗细也可变。其实也简单，并不是改变进气管的直径，而是根据进气需求关闭副进气歧管，这样就可达到改变进气歧管"粗细"的目的。

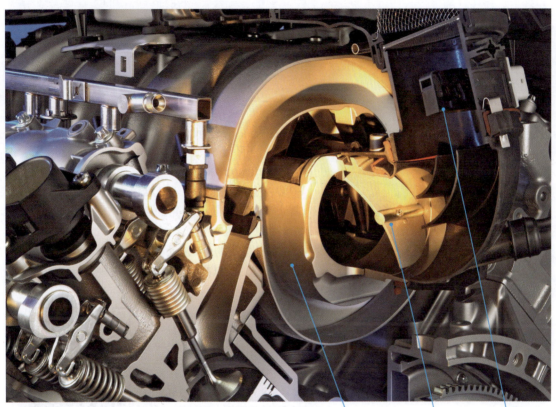

奔驰V形8缸汽车发动机可变进气歧管长度构造图

intake manifold 进气歧管　　flip chip 翻转片　　flip chip control 翻转片控制

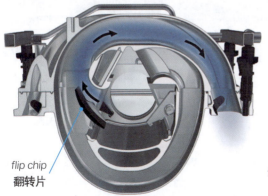

flip chip 翻转片

高转速时进气歧管长度变短

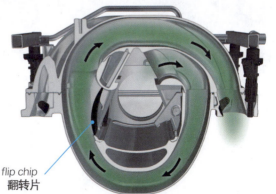

flip chip 翻转片

低转速时进气歧管长度变长

奔驰V形8缸汽车发动机可变进气歧管长度机构原理图

第五章　发动机进排气系统

第二节 可变气缸

可变气缸和可变排量是怎么回事？

  日常行驶中，多数情况下并不需要大功率的输出，特别是在越来越拥堵的城市，大排量与多气缸的搭配就显得有点浪费，而小排量又无法满足人们对驾驶乐趣的需求。可变气缸技术（或称为可变排量技术）正是为了解决这一矛盾而生——在日常使用的低负载条件下，关闭一部分气缸的工作，以减少燃油的消耗；当需要加速而深踩加速踏板时，便会自动开启更多或全部气缸开始工作，以提高动力输出。

  可变气缸技术一般用于多气缸大排量的发动机，如V6、V8、W12等发动机。

  每个厂商的可变气缸技术并不完全相同，但基本都是采用关闭气门和停止喷油的方式来关闭气缸的。

> **Did You Know?**
>
> ### 奥迪气缸按需运行系统（COD）
>
>   奥迪可变气缸技术称为气缸按需运行系统（Cylinder on Demand），在发动机冷却液处于30℃以上、变速器处于3档以上、车辆对转矩的需求处于发动机最大转矩的25%~40%时，会自动将发动机由8气缸切换到4气缸工作状态，相当于一台2.0升排量的V4发动机。该系统可以最大限度地改善8缸发动机在经济工况下的表现。

←在进排气凸轮轴上安装一套零行程的凸轮，当需要关闭部分气缸的工作时，只要指挥步进电动机使凸轮轴左右移动，就可以使部分气门处于零行程的工作状态，也就是停止工作，使对应的气缸也停止工作

扫一扫，即可观看奥迪可变气缸技术视频

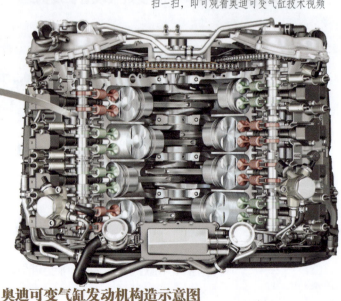

奥迪可变气缸发动机构造示意图

第三节　涡轮增压器

涡轮增压器如何增压？

涡轮增压（Turbocharger）发动机，是指利用排气冲击涡轮来压缩进气的增压发动机，简称 Turbo 或 T。如果在一些轿车尾部看到字母 Turbo 或 T，就表明该车采用涡轮增压发动机。

这种发动机是利用发动机排放出废气的能量，冲击装在排气系统中的涡轮，使之高速旋转，然后通过一根转轴带动进气涡轮以同样的速度高速旋转，使之压缩进气，并强制地将增压后的进气送入气缸。发动机功率与进气量成正比，因此可提高发动机功率。它利用的是发动机排出的废气，所以整个增压过程基本不会消耗发动机本身的动力。

涡轮增压拥有良好的加速持续性，用通俗的话说就是后劲十足，而且最大转矩输出的转速范围宽广，转矩曲线平直。但是，低速时由于涡轮不能及时介入，导致动力性稍差。

扫一扫，即可观看涡轮增压器视频

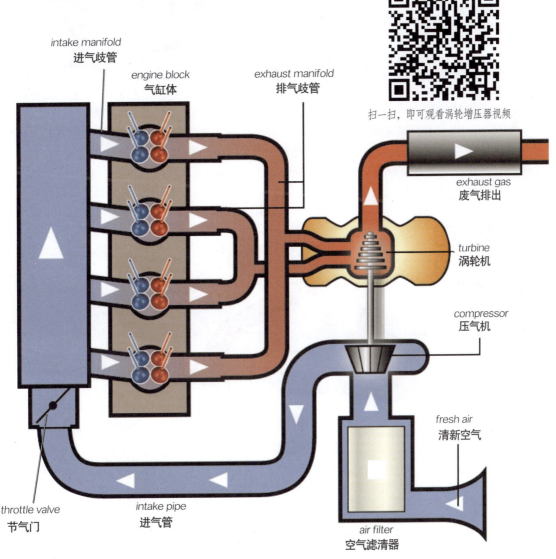

涡轮增压发动机原理示意图

视频图解**汽车构造与原理**

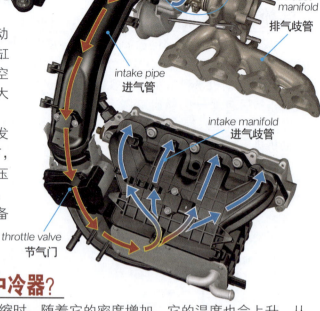

为什么要配备增压器？

大型发动机的动力之所以比小型发动机强大，主要原因就是大型发动机的气缸排量大，能吸入更多的空气，而更多的空气可以使更多的燃油燃烧，从而释放更大的能量，使发动机输出更大的转矩。

人们发现，提高进气压力也可以让发动机吸入更多的空气，因为在同样体积下，密度越高，其氧气含量也越高。将进气压缩后再吸入气缸，可以大幅增大进气量，从而提高发动机的动力输出。这就是配备增压器的根本原因。

为什么涡轮增压器还要使用中冷器？

气体有这样一个特性：当它受到压缩时，随着它的密度增加，它的温度也会上升，从而影响发动机的充气效率。如果想要进一步提高增压发动机的充气效率，就要降低进气温度。

另外，如果未经冷却的增压空气进入燃烧室，除了会影响发动机的充气效率外，还很容易导致发动机燃烧温度过高，造成爆燃等非正常燃烧，而且会增加废气中氮氧化物的含量，加重排放污染。中冷器实际上就是个散热器，它被放置在通风良好的位置，吸收进气被压缩时产生的热量，从而降低进气温度。

扫一扫，即可观看涡轮增压器视频

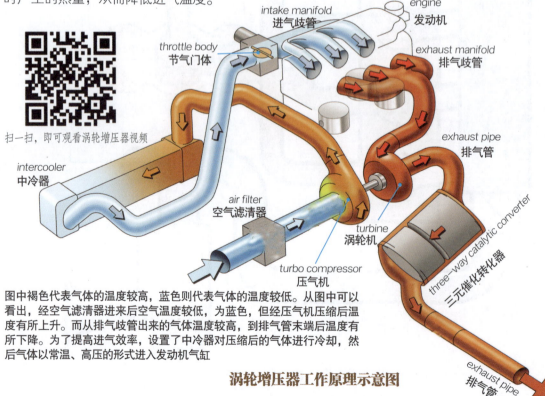

图中褐色代表气体的温度较高，蓝色则代表气体的温度较低。从图中可以看出，经空气滤清器进来后空气温度较低，为蓝色，但经压气机压缩后温度有所上升。而从排气歧管出来的气体温度较高，到排气管末端后温度有所下降。为了提高进气效率，设置了中冷器对压缩后的气体进行冷却，然后气体以常温、高压的形式进入发动机气缸

涡轮增压器工作原理示意图

双涡管单涡轮增压器是怎么回事？

2009年，宝马率先采用双涡管单涡轮增压发动机，最早是在直列6缸3.0升发动机上采用这种技术。它把三个气缸分成一组，每组在排气歧管和涡轮增压器中都有单独的气道，当废气将要进入涡轮增压器时，两组废气合成一个涡管，共同吹动同一个涡轮旋转，驱动涡轮对进入气缸中的空气进行压缩。

双涡管单涡轮增压系统中，将发动机排气管道按点火时刻相邻气缸的排气管道分成两组，点火相邻的两个气缸的排气不受干涉影响，具有更强的脉冲增压，而且排气更为充分，从而有效提高发动机的效率。相对于普通的涡轮增压发动机，双涡管单涡轮发动机可以有效缓解低速时的迟滞性，使得发动机峰值转矩爆发得更早，燃油经济性更佳。

为什么排气有动力？

涡轮增压器的动力来自排气。正是排气冲击涡轮叶片，从而带动和它同轴的压气机旋转。那么，排气的动力又是从哪来的呢？从左图可以看出，排气的冲击力来自活塞上升时挤压燃烧废气的力量，当燃烧废气被"挤出"气缸时，废气就会带有一定的冲击力。

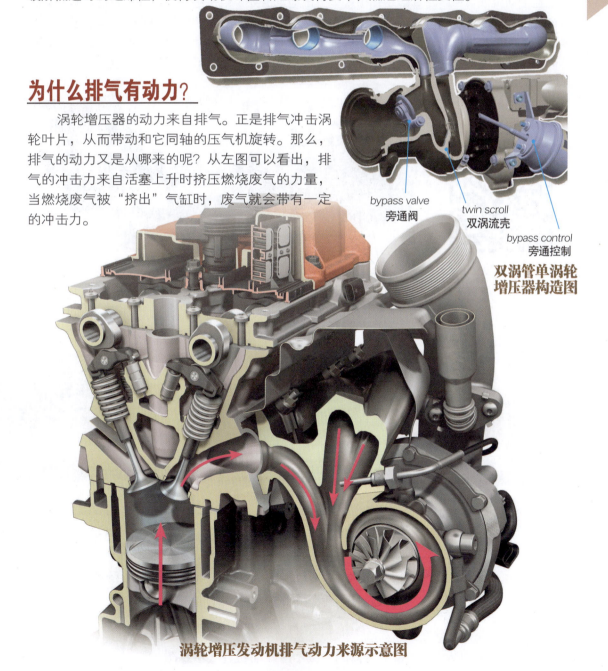

bypass valve 旁通阀
twin scroll 双涡流壳
bypass control 旁通控制

双涡管单涡轮增压器构造图

涡轮增压发动机排气动力来源示意图

第四节　机械增压器

机械增压器是怎样工作的？

机械增压（Supercharger）与涡轮增压的原理完全不同，它并不是依靠排出的废气来压缩进气，而是通过一个机械式的空气压缩机与曲轴相连，通过发动机曲轴的动力带动空气压缩机旋转来压缩进气。压缩机是通过两个转子的相对旋转来压缩进气的。正因为需要通过曲轴转动的能量来压缩进气，机械增压会对发动机输出的动力造成一定程度的损耗。

机械增压器的特性也与涡轮增压器的特性刚好相反，由于机械增压器始终在"增压"，因此在发动机低转速时，其转矩输出就十分出色。另外，由于进气压缩量完全是按照发动机转速线性上升的，整个发动机运转过程与自然吸气发动机极为相似，加速过程呈线性，没有涡轮增压发动机在涡轮介入那一刻的唐突，也没有涡轮增压发动机的低速迟滞。但由于高转速时机械增压器对发动机动力的损耗巨大，因此在高转速时，其作用就不太明显了。

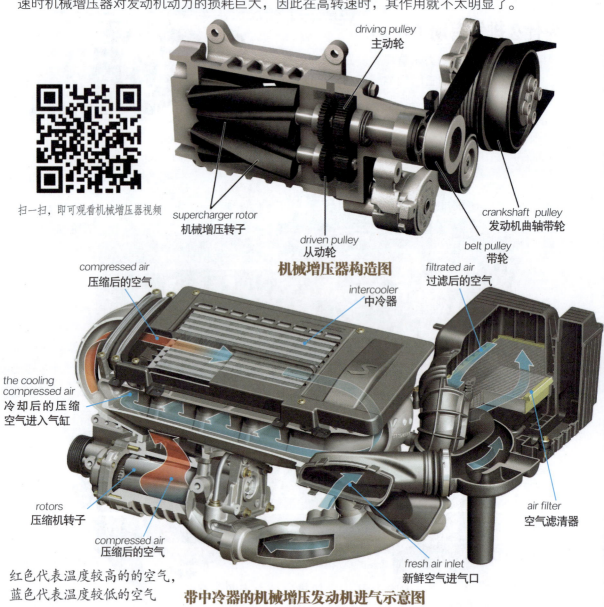

扫一扫，即可观看机械增压器视频

机械增压器构造图

红色代表温度较高的的空气，
蓝色代表温度较低的空气

带中冷器的机械增压发动机进气示意图

52

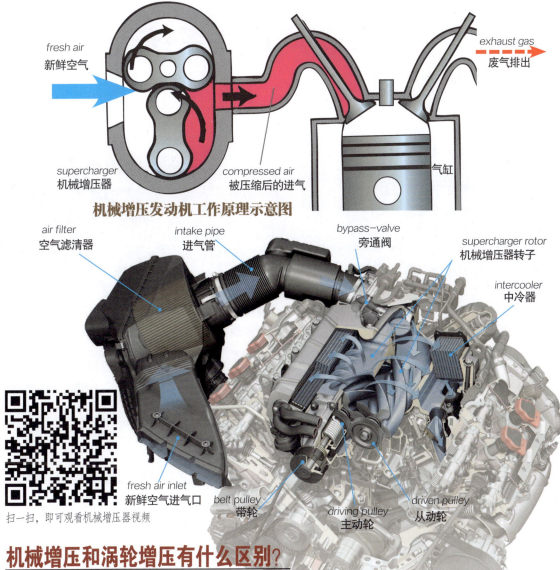

机械增压发动机工作原理示意图

扫一扫，即可观看机械增压器视频

机械增压和涡轮增压有什么区别？

  第一是结构原理不同。涡轮增压是利用发动机排出废气的动力来推动涡轮转动的，然后再带动空气压缩机将即将进入发动机气缸的空气压缩，从而提高发动机的进气量，达到提高发动机动力输出的目的。而机械增压就不同了，它的空气压缩机是由发动机直接带动的，然后也是对即将进入气缸的空气进行压缩，从而达到提高发动机动力输出的目的。

  第二是起动时机不同。涡轮增压器只有在发动机达到一定转速时才会起动，因为当发动机转速太低时，其废气的动力根本无法带动空气压缩机运转，也就无法让涡轮增压器工作。然而，由于机械增压器的空气压缩机是由发动机直接带动的，只要发动机运转，机械增压器就能参与工作。

  第三是对动力性能的影响不同。由于上述原因，涡轮增压器对提高高速运转时的动力性能比较有利，在低速时它基本没有参与工作。而机械增压器一直参与工作，因此它对低速运转时的动力输出比较有利，而在高速运转时其本身的能量消耗也加大，因此在高速运转时其效果比较微小。

  第四是制造成本不同。由于机械增压器一直处于工作状态，它对精密度的要求较高，对维修保养要求也较高，因此它的制造成本和使用费用也较高。

第五节 排气系统

氧传感器起什么作用？

现在，汽车的发动机都采用电子控制单元（ECU）控制燃油的喷射，必须精确地控制混合气的空燃比（空气和燃油比例的理想值为 14.7∶1），才能使燃油的燃烧效率尽可能高。氧传感器实际上就是测量排气中氧气含量的部件，当排气中氧气含量高于或低于规定时（也就是空燃比偏离理想值时），氧传感器就会向发动机 ECU 报告，ECU 就会根据情况自动调节喷油量。

目前，车辆大多安装有两个氧传感器，在三元催化转化器前后方各有一个。前方氧传感器的作用是检测发动机不同工况的空燃比，同时 ECU 根据该信号调整喷油量和计算点火时间。后方氧传感器的作用主要是检测三元催化转化器的工作好坏，即催化器的转化率。通过与前氧传感器数据的比较，来检测三元催化转化器是否工作正常。

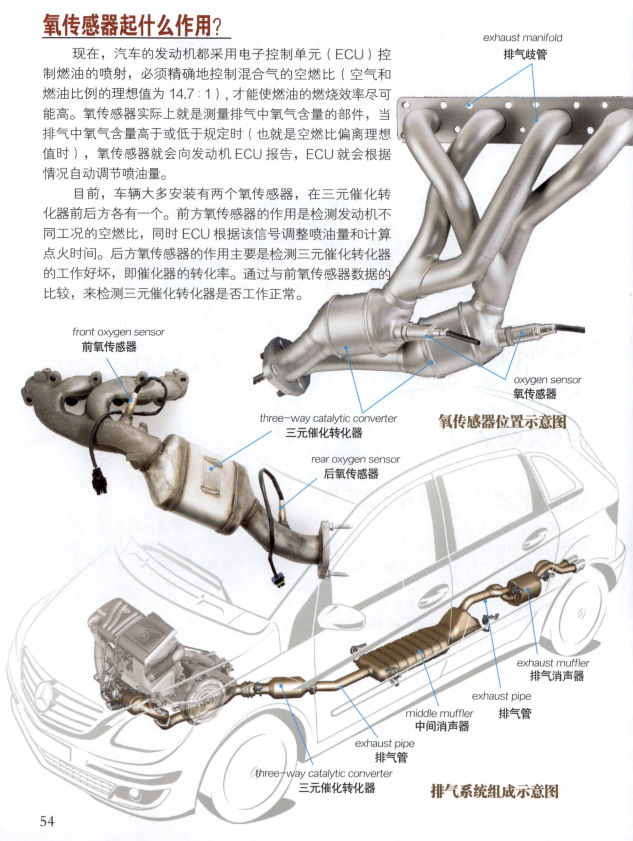

氧传感器位置示意图

排气系统组成示意图

为什么排气歧管奇形怪状？

排气歧管是指从排气门出来的七扭八歪的那部分金属管。由于每个气缸的排气时刻都不一样，为了保证每个气缸的排气顺畅，必须防止不同气缸之间的排气有干扰。因此，在设计排气歧管时要遵循四项基本原则：

1）排气歧管要尽可能长。
2）各缸排气歧管要尽可能等长。
3）各缸排气歧管要尽可能独立，互不干涉。
4）排气歧管内表面要尽可能光滑。

排气管是指从排气歧管一直到车尾排气口的那部分金属管。排气管上的部件相对要多一些，如氧传感器（2个）、三元催化转化器（1~2个）、消声器（1~2个），都要安装在排气管上。

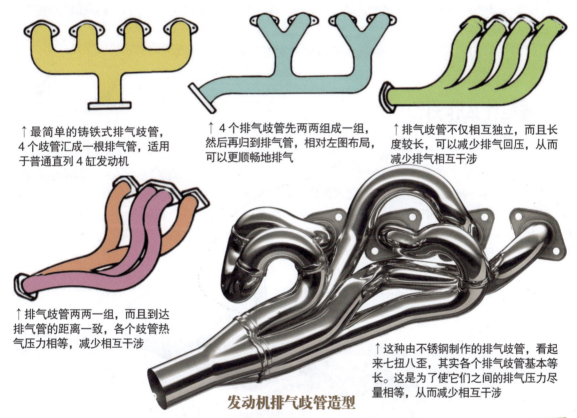

↑最简单的铸铁式排气歧管，4个歧管汇成一根排气管，适用于普通直列4缸发动机

↑4个排气歧管先两两组成一组，然后再归到排气管，相对左图布局，可以更顺畅地排气

↑排气歧管不仅相互独立，而且长度较长，可以减少排气回压，从而减少排气相互干涉

↑排气歧管两两一组，而且到达排气管的距离一致，各个歧管热气压力相等，减少相互干涉

↑这种由不锈钢制作的排气歧管，看起来七扭八歪，其实各个排气歧管基本等长。这是为了使它们之间的排气压力尽量相等，从而减少相互干涉

发动机排气歧管造型

第五章思考题 Questions

5.1 什么是电子节气门？
5.2 发动机为什么要吸入大量的空气？
5.3 汽油发动机的理想空燃比是多少？
5.4 增压器的作用是什么？为什么？
5.5 增压器主要分哪两种？各有什么特点？
5.6 中冷器的作用是什么？

扫一扫，即可观看发动机排气系统视频

第六章　发动机燃油供给系统
第一节　燃油箱

燃油箱是怎样布置的?

燃油加注后暂时储存在燃油箱中。轿车的燃油箱容积多为50~80升。现在，轿车用的燃油箱大多采用高分子高密度聚乙烯塑料制成。这种塑料燃油箱的优点是强度高，密封性好，容易制成符合布置空间的异形，从而可充分利用空间，而且重量轻，耐腐蚀，抗冲击性好，在燃烧时也不易爆炸。随着材料技术的进步，塑料燃油箱的优点越来越多，从而导致金属燃油箱在轿车上的应用越来越少。

别看燃油加注口都是在车身一侧，燃油箱在车内却是呈近似对称的方式布置的，以保持车身左右的平衡。

炭罐起什么作用?

汽油是易挥发的燃料，油箱内的燃油很容易挥发并增加油箱内部的压力，当压力到达一定值时就会产生危险。为了避免危险，在燃油箱和发动机之间设置了一个充满活性炭的炭罐，让油箱中多余的燃油蒸气不再排到大气中，而是通过蒸气导管引入炭罐中，由活性炭来吸附燃油蒸气。当汽车开动时，炭罐电磁阀适时打开，新鲜空气进入炭罐中，将炭罐中吸附的燃油"吹"向进气歧管，加入发动机燃烧中，以达到节约燃油和环保的目的。

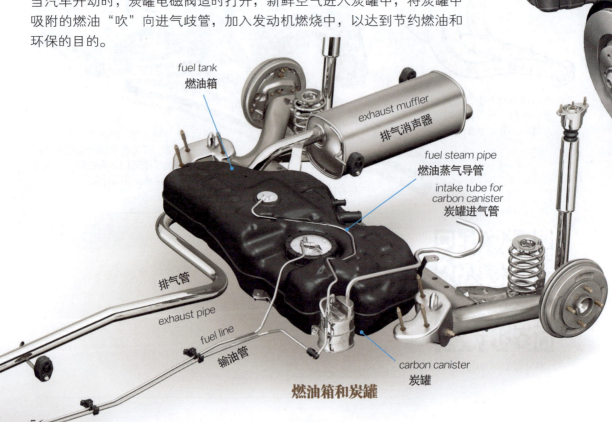

燃油箱和炭罐

第六章 发动机燃油供给系统

exhaust muffler 排气消声器
发动机的排气压力约为0.3~0.5兆帕，温度约500~700℃，这说明排气有一定的能量。同时，排气的间歇性会在排气管内引起排气压力的脉动。如果将发动机排气直接排放到大气中，就会产生强烈的噪声。排气消声器的作用，就是通过逐渐降低排气压力和衰减排气压力的脉动，来消减排气噪声

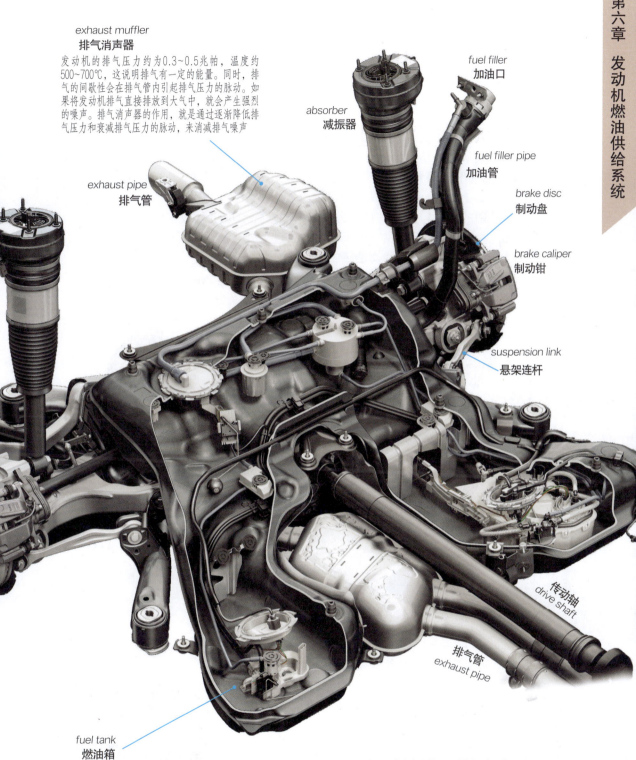

奥迪A8轿车燃油箱构造图

fuel tank 燃油箱
燃油箱是个相对密闭的系统，油箱上通常设有通风装置，以防止燃量过度消耗而使燃油箱在箱内与大气的压力差作用下变形。早期的燃油箱大多由金属材料制成，后来多改用合成材料，以满足轻量化及结构设计的要求。燃油箱一般设有两个出口，一个是燃油加注口，另一个是用来装入燃油泵和燃油计量装置的口

第二节　燃油供给系统

燃油是怎样供给到发动机的？

燃油被燃油泵从燃油箱中抽出，在进入发动机之前，还要经过燃油滤清器，才能进入燃油轨道，并在发动机电子控制单元（ECU）的控制下喷射到进气道（缸外喷射）或气缸内（缸内直喷），最终参与燃烧。

由于燃油喷射的压力较大，在喷入进气歧管时可能造成进气歧管内压力不平衡，从而影响燃烧效率。为此，专门设置了一个压力调节器，当进气歧管内压力差较大时，压力调节器打开阀门，允许一部分燃油流回燃油箱中。

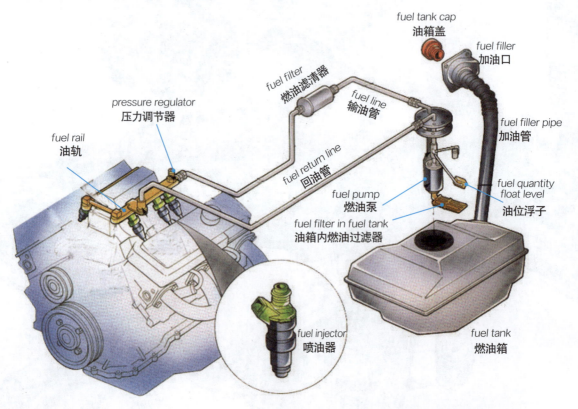

燃油供给路线示意图

扫一扫，即可观看燃油供给视频

扫一扫，即可观看发动机燃油喷射视频

第三节　燃油喷射系统

多点喷射和单点喷射有什么不同？

如果每个气缸的进气歧管上都单独装配一个喷油器，每个喷油器只向一个气缸喷射燃油，那么就称之为多点喷射（MPI）。反之，只在进气管入口处装配一个喷油器，由这一个喷油器向进气管处喷射燃油，然后再由进气歧管把混合气分散到各个气缸中，那么就称其为单点喷射。其实，随着多点喷射系统制造成本的下降，现在轿车上已经很少采用单点喷射了。

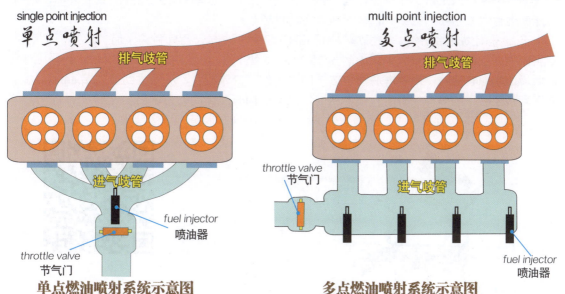

单点燃油喷射系统示意图　　多点燃油喷射系统示意图

缸内直喷和缸外喷射有什么不同？

无论是什么样的汽车发动机，其基本原理都是使燃油与空气的混合气点燃爆炸。但是，不同的发动机将燃油与空气开始混合的地方却有所不同，或者说燃油喷射的位置不一样。总的来说，可分为缸外喷射和缸内直喷。

缸外喷射是将燃油喷射到进气道中，与进气混合后再进入气缸内。上面两图所示都是缸外喷射。

缸内直喷是直接将燃油喷射入气缸中，如所有的柴油发动机和部分缸内直喷汽油机。由于燃油缸内直喷对提高燃油经济性、提高动力输出都很有帮助，因此现在采用缸内直喷发动机的车辆越来越多。燃油缸内直喷已成为发动机先进技术的代表之一。

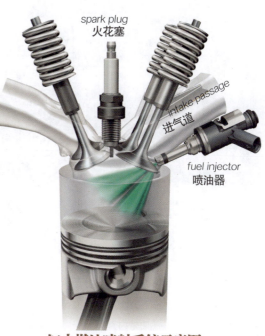

缸内燃油喷射系统示意图

"双喷"发动机有什么优势？

"双喷"发动机配有两套燃油喷射装置，除了缸内燃油直喷系统外，还在进气道内设计了一个喷油器。根据行驶状况，缸内喷射与进气道喷射之间可以进行切换或共同混合喷射，确保高效的动力输出和最佳的燃油经济性。现在，丰田、奥迪和大众的多款发动机上，都采用"双喷"发动机。"双喷"发动机主要有两大优势：

一是缩短暖机时间。"双喷"发动机在起动时采用单纯的进气道燃油喷射方式，它相对燃油高压缸内直喷可以将燃油与空气更充分地混合，使混合气更迅速和完全地燃烧，从而使发动机迅速进入正常工作状态，缩短暖机时间。如果在起动时采用单纯的缸内直喷，则有可能使混合气凝结在气缸壁上，久而久之可能形成积炭。

二是提高燃油经济性。进气道喷射和缸内直喷两种方式各有利弊，而"双喷"发动机则可以根据发动机的负载大小，灵活地调整燃油喷射方式，使发动机的燃油喷射达到最优化：在低转速和中转速时，两种燃油喷射方式同时工作，协调配合，从而达到节省燃油的目的；而在高转速时采用单纯的缸内直喷，从而使发动机拥有最佳的动力输出。

"双喷"发动机拥有两套燃油喷射系统，无疑会增加制造和维修成本。

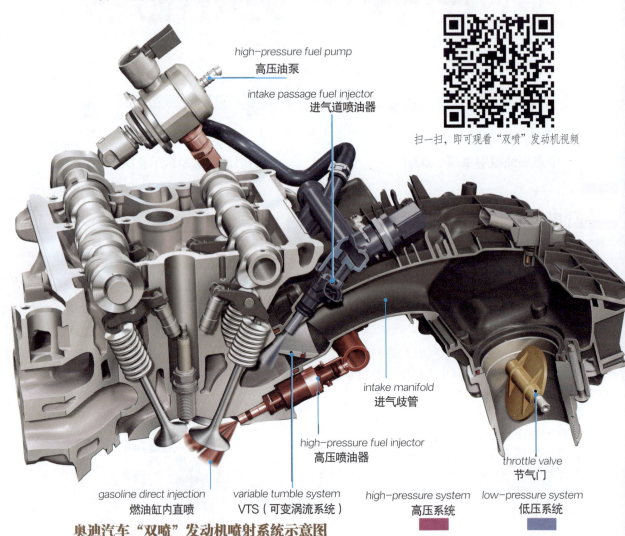

扫一扫，即可观看"双喷"发动机视频

奥迪汽车"双喷"发动机喷射系统示意图

为什么要采用高压喷射燃油？什么是高压油轨？

在燃油缸内直喷发动机中，都是采用高压喷射技术，这是由于燃油喷射是在压缩行程的末端才开始的，此时缸内压力非常大，要想往缸内喷射燃油就必须采用高压喷射。燃油喷射压力来自高压燃油泵，并利用高压油轨来平衡各个喷油器的喷射压力。

高压油轨系统中的"轨"其实是一个储压器，其中燃油由油泵供给，可在最高 200 兆帕的压强下存储燃油，这相当于将一辆高档豪华轿车的重量集中在 1 平方厘米的面积上。正是由于高压作用以及喷嘴上一个直径只有 0.1 毫米的精细小孔设计，共轨系统的喷射器能够将燃油雾化为极为精细的微粒，从而确保出色、均匀的油气混合及高效的燃烧。

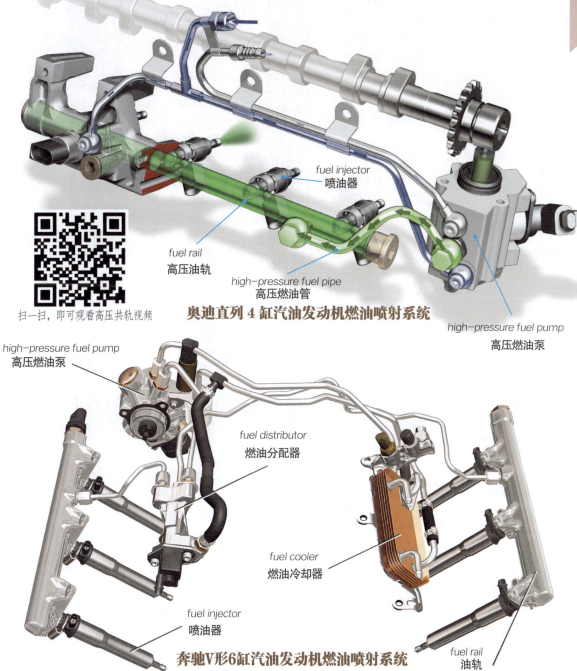

扫一扫，即可观看高压共轨视频

奥迪直列 4 缸汽油发动机燃油喷射系统

奔驰V形6缸汽油发动机燃油喷射系统

第六章 发动机燃油供给系统

61

怎样控制喷油时刻和喷油量？

缸内直喷发动机上最先进的喷油器采用压电式喷嘴，它由无数个相互叠置的微型陶瓷碟片组成。如果给电磁线圈施予电压，陶瓷碟片的晶体结构就会发生改变（也就是所谓的压电效应），碟片随后以最低限度强力扩张，快速而精确地作用于控制阀，控制阀则会触发喷射针，从而喷射燃油；当电磁线圈断电后，磁力消失，在压力弹簧的作用下，喷油针阀回复原位，喷油结束。这样，通过控制电磁线圈的电压，就可以实现喷油时刻和喷油量的精确控制。

需要说明的是，调节喷油量的多少不是通过改变喷射口径来实现的，喷射口径是固定的，它的喷射速度也是相对固定的。喷油量的多少是通过调节喷油时间的长短来实现的，喷油时间越长，其喷油量自然就会增多。

from high-pressure fuel pump
来自高压油泵

fuel injection control connector
喷油控制插头

pressure channel
压力管道

electromagnetic coil
电磁线圈

fuel injection needle
喷油针阀

combustion chamber
燃烧室

piston
活塞

pressure spring
压力弹簧

fuel injection needle
喷油针阀

奥迪缸内燃油直喷发动机喷油器

第六章思考题

6.1 炭罐起什么作用？
6.2 燃油缸外喷射是将燃油喷射在哪里？
6.3 燃油缸内直喷有什么优点？
6.4 什么是"双喷"发动机？它是怎样工作的？
6.5 喷油器的喷油量大小是怎样被控制的？

第七章　发动机点火与起动系统

第一节　点火系统

为什么说火花塞像闪电？

要想产生燃烧，必须满足三个条件：燃料、氧气和温度。具体到汽油发动机中，虽然汽油和空气的混合气在被压缩的过程中温度也有升高，但并不足以升高到混合气的燃点，因此必须借助外来高温将混合气点燃。这就是汽油发动机上使用火花塞的原因。火花塞使来自高压点火线圈的脉冲高压电放电，击穿两电极间的空气而产生高达上万伏电压的电火花，它可以在瞬间点燃气缸中已被充分压缩升温的混合气。而且一旦点燃，火焰的传播速度可以达到 50~100 千米/时。燃烧的气体就会迅速膨胀，实际上相当于爆炸，并产生强大的爆炸推力，进而推动气缸内的活塞下行，带动曲轴旋转。

火花塞产生高压放电的原理和雷电产生的原理是一样的。分别带正电和负电的两个电极离得非常近，一般不到 1 毫米。当它们分别带正电和负电时，一旦接近就会产生电火花，电压甚至高达 1 万伏。

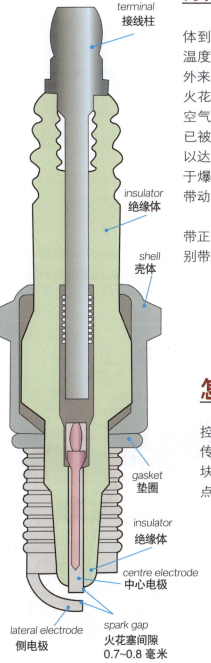

火花塞构造图

火花塞产生高压放电的原理和雷电产生的原理近似，两个电极就像是两朵分别带正电和负电的云，一旦接近就会产生电火花

火花塞放电原理示意图

怎样控制点火顺序？

每种发动机的点火顺序并不太一样，但现在都是通过电子控制单元来控制点火的。发动机根据凸轮轴位置传感器及其他传感器的信息，确定应点燃哪个气缸的火花塞，并指令点火模块接通该气缸的点火线圈，即可使该气缸的火花塞放电，进而点燃该气缸的混合气使其燃烧。

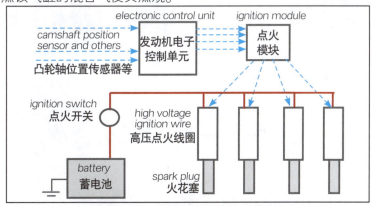

四缸汽油机点火系统原理示意图

第二节　起动系统

发动机是怎样起动的？

当驾驶人将车钥匙插进点火开关并扭动到起动档时，或按下起动按钮时，起动机的电路接通，蓄电池的大量电流便流入起动机和电磁离合器的线圈，起动机开始运转，同时电磁离合器推动小齿轮和飞轮上的齿圈接合，把起动机旋转的转矩扩大传送给曲轴，带动曲轴旋转，曲轴再带动活塞上下移动。

在扭动点火开关的同时，发动机电子控制单元（ECU）即得到电信号启动。它首先检验和确认钥匙中的密码是否合法，然后再指挥燃油供给系统向气缸内喷射燃油、指挥点火系统按顺序将高压电通向火花塞，点燃气缸内被压缩到燃烧室的可燃混合气，从而产生爆炸力，推动活塞下行，再推动曲轴继续旋转。

如此这般，发动机的曲轴就会不间断地旋转起来，从而使发动机完全起动。

当操纵点火开关的手松开时，起动机电路被切断，这时起动机也停止运转。发动机起动后，起动机小齿轮和飞轮齿圈也会自动分开。

发动机起动后，带动附在发动机旁的发电机运转而产生电力，供给点火系统及车上的电器用电，如音响、车灯等。

起动机是怎样工作的？

在起动机的顶部"背"着一个电磁离合器，当驾驶人扭转点火开关到起动档时，就是在控制通往电磁离合器的电路。它在通电后可以推动小齿轮与飞轮接合，从而驱动发动机的飞轮旋转，最终起动发动机。当通往电磁离合器的电路断开后，在复位弹簧的作用下，小齿轮再从发动机飞轮上退出，终止起动。

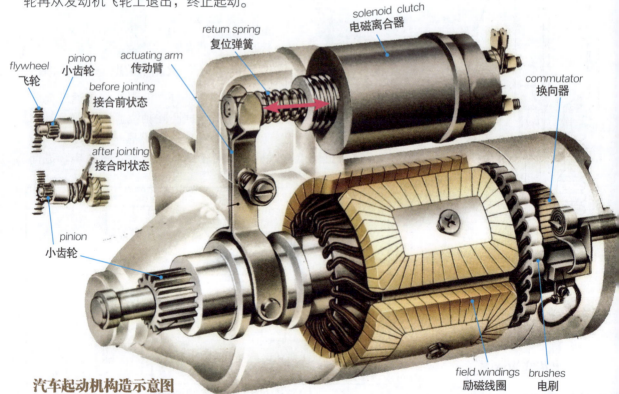

汽车起动机构造示意图

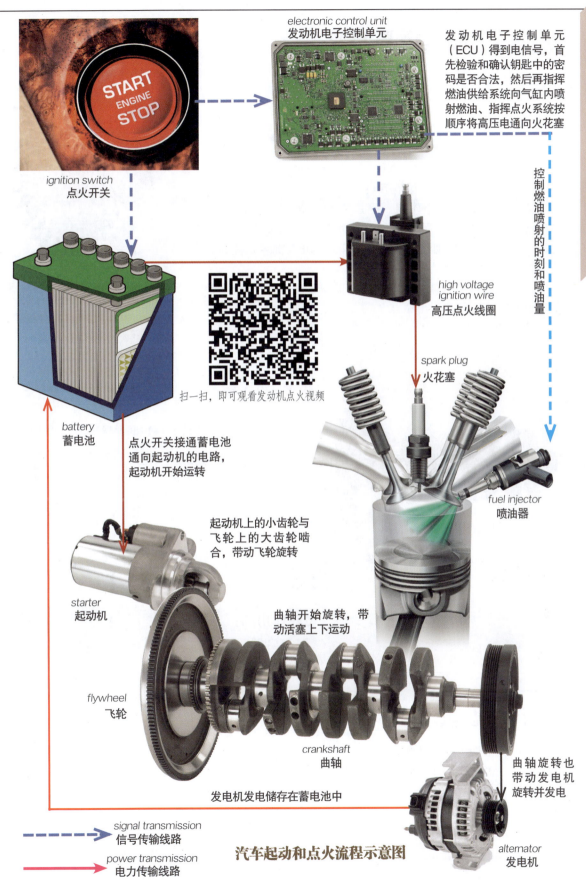

汽车起动和点火流程示意图

为什么发动机起动需要飞轮？

飞轮的作用是储存发动机的运动能量，因为无论旋转速度多高，活塞在完成的四个行程中只有一次是做功的，而进气、压缩、排气三个行程中活塞都会遇到较大的阻力，需要一定的力量才能完成任务。因此，利用重量和直径都较大的飞轮先把动能储存起来，便可带动曲轴平稳运转。

飞轮储存动能的原理有点像小孩子常玩的陀螺，用劲儿旋转后它就会自动旋转一段时间。

飞轮还有另外两个作用：一是它的外周镶有齿环，它与起动机直接相连，通过起动机带动飞轮旋转从而起动发动机；二是利用飞轮圆盘的大面积，可以让它与离合器相连，从而向传动系统传递动力。

发动机的气缸数越多，动力重叠便越多，因此不必储存太多动能，飞轮就可以小一点。虽然飞轮越重，发动机越平稳，但是因为惯性，太重的飞轮也会使发动机加速或减速都变慢。因此，载货车发动机的飞轮大而重，跑车发动机的飞轮则小而轻。

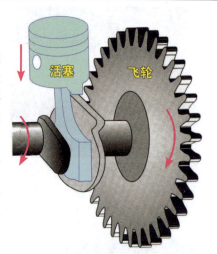

活塞　飞轮

flywheel 飞轮

starter 起动机

飞轮作用二：
起动机通过带动飞轮旋转来起动发动机。

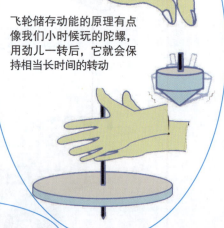

飞轮作用一：
储存能量，带动曲轴平稳旋转。

飞轮储存动能的原理有点像我们小时候玩的陀螺，用劲儿一转后，它就会保持相当长时间的转动

飞轮作用三：
与离合器相连，向传动系统传递动力。

Questions

第七章思考题

7.1　火花塞的作用是什么？
7.2　为什么火花塞能释放出火花？
7.3　点火线圈的作用是什么？
7.4　飞轮主要有哪三大作用？
7.5　发动机气缸数越多，需要配更大的飞轮吗？

第八章　发动机冷却与润滑系统

第一节　冷却系统

发动机都有哪些冷却方式？

发动机冷却系统有水冷和风冷两种。风冷是在气缸体周围设计散热片，利用自然风或风扇来吹散发动机的热气，达到降低发动机温度的目的。风冷发动机的气缸体内部不需要设计水套，因此结构紧凑。但是，风冷冷却效果相对较差，因此仅适用于摩托车和小排量发动机。

水冷是指利用冷却液来降低发动机的温度。水冷发动机是通过水泵使环绕在气缸周围水套中的冷却液加速流动，并把水套中的冷却液引入散热器，再利用行驶时吹进的自然风和风扇吹风，使冷却液在散热器中冷却，然后再将冷却的冷却液引入水套，进行周而复始的循环冷却。现在，绝大多数发动机都采用水冷式。

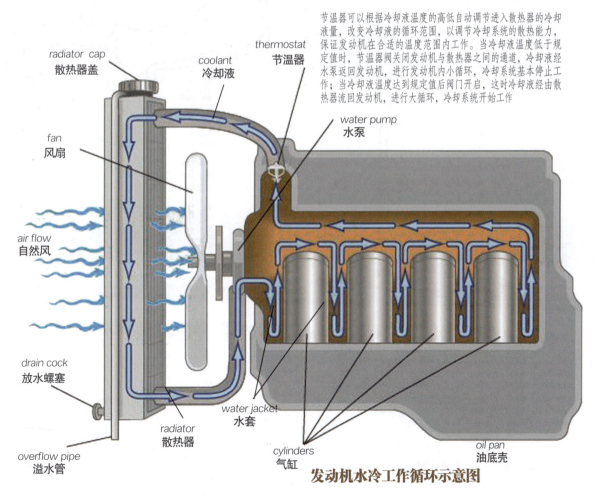

节温器可以根据冷却液温度的高低自动调节进入散热器的冷却液量，改变冷却液的循环范围，以调节冷却系统的散热能力，保证发动机在合适的温度范围内工作。当冷却液温度低于规定值时，节温器阀关闭发动机与散热器之间的通道，冷却液经水泵返回发动机，进行发动机内小循环，冷却系统基本停止工作；当冷却液温度达到规定值后阀门开启，这时冷却液经由散热器流回发动机，进行大循环，冷却系统开始工作

发动机水冷工作循环示意图

为什么发动机不能过热或过冷？

如果发动机温度过高，活塞和气门在高温下就可能发生膨胀变形，导致发动机损坏；如果冷却不良，发动机动力输出会下降，甚至引起爆燃等不正常的燃烧现象。如果发动机过冷，会使汽油雾化效果变差，燃烧效率降低，燃烧不完全，进而降低动力输出，增加油耗。

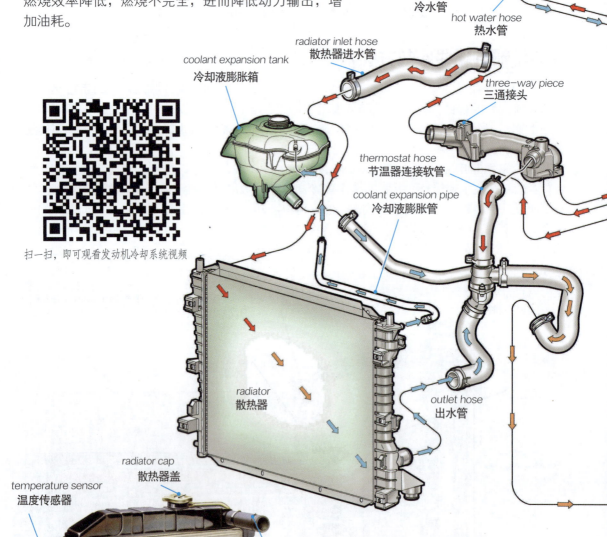

扫一扫，即可观看发动机冷却系统视频

散热器构造图

散热器是怎样散热的？

散热器由水管和散热片组成。这些水管细小扁平，并且呈回曲线状，在水管间隙夹装很薄但层层折叠的散热片，以增加水管的散热面积。当自然风吹过散热片时，便会将从水管散发出的热量带走，从而起到降温冷却的作用。

第八章 发动机冷却与润滑系统

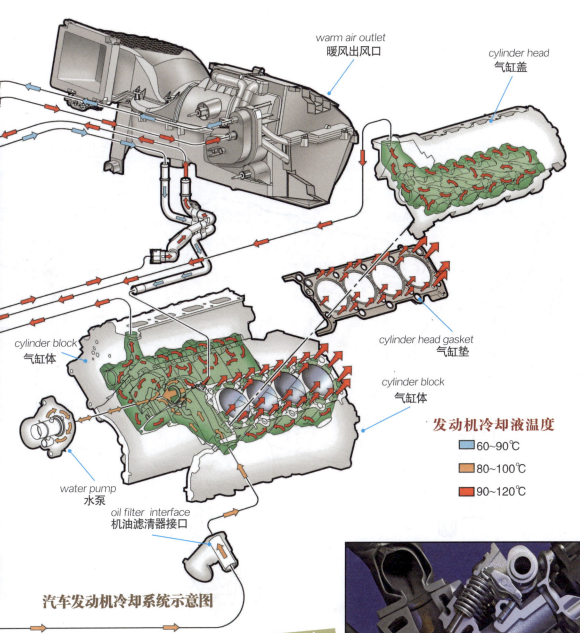

汽车发动机冷却系统示意图

发动机冷却液温度
- □ 60~90℃
- □ 80~100℃
- ■ 90~120℃

Did You Know?

发动机内部温度有多高?

在发动机内部,当发动机以极高的速度运转时,它的最高燃烧温度可以高达 2500℃,最低也要超过 1000℃。可惜的是,这些热量很难被有效利用。不仅如此,它还会使与其接触的机械部件受热膨胀。因此,还必须消耗机械能量使其降温。据测试,燃油燃烧产生的总热量有 1/3 被吹散到大气中,被白白浪费掉。

第二节　润滑系统

机油在发动机内是怎样流动的？

发动机润滑系统的主要作用，是向发动机各运动部件提供机油，以减少摩擦。同时，机油还能起到清洁、冷却、防锈、缓冲和密封等作用。

当发动机不工作时，机油主要储存在油底壳内。当发动机运转时，机油从油底壳经机油集滤器被机油泵抽送到机油滤清器中，经机油滤清器过滤后再进入主油道，然后再通过各分油道进入润滑部位进行润滑。润滑后的机油，在重力作用下再流回到油底壳，参与再循环。

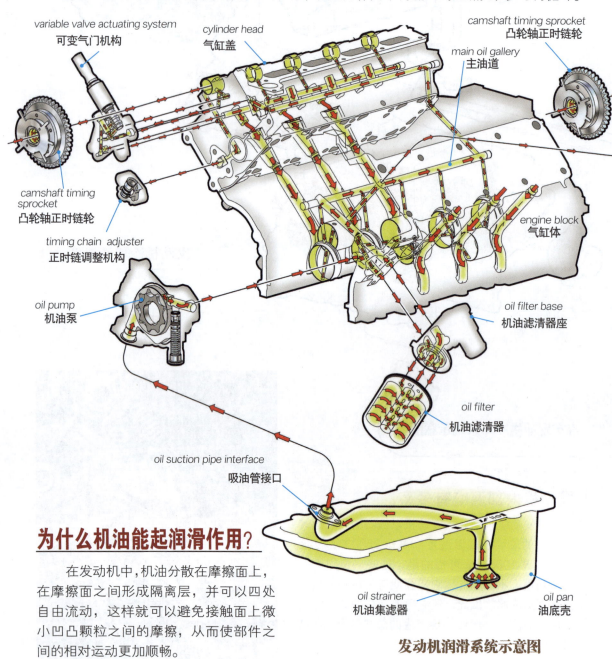

发动机润滑系统示意图

为什么机油能起润滑作用？

在发动机中，机油分散在摩擦面上，在摩擦面之间形成隔离层，并可以四处自由流动，这样就可以避免接触面上微小凹凸颗粒之间的摩擦，从而使部件之间的相对运动更加顺畅。

为什么要使用机油滤清器？

为了减小发动机内部的摩擦，或者说为了让发动机运转得更为顺畅，发动机要用机油对主要部件进行润滑。机油由机油泵驱动循环流过各个需要润滑的部件后，流回油底壳，再被抽出润滑各个部件。如此周而复始，循环不断。

为了不断清除润滑系统中的杂质，如金属屑、机油中的胶质等，在机油循环系统中必须装备机油滤清器，并且要定期更换，以保证它拥有较佳的过滤性能。

下图中，黄色表示还没有过滤的机油，绿色表示已经过滤的机油。

第八章　发动机冷却与润滑系统

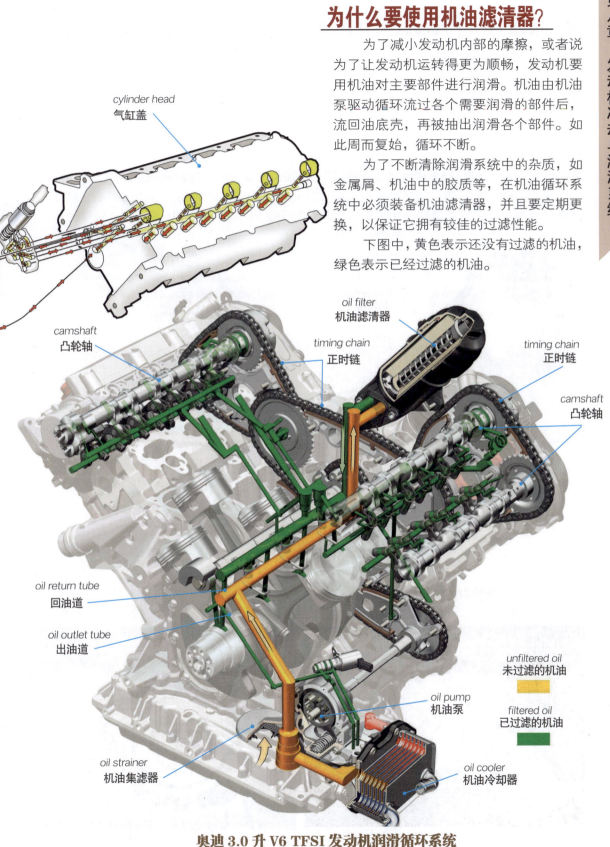

奥迪 3.0 升 V6 TFSI 发动机润滑循环系统

湿式油底壳和干式油底壳有什么不同？

我们在公路上看到的汽车，其发动机大多采用湿式油底壳。之所以命名为湿式油底壳，是由于发动机的曲轴曲拐和连杆大头在曲轴每旋转一周时都会浸入油底壳的机油内一次，从而起到润滑作用。同时曲拐每次高速浸入油液内都会激起一定的油花和油雾，还可以对曲轴和轴瓦进行润滑。

然而，这种润滑方式对于追求运动性能和越野性能的车型来讲就存在一个比较大的问题，当汽车高速过弯或者在极限运动中造成车身倾斜很大时，由于离心力或者重力作用而造成机油聚集于油底壳的一个局部，导致部分曲拐不能浸入油液内，从而影响润滑。

为了解决这个问题，将发动机底部的油底壳，改成独立的机油箱，利用机油泵的压力强制将机油送到各个润滑处，并将润滑后的机油回送到机油箱。这种润滑方式被称为干式油底壳。

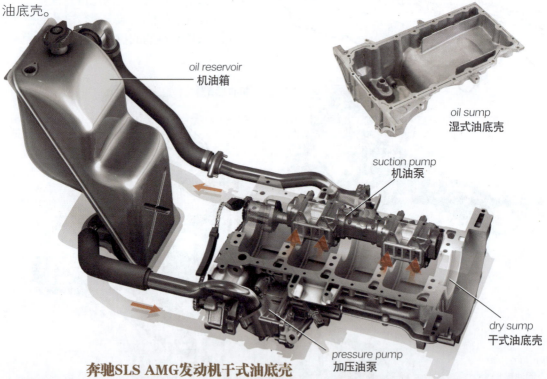

奔驰SLS AMG发动机干式油底壳

奥迪A8汽车发动机机油泵内部构造图

宝马V10发动机机油泵内部构造图

为什么水平对置发动机的润滑系统更复杂？

水平对置发动机的气缸都呈横卧形状，而且是对向排列，因此，要将机油抽送到气缸各处参与润滑，其难度比直列或V形发动机要大得多。更难的是，参与润滑后的机油无法在重力作用下流回油底壳，必须通过机油泵才能回送到机油箱。下图是保时捷水平对置6缸发动机，它使用了5个机油泵，才确保发动机润滑系统正常运行。

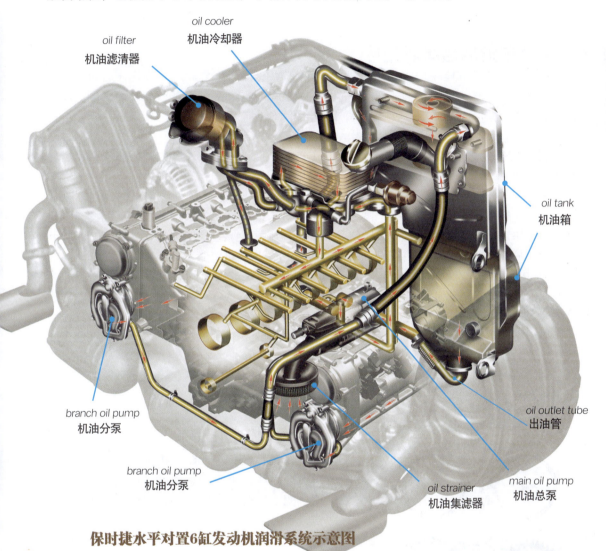

保时捷水平对置6缸发动机润滑系统示意图

第八章思考题

8.1 发动机冷却方式一般有哪两种？
8.2 如果发动机过热会出现什么问题？
8.3 现在汽车发动机主要采用什么冷却形式？
8.4 为什么发动机需要润滑？
8.5 什么是干式油底壳？它有什么优点？

扫一扫，即可观看发动机润滑过程视频

第九章 汽车变速器

第一节 变速原理

为什么汽车需要变速器？

下面以我们常用的自行车为例来说明：自行车中间轴上有个较大的链轮，后面车轮上有个较小的链轮，它们之间用钢链连接。中间的大轮转一圈，后轮可能就要转两三圈。起步时，由于人体较重，直接骑上去很难起步，因此人们一般都会先猛推一下车，然后再骑上去。骑上自行车后，就不太费力了，可以轻松地前进。

但是，如果你想提高车速，那就得快速蹬车，即使这样，有时也觉得不够快；反之，如果遇到顶风或上坡，你就会感觉非常吃力，有时不得不推着自行车上坡。

而装有变速机构的自行车就可以解决这个问题。当想以较快的速度前进时，可以把后轴上的链轮切换成更小的，这样蹬一圈中间的大链轮，后轮就可能转四五圈，从而提高了行驶速度；如果遇到顶风或上坡，则可以将后轴上的链轮切换成直径更大的，这样蹬一圈中间的大链轮，后轮可能也就转一两圈甚至半圈，不太用劲儿就可以骑车攀爬上坡。

汽车也是一样，发动机的转速非常高，但输出的转矩非常有限。起步时，不需要较大的车速，但需要较大的转矩，因此在起步阶段最好是让汽车低速、大转矩平稳运行；在车速提高后，就不需要太大的转矩，而需要较高的车速。变速器的作用就如同自行车的变速齿轮，可以由驾驶人根据行驶情况来调节发动机输出的转速和转矩，从而使汽车顺利地起步、爬坡和快速行驶。

如果没有变速器，汽车只能以一种速度、一种转矩前进，不能低速缓行，也不能高速飞驰，甚至很难起步和上坡。

↑当主动链轮的直径和转速固定不变时，从动链轮越小，从动链轮的转速也会越高，输出的转矩也会越小；反之亦然

自行车变速原理示意图

什么是齿轮传动比？

齿轮传动比简称齿比，是指主动齿轮与从动齿轮的角转速之比，也等于从动齿轮与主动齿轮的齿数之比。变速器的每个档位齿轮组合，都有一个与其他档位不同的传动比。档位越低，其传动比越大；档位越高，其传动比越小。

变速器各档位传动比值示例			
档位	4速变速器	5速变速器	6速变速器
第1档	2.92	3.42	4.15
第2档	1.56	2.21	2.33
第3档	1.00	1.60	1.53
第4档	0.71	1.00	1.15
第5档	—	0.75	1.00
第6档	—	—	0.79
倒　档	2.38	3.02	3.67

为什么变速器中要使用很多齿轮？

一对相互啮合的齿轮，直径较小的齿轮以较小的力旋转，那么在较大齿轮上就会获得更大的力，但作为获得较大力的代价，大齿轮的转速则会相应降低。或者说，相互啮合的一对齿轮，直径越大或齿数越多的齿轮，它的转速就低，转矩就大；而直径越小或齿数越少的齿轮，它的转速就高，转矩就小。

利用齿轮变换转矩和转速的原理，可以用很小的力来提升很重的物体，甚至，一只小老鼠通过一个设计合理的齿轮组合就能将一头牛提起来。

汽车变速器就是根据齿轮啮合原理设计的。当驾驶汽车上桥或爬坡时，如果感觉汽车动力不足，我们就会降低档位，实际上是更换传动比更大的齿轮组合，也就是换直径较小的主动齿轮和直径较大的从动齿轮组合。根据齿轮啮合原理，此时变速器输出的转速就会相对降低，但转矩增大；如果是升档，实际上是换直径较大的主动齿轮和直径较小的从动齿轮的齿轮组合，此时变速器输出的转速就会提高，但转矩会相应减小。

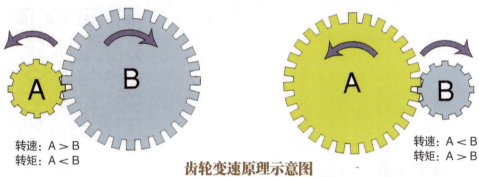

齿轮变速原理示意图

↑利用齿轮原理，可以将较大的转速转变为较小的转速，也可以将较小的转速转变为较大的转速

→在齿轮组合传动中，传动比越大，其输出的转速越小，但其输出的转矩却越大。利用这个原理，可以想象，如果齿轮组合的传动比足够大，那么一只老鼠也可以提起一头牛

齿轮放大转矩原理示意图

第二节　手动变速器

手动变速器是怎样变速的?

当离合器接合时，不管是在空档还是在任何档位，变速器中每个档位的主动齿轮（红色齿轮）以及每个档位的从动齿轮（蓝色部分）始终啮合在一起，并按照各自的转速不停地旋转。但是，在空档时，各个档位的所有从动齿轮并没有和输出轴连接，此时输出轴是静止不转的。

当挂上1档或其他前进档位时，实际上是将1档或其他档位的从动齿轮通过同步器（或称犬牙啮合套）和输出轴接合起来共同旋转。当变换档位时，则是换成新档位的从动齿轮来与输出轴接合并共同旋转。

倒档的主动齿轮和从动齿轮之间"夹"了一个中间轮，这样就可使输出轴的旋转方向与其他档位相反。

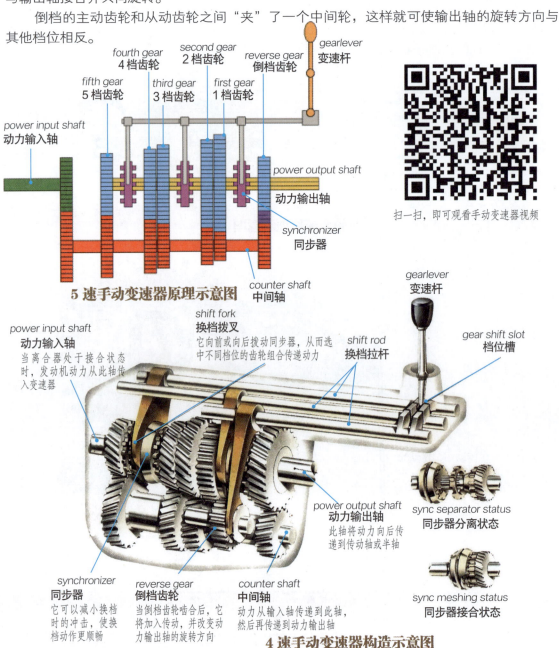

扫一扫，即可观看手动变速器视频

5速手动变速器原理示意图

4速手动变速器构造示意图

第三节　同步器

手动变速器为什么需要同步器？

在手动变速器上，所有档位的主动齿轮和从动齿轮副都一直处于啮合状态并持续旋转，但只有一个档位的齿轮副与动力输出轴相接合。当我们操纵变速杆换档时，其实是更换与动力输出轴接合的齿轮副。比如，由3档升到4档，就是将正在与动力输出轴接合的3档齿轮副脱离，然后将4档齿轮副与动力输出轴接合。在与新的齿轮副接合时，由于动力输出轴基本保持原来上个档位的旋转速度，它与新的齿轮副之间的转速有差别，这样在与新齿轮副接合时就会产生一定的速度差，而不同转速的部件硬性接合时就会产生冲击，损坏齿轮。

为了避免换档时的冲击，使换档更加顺畅，手动变速器中都设有几个同步器。利用同步器的特殊性能，可以减少换档冲击。

老式的汽车变速器上没有同步器，为了减少换档冲击，换档时必须采取"两脚离合"的方法：升档时在空档位置稍停顿一下，降档时在空档位置稍踩下加速踏板，以减少齿轮之间的转速差。

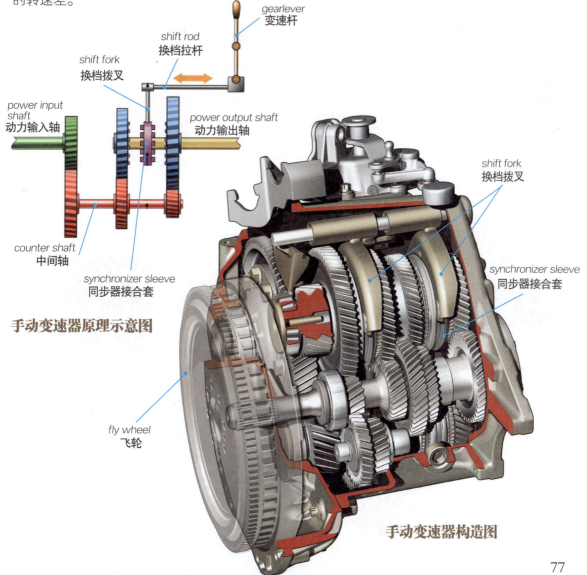

手动变速器原理示意图

手动变速器构造图

同步器是怎样工作的？

同步器也称为犬牙啮合套，因为它在与档位齿轮接合时如同犬牙一样相互交错在一起。如图所示，当向左推动同步器时，同步器上的同步环就与档位齿轮上的接合齿圈犬牙交错在一起。同步器毂与动力输出轴是接合在一起的，这样就可以使档位齿轮与动力输出轴接合在一起，从而达到变速的目的。

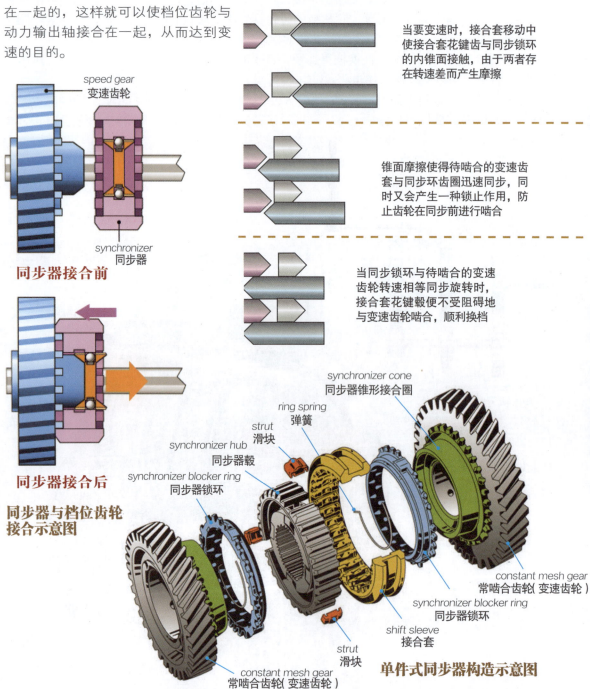

接合套花键齿、同步锁环键齿，以及待啮合齿轮的齿圈上，都有45°的倒角。它们在变速前没有直接相互接触

当要变速时，接合套移动中使接合套花键齿与同步锁环的内锥面接触，由于两者存在转速差而产生摩擦

锥面摩擦使得待啮合的变速齿套与同步环齿圈迅速同步，同时又会产生一种锁止作用，防止齿轮在同步前进行啮合

当同步锁环与待啮合的变速齿轮转速相等同步旋转时，接合套花键毂便不受阻碍地与变速齿轮啮合，顺利换档

同步器接合前

同步器接合后

同步器与档位齿轮接合示意图

单件式同步器构造示意图

第四节 自动变速器（AT）

自动变速器主要由哪些机构组成？

自动变速器应该是懒人发明的，他想减轻换档操作的劳动强度，甚至不想来回换档，因此就在变速器中设计了一套由液力变矩器、控制器、电磁阀、多片离合器和行星齿轮等组成的自动换档机构，它可以自动完成变速操作。可以将自动变速器分成液力变矩器和行星齿轮变速机构两大部分。

液力变矩器的位置和作用相当于手动档汽车上的离合器，负责传递动力，但它没有切断动力的功能。

行星齿轮变速机构的主要作用是实现变换转速（D位）、倒车（R位）和停止传递动力（N位）。它由变速器的电子控制单元指挥电磁阀、多片离合器来控制行星齿轮组合及行星齿轮的动作，从而实现变速、倒车和处于空档位。

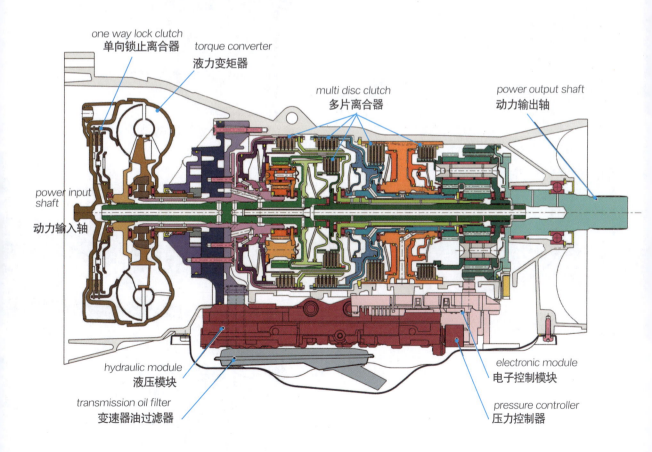

奥迪汽车6速自动变速器构造示意图

第五节 液力变矩器

液力变矩器的构造和工作原理是什么?

液力变速器有两大作用,一是传递动力,二是增大转矩。

液力变矩器主要由三个"轮"组成:泵轮、导轮和涡轮。在三个轮之间充满了液压油。泵轮与发动机曲轴相连,当发动机旋转时,泵轮便会随之旋转,并搅动液压油,将其"甩向"与后面变速机构相连的涡轮,使涡轮旋转,从而将动力传向后面的变速机构。其原理类似两个对吹的电风扇,当一个电扇通电旋转后,另一个电扇也会被吹得随之旋转。对吹电扇传递

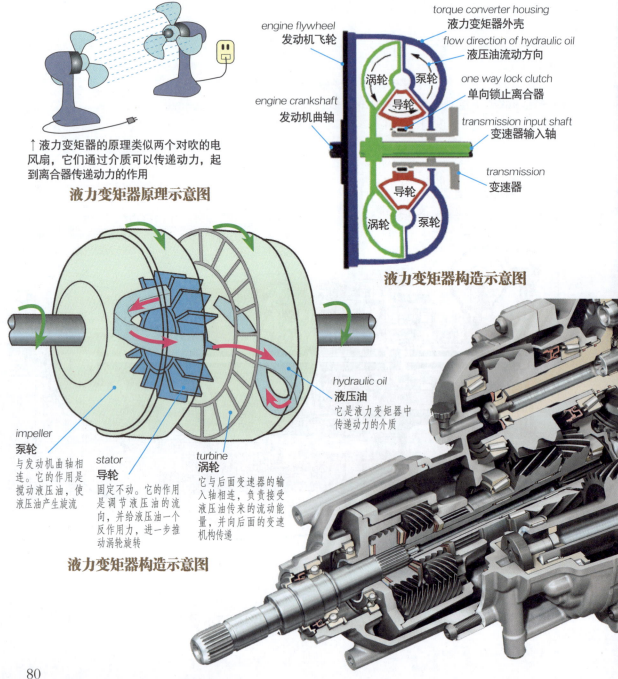

↑液力变矩器的原理类似两个对吹的电风扇,它们通过介质可以传递动力,起到离合器传递动力的作用

液力变矩器原理示意图

液力变矩器构造示意图

torque converter housing 液力变矩器外壳
flow direction of hydraulic oil 液压油流动方向
one way lock clutch 单向锁止离合器
transmission input shaft 变速器输入轴
transmission 变速器
engine flywheel 发动机飞轮
engine crankshaft 发动机曲轴

impeller 泵轮
与发动机曲轴相连。它的作用是搅动液压油,使液压油产生旋流

stator 导轮
固定不动。它的作用是调节液压油的流向,并给液压油一个反作用力,进一步推动涡轮旋转

turbine 涡轮
它与后面变速器的输入轴相连,负责接受液压油传来的流动能量,并向后面的变速机构传递

hydraulic oil 液压油
它是液力变矩器中传递动力的介质

液力变矩器构造示意图

动力的介质是空气，而液力变矩器传递动力的介质是油液。

与离合器不同的是，液力变矩器还可以增大传递转矩，这是通过固定不动的导轮实现的。当泵轮开始旋转时，自动变速器的油液就会撞击到固定不动的导轮叶片上，从而产生一个反向的推力，加快液体的流动，迅速推动涡轮旋转，从而可以让与变速器一侧连接的涡轮的转速，迅速和与发动机一侧连接的泵轮同步旋转。同时，由于导轮的存在，也使得液体传递动力的损耗更小。

在汽车匀速行驶时，为了尽可能地减小传递中的动力损耗，还在自动变速器中设置了锁止离合器，它可以将泵轮与涡轮锁止在一起达到完全同步旋转。这个锁止离合器的离合动作也由变速器电子控制单元指挥控制。

第九章 汽车变速器

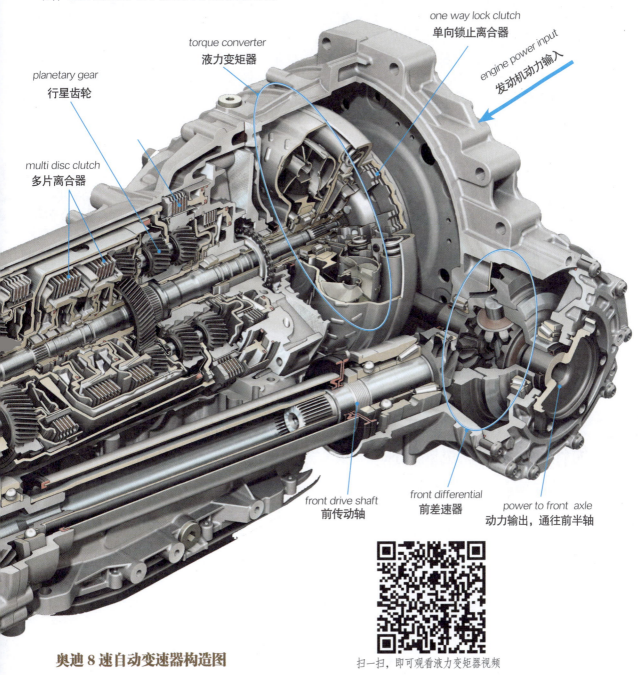

奥迪 8 速自动变速器构造图

扫一扫，即可观看液力变矩器视频

第六节 行星齿轮变速系统

行星齿轮是怎样变速的？

从发动机输出的动力，经液力变矩器后，就会传递到行星齿轮变速机构。行星齿轮变速机构可以调节转速、反转和停止传递动力。

所谓行星齿轮，是指有自转和公转的齿轮结构。中间的齿轮就像是太阳，只能自转；其周围的小齿轮则像是行星，可以围绕中间的太阳轮进行公转。当将太阳轮或行星齿轮中的某一种齿轮固定不动时，就会变化出不同的传动比来，包括反转，从而可以输出不同的转速和转矩。

每组及每个行星齿轮的运行状态由电子控制单元控制并通过多片离合器来执行。变速器电子控制单元根据驾驶人的操作动作（如加速、制动、变换档位等）和车辆行驶状况（如车速、路况等）综合计算后发出指令，由电磁阀控制多片离合器的离或合，从而控制由哪个档位的行星齿轮组合来传递动力，从而达到变速的目的。

变速器电子控制单元也可以根据驾驶人的操作，通过一系列的动作不让任何行星齿轮转动，动力传递到此终止，此时的变速器处于空档位状态，相当于离合器的分离状态。

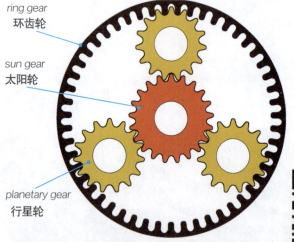

行星齿轮变速原理示意图

扫一扫，即可观看行星齿轮变速原理视频

为什么行星齿轮也能变速？

自动变速器中有多组行星齿轮变速机构，每组都会实现多个传动比的变速，将多组行星齿轮组合在一起，就成为更多速的变速器。我们以最简单的行星齿轮变速组合为例进行说明。

行星齿轮机构中共有三种齿轮：中间的大齿轮称为太阳轮，黄色的小齿轮称为行星轮，最外面的齿圈称为环齿轮。这三种齿轮在进行变速时，分别作为固定齿轮、主动齿轮和从动齿轮，根据不同的任务分配，就可变换出不同的传动比。

1) 环齿轮固定：太阳轮为主动齿轮，行星轮为从动齿轮，或相反。
2) 行星轮固定：太阳轮为主动齿轮，环齿轮为从动齿轮，或相反。
3) 太阳轮固定：环齿轮为主动齿轮，行星轮为从动齿轮，或相反。

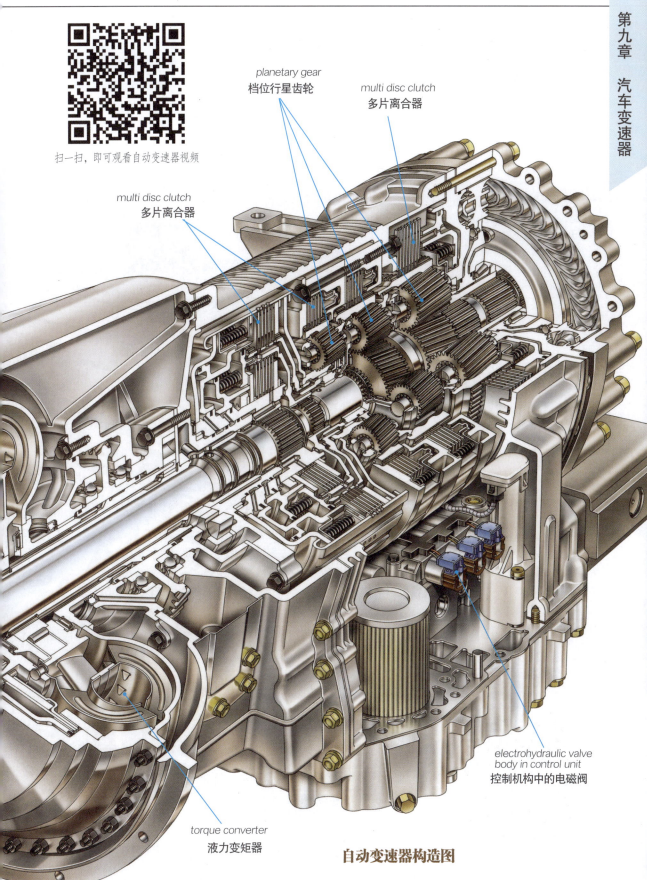

自动变速器构造图

锁止离合器起什么作用？

当液力变矩器传递动力时，由于它采用液压油作为传递介质，不是刚性传递，其间大约有10%的能量损失，这对节能降耗很不利，也会影响操控性。为了解决这个问题，在液力变矩器和飞轮之间设置了一个单向锁止离合器，当车速较高时，用电控的方式控制此离合器，将液力变矩器的输入轴和输出轴锁止在一起，实现刚性直接传递动力。也就是从发动机曲轴输出的动力，不需经过液力变矩器而直接传递到变速机构，从而提高传动效率。

随着技术的进步，一些自动变速器可以实现更大范围的锁止传动，甚至达到全档位的锁止传动。

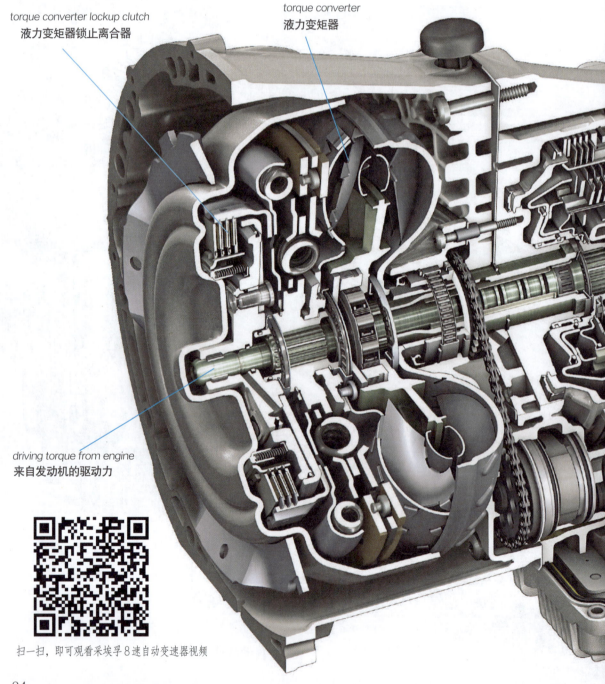

torque converter lockup clutch
液力变矩器锁止离合器

torque converter
液力变矩器

driving torque from engine
来自发动机的驱动力

扫一扫，即可观看采埃孚8速自动变速器视频

自动变速器最多档位数是多少？

自从自动变速器被发明以来，它的前进档位数一直在增长，从最初发明时的3速，已增加到现在最多9速自动变速器，如奔驰、路虎和吉普等就有采用9速自动变速器的车型。现在，8速自动变速器主要配备在宝马和奥迪等车型上，而7速自动变速器仅在奔驰老款车型上还有使用。现在，市场上主流的还是6速自动变速器，使用5速自动变速器的越来越少，而使用4速自动变速器就非常落后了。

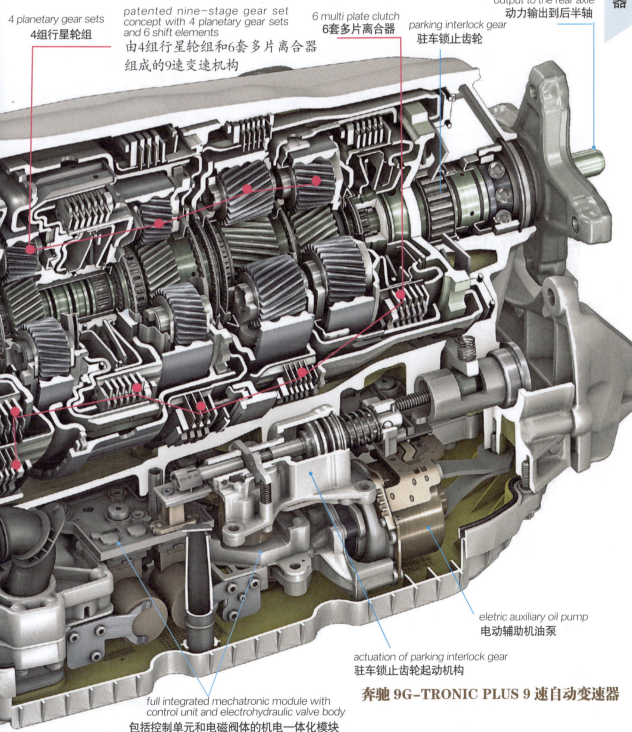

4 planetary gear sets
4组行星轮组

patented nine-stage gear set concept with 4 planetary gear sets and 6 shift elements
由4组行星轮组和6套多片离合器组成的9速变速机构

6 multi plate clutch
6套多片离合器

parking interlock gear
驻车锁止齿轮

output to the rear axle
动力输出到后半轴

eletric auxiliary oil pump
电动辅助机油泵

actuation of parking interlock gear
驻车锁止齿轮起动机构

full integrated mechatronic module with control unit and electrohydraulic valve body
包括控制单元和电磁阀体的机电一体化模块

奔驰 9G-TRONIC PLUS 9 速自动变速器

第七节　无级变速器（CVT）

无级变速器如何实现无级变速的？

无级变速器的主要部件是两个滑轮和一条金属带，金属带套在两个滑轮上。滑轮由两块轮盘组成，两块轮盘中间形成一个V形的凹槽。其中，一边轮盘由液压控制机构操纵，可以根据不同的发动机转速，进行分开与拉近的动作，V形凹槽也随之变宽或变窄，将金属带升高或降低，从而改变金属带与滑轮接触的直径，相当于在齿轮变速中切换不同直径的齿轮。两个滑轮呈反向调节，即其中一个带轮凹槽逐渐变宽时，另一个带轮凹槽就会逐渐变窄，从而迅速加大传动比的变化。

当汽车慢速行驶时，可以令主动滑轮凹槽的宽度大于从动滑轮凹槽，主动滑轮的金属带圆周半径小于从动滑轮的金属带圆周半径，即小圆带大圆，因此能传递较大的转矩。当汽车逐渐转为高速时，主动滑轮的一边轮盘向内靠拢，凹槽宽度变小迫使金属带升起，直到最高顶端；而从动滑轮的一边轮盘刚好相反，向外移动拉大凹槽宽度迫使金属带降下，即主动滑轮金属带的圆周半径大于从动滑轮金属带的圆周半径，变成大圆带小圆。因此，能保证汽车高速行驶时的速度要求。

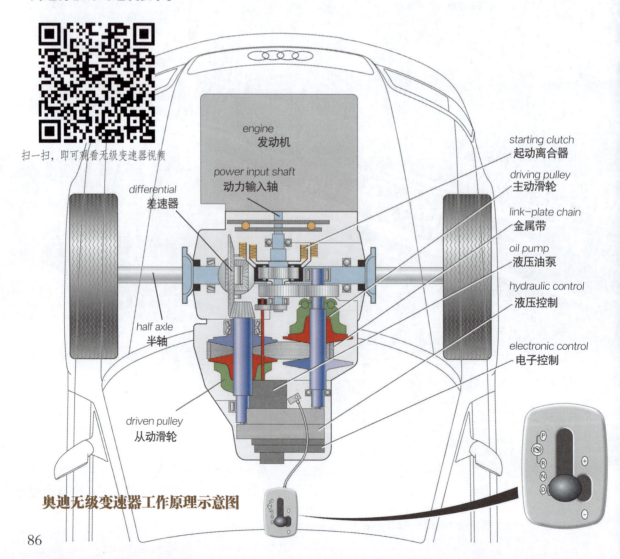

扫一扫，即可观看无级变速器视频

奥迪无级变速器工作原理示意图

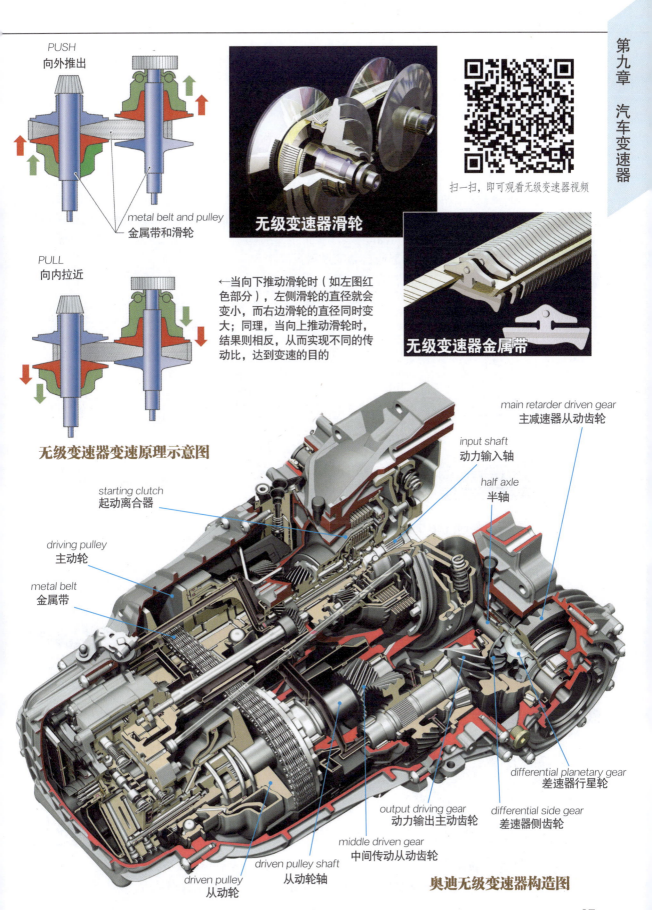

第八节　双离合变速器（DCT）

双离合变速器是怎样变速的？

双离合变速器（Double Clutch Transmission，简称DCT）是从手动变速器进化而来的，它的变速结构和原理与手动变速器一样，只不过比手动变速器多了一个离合器，因此称为双离合变速器。或者说，双离合变速器相当于把两个手动变速器整合在一起，交替传递动力。

两个离合器就像是两位驾驶人，分别控制奇数档位和偶数档位。当一位驾驶人用某个档位行驶时，另一位驾驶人控制另一个离合器，一旦要换档，即刻让另一个离合器接合，从而实现直接换档，而不需要再踩离合器踏板、摘档、挂档等动作。可以说，换档只是换离合器，因此换档速度较快，传递效率比普通自动变速器更高。

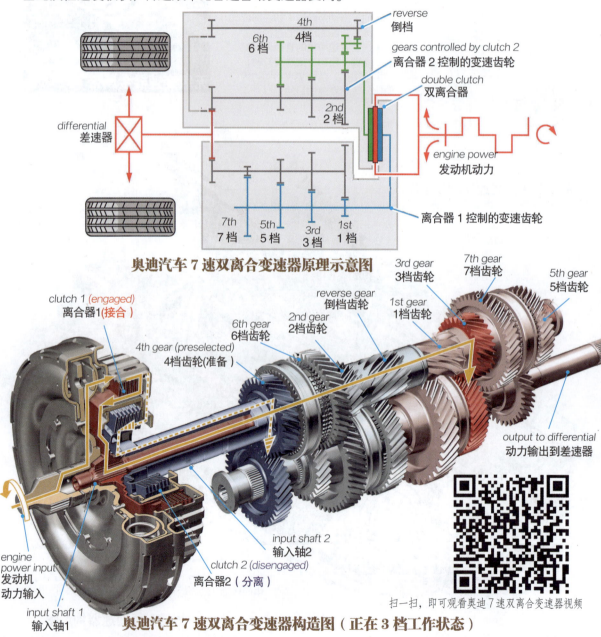

奥迪汽车7速双离合变速器原理示意图

奥迪汽车7速双离合变速器构造图（正在3档工作状态）

扫一扫，即可观看奥迪7速双离合变速器视频

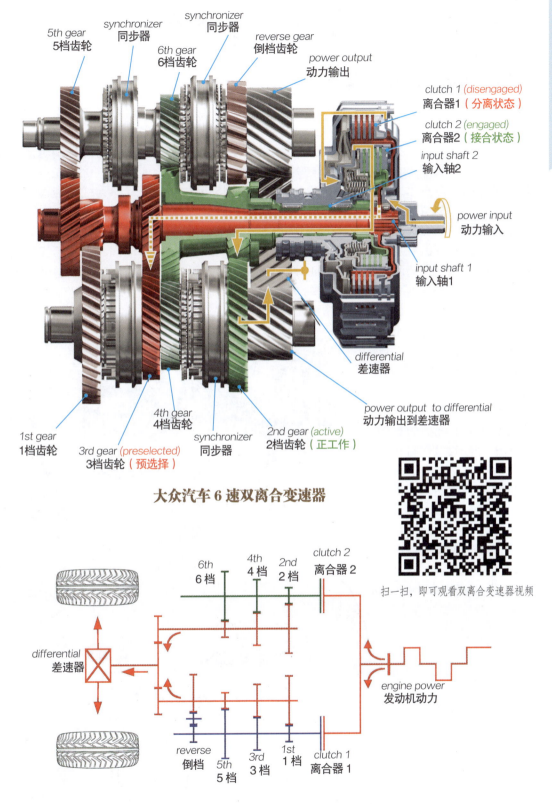

大众汽车 6 速双离合变速器

大众汽车 6 速双离合变速器原理示意图

第九节　序列式变速器（SMG）

序列式变速器是怎样变速的？

序列式变速器简称为SMG（Sequential Manual Gearbox），全称为序列式手动变速器。它的操作方式和我们常见的手自一体式变速器一样，不用离合器踏板，可以自动更换档位，也可以通过推拉变速杆进行加档和减档。然而，它内部的变速机构仍和手动变速器一样，通过切换不同的变速齿轮组合进行变换档位，只不过它比手动变速器多了一套自动换档机构和电子离合器。

初看起来，SMG与后面介绍的AMT极其相似，都是在手动变速器的基础上加装一套自动换档机构，从而实现不用踩离合器踏板就能自动换档的功能。然而，这种在赛车和高性能汽车上使用的序列式变速器具有更高的传递效率和极短的换档时间，这是因为：

1）普通汽车上的AMT往往采用斜齿轮进行变速，而高性能汽车上的SMG则采用直齿轮进行变速，后者的传递效率更高。

2）SMG的换档机构中有个带若干沟槽的棘轮，换档时+、-，其实就是在转动棘轮。当棘轮转动时，卡在槽里的换档机构就会运动，由于棘轮能同时控制多组拨叉，可以在一组齿轮分开的同时，使另一组齿轮啮合，几乎没有换档间隙，而且只能逐级增档或减档，因此称为"序列式变速器"。而普通的AMT只是将手动变速器的离合器、换档拨叉的操作动作，由人工操作改为电动或液压机构自动操作，只是更省人工罢了。

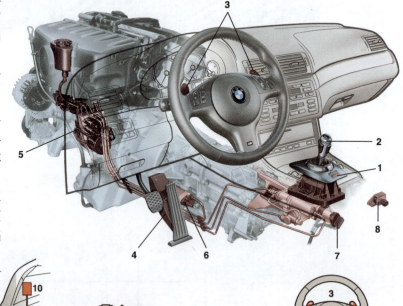

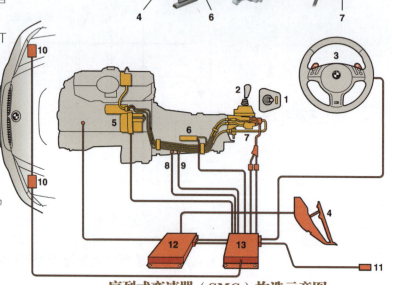

	mode selection
1	模式选择
	gear lever
2	变速杆
	paddle shifter
3	换档拨片
	accelerator pedal sensor
4	加速踏板传感器
	hydraulic control system
5、6、7、8、9	液压控制系统
	sensor
10、11	传感器
	control module
12、13	控制模块

序列式变速器（SMG）构造示意图

第十节　自动离合变速器（AMT）

自动离合变速器是怎样变速的？

自动离合变速器是在手动变速器的基础上加装一套自动换档装置，它可以替代驾驶人进行离合器分离及更换档位的动作。它的基本变速结构和手动变速器是一样的，但它可以利用电子控制单元收集驾驶人的操作信息和车辆运行信息，指挥电子液压机构来操纵离合器和换档拨叉，从而实现自动换档。这类在手动变速器的基础上改进而来的变速器，称为自动离合变速器，简称为 AMT（Automated Manual Transmission），也称半自动变速器。这种变速器的换档顿挫感仍然非常强。

扫一扫，即可观看自动离合变速器构造视频

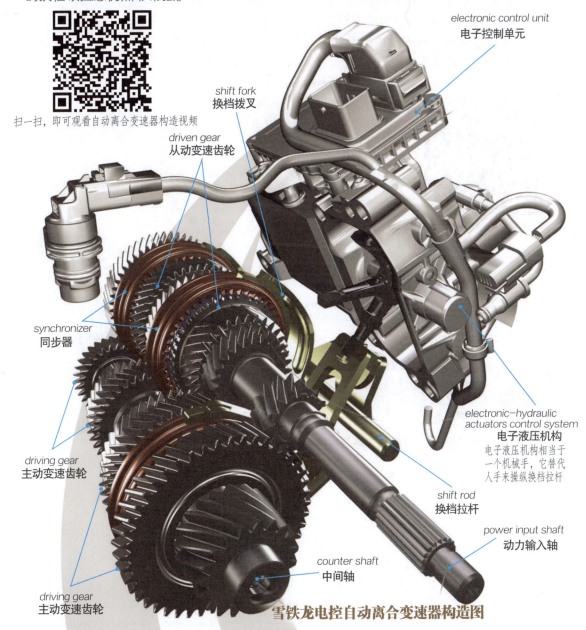

雪铁龙电控自动离合变速器构造图

第十一节　变速器档位数

变速器档位数的多少对汽车性能有什么影响？

除了无级变速器外，一般变速器都设有几个档。目前，手动变速器一般为5~6档，自动变速器则为4~9档。变速器档位数的多少对汽车性能具有较大的影响，这可以用上楼梯台阶来比喻。

假设有同是4米高的两个楼层，一个楼层共设40个台阶，每个台阶的高度是0.1米，那么不论是老人还是小孩都能很容易爬上去；另一个同样高的楼层只有10个台阶，每个台阶的高度就是0.4米，那么即使成年人爬楼也比较费力。显然，同一楼层高度下，台阶数越多的楼梯爬起来越省力。对于汽车来说，变速器的档位数较多，那么汽车加速时更顺畅、省力，加速时的顿挫感也较小，舒适性会更好，同时也更省油。

如果有级变速器相当于上楼梯台阶，那么无级变速器就相当于乘坐滚梯了，可以没有台阶地一路斜上，没有顿挫感，非常顺畅，而且更省劲，也更省油了。

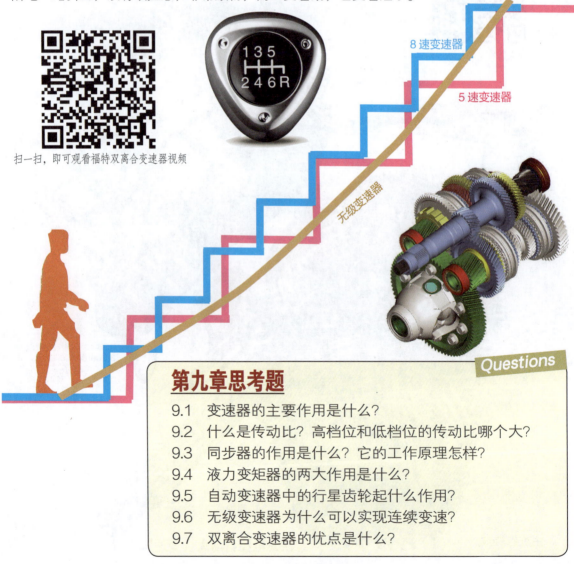

扫一扫，即可观看福特双离合变速器视频

第九章思考题　Questions

9.1　变速器的主要作用是什么？
9.2　什么是传动比？高档位和低档位的传动比哪个大？
9.3　同步器的作用是什么？它的工作原理怎样？
9.4　液力变矩器的两大作用是什么？
9.5　自动变速器中的行星齿轮起什么作用？
9.6　无级变速器为什么可以实现连续变速？
9.7　双离合变速器的优点是什么？

第十章 汽车传动系统

第一节 传动形式

汽车都有哪些传动形式？

动力系统的选择及驱动形式的设计，对汽车前后重量分配比、车内空间安排、车身造型比例等，都会产生重大的影响。

前置发动机、前轮驱动车型（FF），对车内空间安排比较有利，发动机、变速器、传动机构都整合在车头部位，甚至都在前车轴上方，这样可以从容安排乘员舱空间和行李舱空间。但是，这种驱动形式会造成车头过重，在制动时易出现"点头"现象。

前置发动机、后轮驱动车型（FR）拥有较佳的加速性能，但它的传动轴需要从前面的发动机一直连接到后车轴，往往会在后排中间形成一个较大的凸起。

前置发动机、四轮驱动布置（4WD）使汽车的行驶性能比较理想，但它会增加重量、制造成本和油耗。

相对而言，超级跑车的驱动形式选择要简单些，一般都会采用后中置发动机、后轮驱动形式（MR），更有个别车型采用后置发动机、后轮驱动形式（RR）。它们主要考虑加速性能和操控性能，而对车内空间、油耗和噪声等并不在乎，一切都要为加速性和操控性让步。

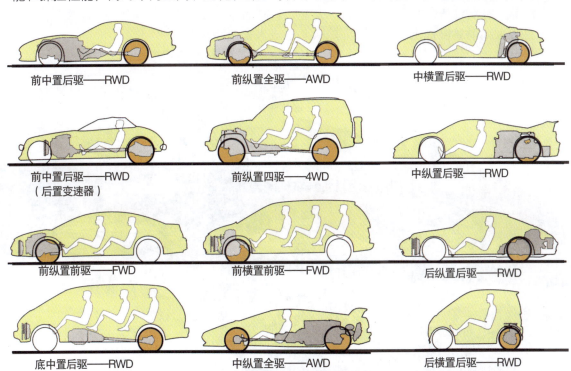

此图为常见的发动机布置和驱动方式。其实，将前纵置发动机、前横置发动机、后纵置发动机、后横置发动机、前中置发动机、后中横置发动机、后中纵置发动机、底中置发动机、前轮驱动、后轮驱动、四轮驱动进行排列组合计算，从理论上讲共有24种发动机布置和驱动形式。但实际上，在批量生产的汽车上，我们只能见到图中的12种，而常见到的只有五六种，其中前横置前驱是最常见的驱动形式

发动机放置方式和传动形式示意图

前置前驱（FF）有什么特点？

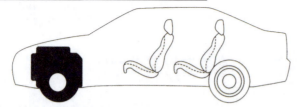

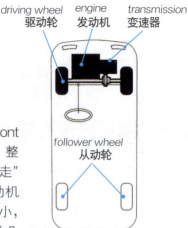

前置前驱示意图

前置前驱是指发动机放置在车前部，并采用前轮驱动（Front engine Front wheel drive，简称FF）。它的特点是头重尾轻，整车60%以上的重量集中在车身前段。由于车体是被前轮"拉着走"的，因此FF的直线行驶稳定性非常好。在FF车型上，发动机经差速器后用半轴直接驱动前轮，不需经传动轴，动力损耗较小，所以适合小型车。FF车后排座椅间少了后驱车必有的传动轴凸包，后座的乘员不用缩脚挤在狭窄的空间里，这一点可说是FF最大的优点。

当然，FF也有缺点，头重尾轻的设计使得车辆在高速行驶时，踩下制动踏板的瞬间，车头容易下沉，车尾易扬起甚至悬空造成危险。另外，由于前部较重，且前车轮同时负责驱动和转向，因此方向盘较重，转弯半径较大，容易出现转向不足现象。

正是因为受限于上述原因，FF不适合搭载动力较大的发动机，它并不是高性能汽车的最佳设计。但是，自从雪铁龙于第二次世界大战前首度推出FF汽车以来，FF已成为普通轿车最实用的设计。

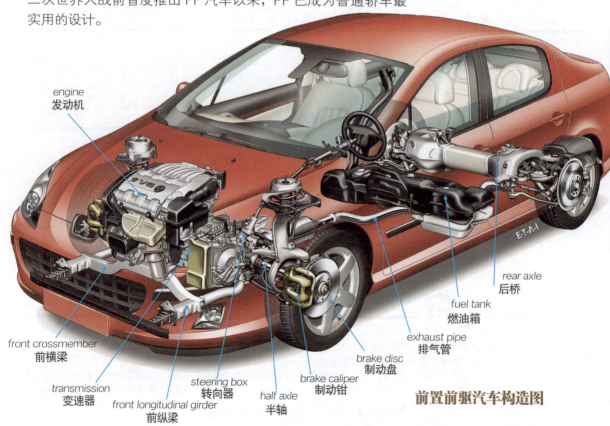

前置前驱汽车构造图

前置后驱（FR）有什么特点？

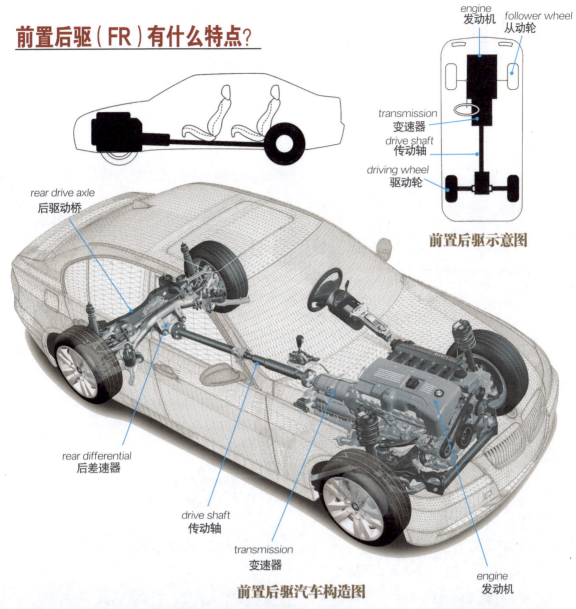

前置后驱示意图

前置后驱汽车构造图

  前置后驱是指将发动机放置在车前部，并采用后轮驱动（Front engine Rear wheel drive，简称 FR）。FR 在轴荷分配上比前驱车平均，可以达到 50∶50 的最佳比例，因此它拥有较佳的操控性和行驶稳定性。理论上，FR 车在转弯时的最大速度会更高。但是，由于汽车前轮直接受转向系统支配，在已经改变行驶方向的情况下，后面的驱动轮仍有向前的惯性，容易出现转向过度现象。对于拥有高超驾驶技巧的人来说，这是一种操控乐趣，但也在一定程度上制造了驾驶难度。

  奔跑迅猛的动物都有一个共同特点，就是它们的后腿都非常强健，因为在向前奔跑时，重心会后移。汽车在起步或加速时，整车重量会向后轮转移，如果后轮是驱动轮，无疑它的起步或加速性能会更好些。同时，前轮负担较轻，在紧急制动时，不致产生车头下沉、后轮悬空的现象。

  操控性、稳定性、动力性和制动性较好的这些优点，正是高性能汽车至今依然喜欢采用 FR 设计的主要原因。

后置后驱（RR）有什么特点？

后置后驱是指将发动机放在后轴的后部，并采用后轮驱动（Rear engine Rear wheel drive，简称 RR）。RR 车的重量大多集中于后方，又是后轮驱动，所以起步、加速性能在所有驱动形式中是最好的。因此，一些跑车会采用 RR 方式。RR 的转弯性能比 FF 和 FR 更加敏锐，但后轴承受较大负荷，因此后轮的抓地力达到极限时，易出现打滑甩尾现象，且不容易控制。RR 的另一特点，就是车头较轻，所以开始进入转弯时，较容易造成转向过度的现象。

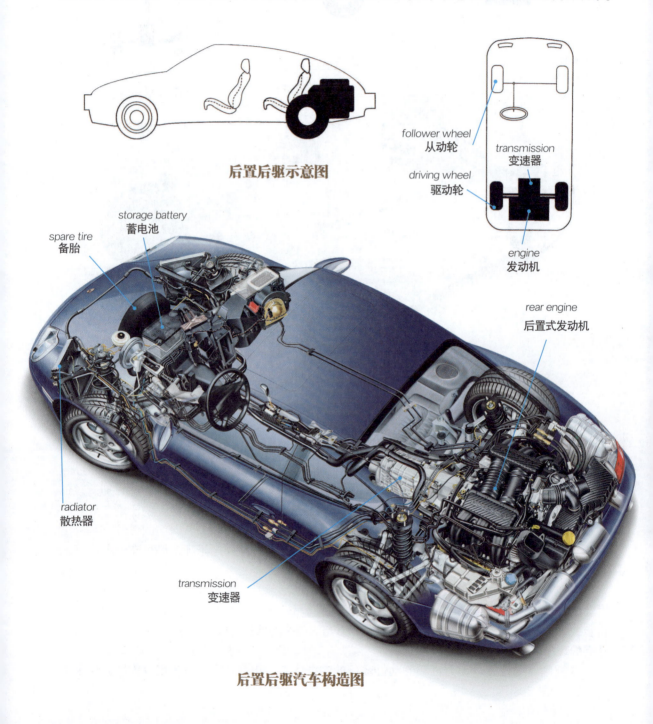

后置后驱示意图

后置后驱汽车构造图

中置后驱（MR）有什么特点？

中置后驱是指发动机放在乘员舱与后轴之间，并采用后轮驱动（后中置后驱），或发动机放在前轴后面并用后轮驱动（前中置后驱）。其英文是 Middle engine Rear wheel drive，简称 MR。现在，MR 的设计已是高级跑车的主流驱动方式。它的最大特点，就是将车辆中惯性最大的、沉重的发动机置于车体的中央，这是使 MR 车获得最佳运动性能的最主要保证。因为这样，可以使车体重量前后分布接近理想平衡。

MR 兼具 FF、FR 的优点，转向灵敏准确，制动时不会出现头沉尾翘的现象。但是，MR 有一个先天毛病：直线稳定性较差。为解决这一问题，所有 MR 汽车的后轮尺寸均比前轮大。第二个缺点是车厢太窄，一般只能有两个座位。另外，由于驾乘人员离发动机太近，因此噪声较大。但是，追求汽车驾驶性能的人，就不会在乎这些不足了。

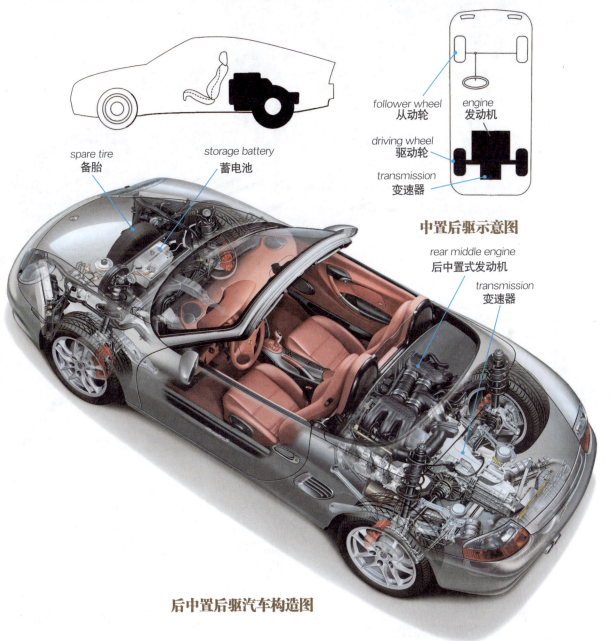

中置后驱示意图

后中置后驱汽车构造图

第十章 汽车传动系统

第二节　离合器

为什么说离合器是动力开关？

　　一般教科书上总结离合器的作用为：平稳起步、平顺换档、防止过载。其实，它最主要的作用是将发动机与变速器之间的动力断开或连接。但是，为了让发动机的动力能够平顺地传递到变速器，离合器必须采用摩擦方式进行接触，而不能采用刚性连接。因此，才出现了最常用的摩擦离合器。

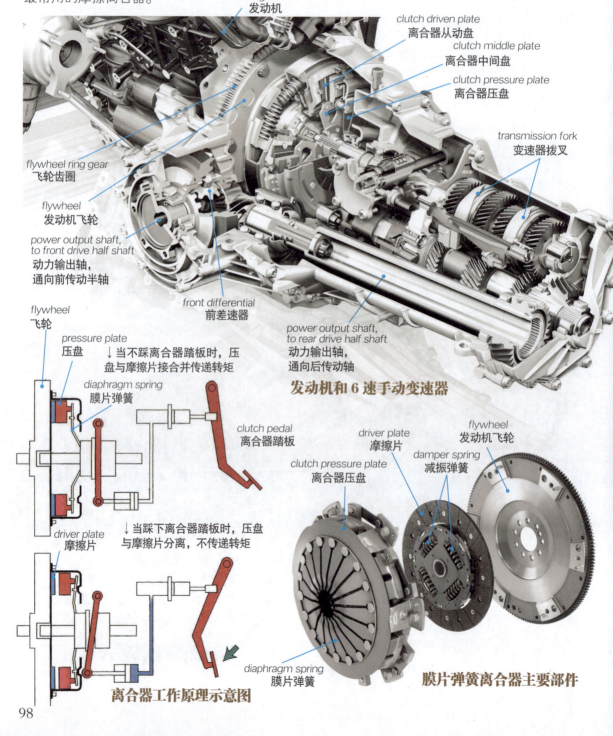

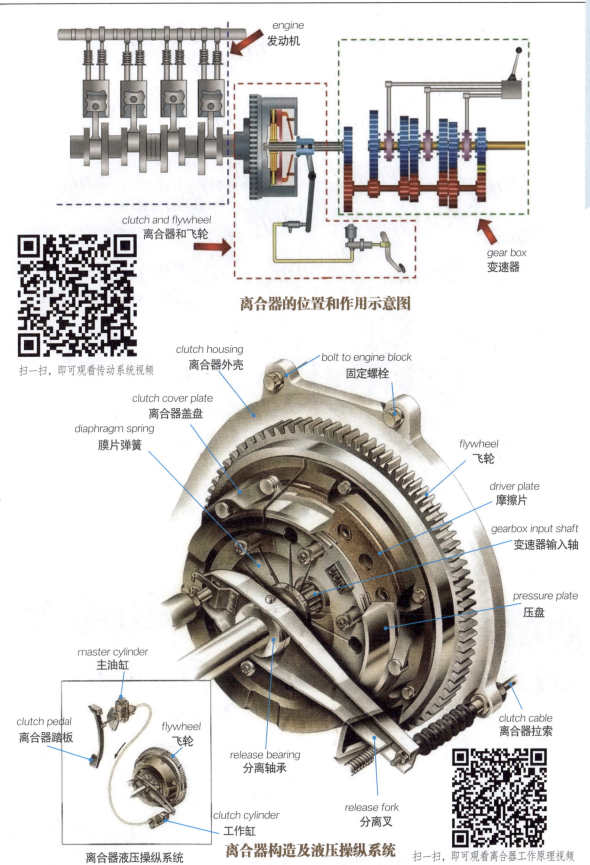

离合器的位置和作用示意图

离合器构造及液压操纵系统

第三节　传动轴和半轴

传动轴和半轴起什么作用？

发动机的动力经变速器调整，最后要传递到驱动轮上。如果是前置发动机、后轮驱动的车辆，要用一根传动轴将动力从车辆前部传递到后差速器上，再用半轴将动力从后差速器一分为二传递到两个后轮上；如果是前置发动机、前轮驱动的车辆，前差速器和变速器整合在一起，只需要用两根半轴将动力从前差速器一分为二传递到两个前轮上即可；如果是四轮驱动，基本是将上述两种方式进行整合，要用两根传动轴、四根半轴、三个差速器才能将动力分配到四个车轮上。

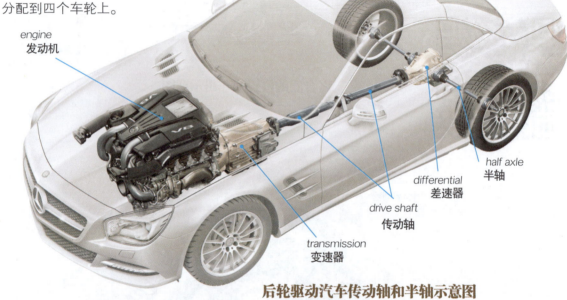

后轮驱动汽车传动轴和半轴示意图

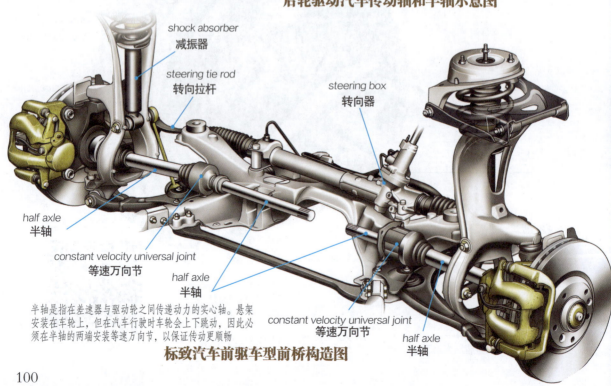

半轴是指在差速器与驱动轮之间传递动力的实心轴。悬架安装在车轮上，但在汽车行驶时车轮会上下跳动，因此必须在半轴的两端安装等速万向节，以保证传动更顺畅

标致汽车前驱车型前桥构造图

第四节　差速器

为什么汽车需要差速器？

汽车转弯时，左右两侧的车轮所走过的路线是不一样长的，在过弯时内侧车轮转得慢一些，而外侧车轮要转得相对快一些。这对于从动轮来讲没问题，因为左右两侧的车轮本来就没有关联，各转各的，互不影响。然而，对于驱动轮来讲，由于左右两侧的车轮都接受来自发动机和变速器的同样的力，要想让它们在接受同样驱动力的情况下又能和谐运转，就需要一种装置来协调或吸收左右两个驱动轮之间的转速差，这个装置就是差速器。

后差速器车上位置示意图

half axle 半轴
planetary gear 行星轮
differential case 差速器壳
drive shaft 传动轴
half axle 半轴
bevel gear 锥齿轮
drive gear 主动齿轮
drive shaft 传动轴
planetary gear 行星轮
side gear 侧齿轮
half axle 半轴
side gear 侧齿轮
planetary gear 行星轮

扫一扫，即可观看差速器构造与原理视频

↑当直线行驶时，左右驱动轮的转速相同，两个侧齿轮的转速也相同，中间的行星轮没有自转，只是在两个侧齿轮之间公转。

↑当车辆向右转弯时，左侧驱动轮的转速高，右侧驱动轮的转速低，致使左侧齿轮转速大于右侧齿轮，进而导致一直公转的行星轮开始自转

差速器是怎样差速的？

差速器的核心部分一般由4个锥齿轮组成，左右两个大锥齿轮（又称侧齿轮）分别与左右两侧的半轴相连，而中间的两个小锥齿轮则像行星一样在左右两个侧齿轮之间运转，因此又称它们是行星轮。

其实，差速器的原理十分简单。当汽车直线行驶时，左右两个车轮的转速相同，小齿轮只有公转没有自转，差速器的托架和两个侧齿轮以相同的速度旋转。而当汽车转弯或其他情况导致左右车轮转速不一样时，两个侧齿轮也产生转速差，导致中间的小齿轮发生自转，从而吸收两个侧齿轮的转速差，让左右车轮在有转速差的情况下顺利过弯。

第五节　差速限制器

为什么差速器会导致车轮打滑？

差速器是一种巧妙的机械结构，它能把相同大小的驱动力分配给两个转速不同的轴，从而使两轴的转速不一样。但也正因为这个特点，如果一轴上的车轮打滑，或者说一轴上的驱动力为零，由于差速器具有保证两轴驱动力相等的作用，不打滑车轮上的驱动力势必也为零。这样的结果是，汽车仍不能从困境中脱险。此时，无论怎么踩加速踏板也不能使汽车前进，只能在打滑车轮下垫干土、碎石、树枝、干草等，增大打滑车轮的地面附着力，让差速器将驱动力重新分配，才能使汽车脱离困境。

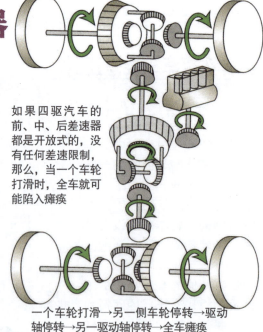

如果四驱汽车的前、中、后差速器都是开放式的，没有任何差速限制，那么，当一个车轮打滑时，全车就可能陷入瘫痪

一个车轮打滑→另一侧车轮停转→驱动轴停转→另一驱动轴停转→全车瘫痪

四驱汽车差速器作用示意图

什么是差速限制器？

我们将用来限制差速器差速功能的装置，称为差速限制器。差速限制器根据行驶需要，将左右车轮或前后轴的转速差控制在一定范围之内，既保证车辆顺利转弯，又能阻止车轮打滑。

根据构造和原理不同，差速限制器可分为转矩感应型、转速感应型和电子限滑型等多种形式。虽然，实现限制差速的手段不同，但是最终目的都是一致的，都是在不需要差速时限制差速器的差速功能，保证车辆正常行驶。

差速器锁是差速限制器的极端装置，它使差速器完全失去差速功能，将原本可以差动的两轴硬性地连接在一起，以完全相同的转速转动，使差速为零。

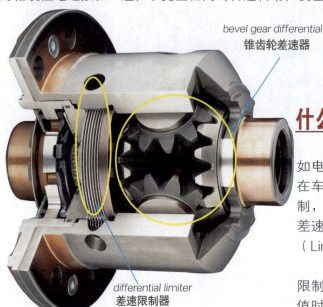

bevel gear differential
锥齿轮差速器

differential limiter
差速限制器

限滑差速器构造图

扫一扫，即可观看伊顿机械式锁止差速器视频

什么是限滑差速器？

在开放式差速器上装备差速限制器，如电控多片离合器、黏性耦合器等，以便在车轮打滑时对差速器的差速功能进行限制，阻止车轮继续打滑。通常我们把具备差速限制功能的差速器，称为限滑差速器（Limited Slip Differential，缩写为LSD）。

左图是机械式限滑差速器，它的差速限制器是一组离合器片，当差速达到一定值时离合器片就会相互挤压结合在一起并阻止差速，使左右车轮同速旋转。

第六节　差速器锁

为什么越野型汽车要配差速器锁?

限滑差速器只能部分阻止车轮的差速，而对于强调越野性的车型来说，在越野时最好是将差速器锁死，使其完全失去差速作用。

将差速器锁死的装置，称为差速器锁。

带有锁止功能的差速器，称为锁止式差速器。

差速器锁的具体作用见下图。

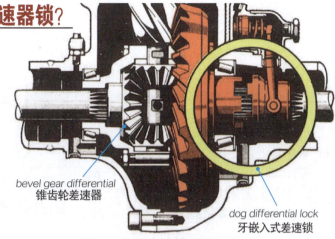

bevel gear differential
锥齿轮差速器

dog differential lock
牙嵌入式差速锁

牙嵌入式差速锁构造图

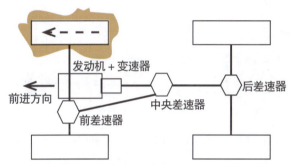

↑如果四轮驱动的汽车上没有差速器锁或限滑差速器，那么当一个车轮陷入困境打滑后，其他三个车轮也无法动弹，汽车就无法前进或后退

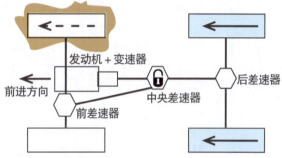

↑如果只有中央差速器上有锁止装置，前差速器和后差速器都没有锁止或限滑装置，那么当只有一个车轮陷入困境打滑后，另一个车轴上的两个车轮则仍能得到驱动力而使车辆脱困

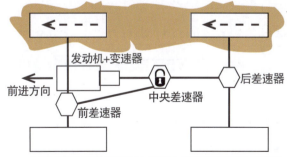

↑如果四轮驱动的汽车上只有中央差速器有锁止装置，前差速器和后差速器没有锁止或限滑装置，那么，当前轮和后轮各有一个车轮陷入困境打滑时，另两个车轮也无法动弹，汽车就无法前进或后退

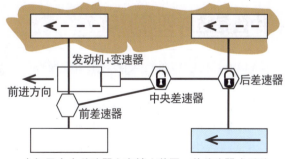

↑如果中央差速器上有锁止装置，前差速器或后差速器其中之一也有锁止或限滑装置，那么，即使前轮和后轮各有一个车轮陷入困境打滑，仍然会有一个车轮能得到驱动力而使车辆脱困

差速器锁功能示意图

第七节　四轮驱动

什么是分时四轮驱动？

分时四轮驱动（Part-Time 4WD），可以由驾驶人自主选择是四轮驱动（4WD）还是两轮驱动（2WD），一般通过一个旋钮或操纵杆来进行转换操控。当遇到坎坷地段时，如在湿滑的草地、泥泞、沙漠行驶时可以挂上四驱模式，让四个车轮都有驱动力，提高车辆的通过性能。到公路上时，则挂上两驱模式，让汽车更顺畅地过弯和高速前进。

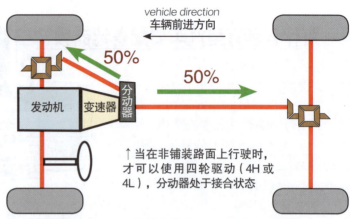

↑当在非铺装路面上行驶时，才可以使用四轮驱动（4H或4L），分动器处于接合状态

分时四驱系统四轮驱动时动力传递示意图

什么是全时四轮驱动？

全时四轮驱动（Full-Time 4WD）的四个车轮一直都是驱动轮，无论是直线行驶还是转弯，并且一般可以根据行驶情况调节前、后驱动轮上的驱动力分配比例。全时四驱的性能更全面，它一直用四只脚走路，因此它的行驶稳定性更高，在湿滑路面上的通过性和安全性更胜一筹。即使都是全时四驱，不同品牌全时四驱系统的构造和原理也不太一样，有纯机械的，也有电子控制的；有以前轮驱动为主的，也有以后轮驱动为主的。

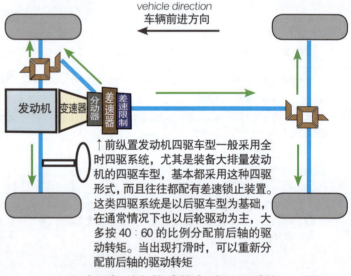

↑前纵置发动机四驱车型一般采用全时四驱系统，尤其是装备大排量发动机的四驱车型，基本都采用这种四驱形式，而且往往都配有差速锁止装置。这类四驱系统是以后驱车型为基础，在通常情况下也以后轮驱动为主，大多按40：60的比例分配前后轴的驱动转矩。当出现打滑时，可以重新分配前后轴的驱动转矩

以后驱车型为基础的全时四驱系统

什么是适时四轮驱动？

适时四轮驱动（Real-Time 4WD），可以根据行驶情况在两轮驱动与四轮驱动之间自动切换。它与分时四驱的最大区别，就是这一切都是系统自动完成切换的，不需要人为控制。

适时四驱由于在正常状态下采用的是两轮驱动，只有当驱动轮打滑时从动轮才会介入。因此，它需要一个反应时间，而这个反应时间的长短则是体现适时四驱性能的主要指标。

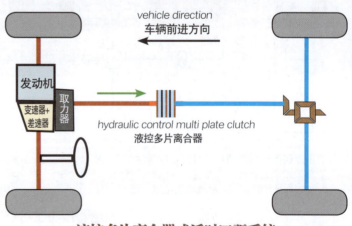

液控多片离合器式适时四驱系统

第八节 中央差速器

为什么四驱汽车需要中央差速器？

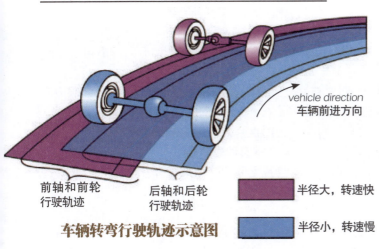

车辆转弯行驶轨迹示意图

- 半径大，转速快
- 半径小，转速慢
- vehicle direction 车辆前进方向
- 前轴和前轮行驶轨迹
- 后轴和后轮行驶轨迹

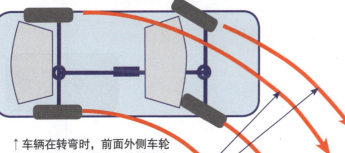

↑车辆在转弯时，前面外侧车轮的行驶轨迹半径最大，其转速也最快；外侧后轮次之；内侧前轮再次之；转弯半径最小和转速最慢的是内侧后轮

车辆转弯时车轮轨迹示意图

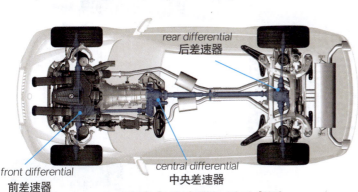

- rear differential 后差速器
- front differential 前差速器
- central differential 中央差速器

四驱汽车差速器位置示意图

四驱汽车的致命弱点

四驱汽车就是指将四个车轮都与发动机动力系统相连并能获得动力的车型。但是，如果将四个车轮与动力系统直接连接，那么也意味着四个车轮是连接在一起的，它们的转速应该都一样。但这样的话，在汽车转弯时就麻烦了，因为汽车转弯时四个车轮行驶的轨迹不一样，外侧前轮的转弯半径最大，其次是外侧后轮，再其次是内侧前轮，而内侧后轮的转弯半径最小。如果将四个车轮硬连接在一起，那么在汽车转弯时一些车轮就会摩擦地面，也就是相当于制动。如果是在铺装路面，那么这种汽车就很难转弯了，尤其在急弯时更困难。

急转弯四轮干涉现象

正是由于四个车轮在弯道上的行驶轨迹不一样，使得前轮和后轮之间"较劲"。从左图可以看出，两个前轮的平均转弯半径要大于两个后轮的平均转弯半径，也就是说，前轴的转速相对后轴的转速必须要快一些才能顺利转弯，但由于四个车轮"硬性"连接在一起，以同样的转速转动，这样就会出现前轴拉动后轴转动而后轴阻碍前轴转动的现象，也就是前后轴出现干涉现象。

因此，为了让四驱汽车更顺利地转弯，必须为其装备前、中、后三个差速器。其中，中央差速器用于前轴与后轴间的差速，因此也将中央差速器称为轴间差速器，以区别于驱动轴上的轮间差速器。

第十章 汽车传动系统

第九节　电控多片离合器

电控多片离合器是怎样工作的?

现在，市面上的四驱车型，最常用的差速限制器就是电控多片离合器。

电控多片离合器在其内部有两组相互交叠的摩擦离合器盘片，一组与前轴连接，另一组与后轴连接。两组盘片相互交叉浸泡在油液中。两组离合器盘片的接合和分离依靠电控系统控制和执行。

电控系统的电子控制单元采集驾驶和行驶信息，综合处理后指挥执行机构（常为伺服电动机、电磁阀或液压机构）将两组离合器盘片相互压紧或分离，从而调节前后轴的转矩分配。

汽车直线行驶时，前后轴的转速相同，两组离合器盘片之间没有转速差。此时，控制系统不动作，两组离合器盘片相互分离，车辆处于两驱或常态四驱状态。

汽车转弯时，前后轴出现转速差，两组离合器盘片之间也产生转速差。但是，由于转速差没有达到电控系统设定的条件，此时电控系统也不动作，两组盘片依然处于分离状态，汽车仍为两驱或常态四驱状态。

前轴与后轴的转速差超过设定值（如100转/分）时，前轮或后轮开始打滑，电控系统会指挥执行机构将两组离合器盘片相互压紧，两组盘片就会像离合器那样开始接合，动力转矩由某一轴传递到另一轴上，重新分配前后轴的转矩，从而使车辆由两驱变为四驱，或由常态四驱变为非常态四驱。

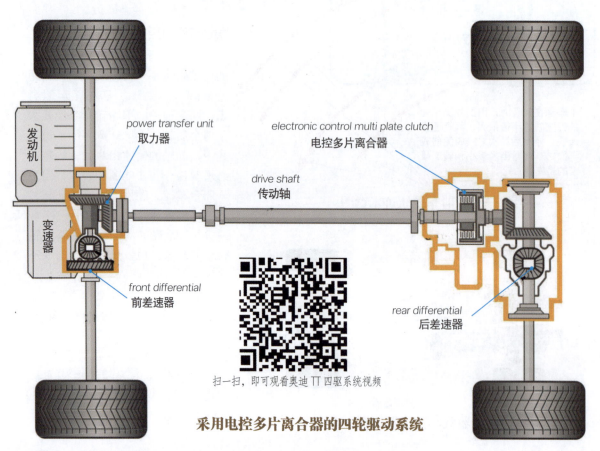

扫一扫，即可观看奥迪TT四驱系统视频

采用电控多片离合器的四轮驱动系统

第十章 汽车传动系统

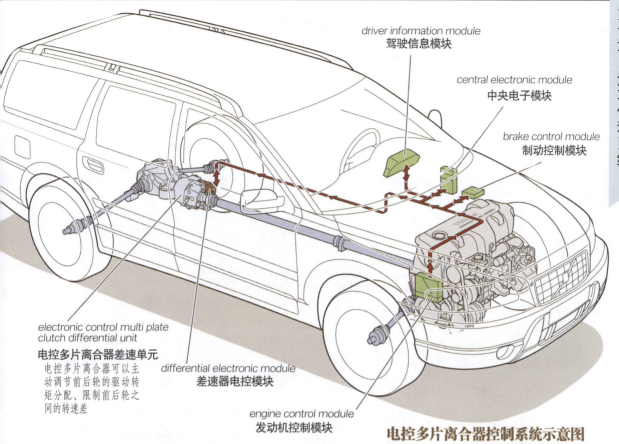

电控多片离合器控制系统示意图

奔驰 GLA 车型电控多片离合器

扫一扫，即可观看电控多片离合器视频

第十节 取力器与分动器

取力器起什么作用?

取力器(Power Transfer Unit,简称PTU;或Power Take Off,简称PTO),是工程车辆上常用的专业词语。顾名思义,取力器就是从动力输出部位取得动力的装置。它与我们常说的分动器的最大不同,就是只"获取"动力,而不是将动力一分为二。

在汽车上,往往将横置发动机四驱汽车中传动轴与变速器连接的装置,称为取力器。这种取力器不仅从变速器上取得动力,而且将动力传递方向扭转90°。

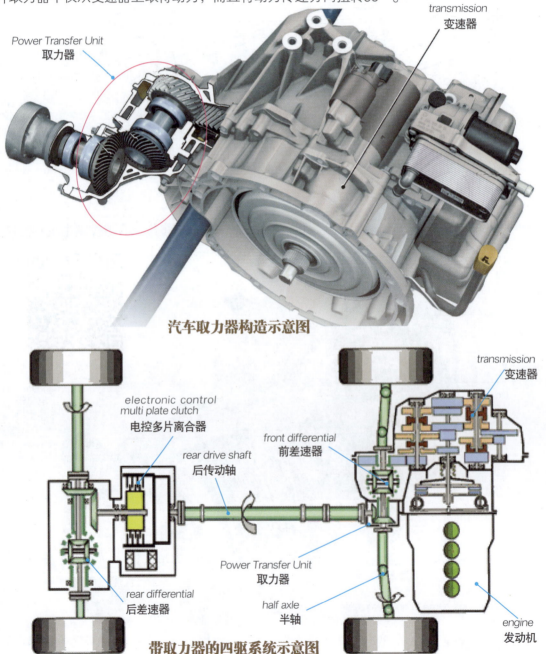

汽车取力器构造示意图

带取力器的四驱系统示意图

第十章 汽车传动系统

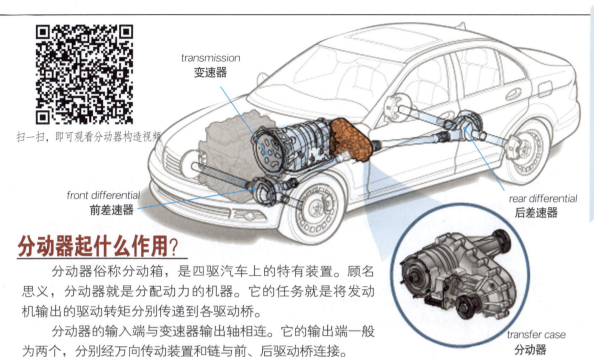

扫一扫,即可观看分动器构造视频

transmission 变速器
front differential 前差速器
rear differential 后差速器
transfer case 分动器

分动器在汽车上的位置图

分动器起什么作用?

分动器俗称分动箱,是四驱汽车上的特有装置。顾名思义,分动器就是分配动力的机器。它的任务就是将发动机输出的驱动转矩分别传递到各驱动桥。

分动器的输入端与变速器输出轴相连。它的输出端一般为两个,分别经万向传动装置和链与前、后驱动桥连接。

一些分动器还具有减速功能,设有两个档位选择,起到副变速器的作用。当选择低档位时,可以将驱动转矩放大,以提高攀爬和拖动能力。

分动器的传动方式有链与齿轮两种。在全时四驱和分时四驱上才会有分动器,而在适时四驱上没有分动器。

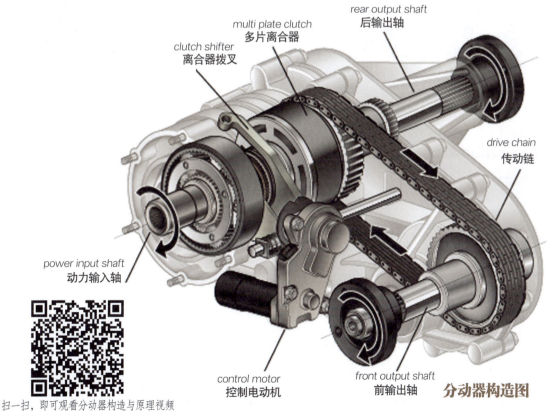

multi plate clutch 多片离合器
clutch shifter 离合器拨叉
rear output shaft 后输出轴
drive chain 传动链
power input shaft 动力输入轴
control motor 控制电动机
front output shaft 前输出轴

分动器构造图

扫一扫,即可观看分动器构造与原理视频

109

分动器都有哪些形式？

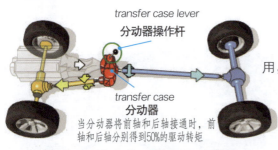

分时四驱汽车分动器作用示意图

当分动器将前轴和后轴接通时，前轴和后轴分别得到50%的驱动转矩

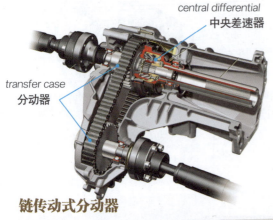

链传动式分动器

齿轮传动式分动器

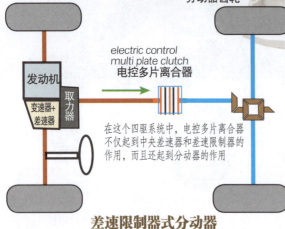

差速限制器式分动器

在这个四驱系统中，电控多片离合器不仅起到中央差速器和差速限制器的作用，而且还起到分动器的作用

如果把起到分配动力作用的装置都称为分动器，那么分动器可分为三大类：
一是分时四驱系统上的直接连接式分动器。
二是采用齿轮或链传动式分动器。
三是一些差速限制器也能起到分配动力的作用，也可以称为"分动器"。

直接连接式分动器

分时四驱车型在正常情况下以两轮驱动行驶，当准备通过越野路面时，就要切换成四轮驱动。执行这个切换功能的装置就是直接连接式分动器。它一般就是一个犬牙离合器（Dog Clutch），当离合器分离时就是两轮驱动，接合后就成为四轮驱动。代表车型：吉普牧马人。

齿轮或链传动式分动器

四驱车都是在原来两驱车基础上改造而来的，在原来两驱车的传动系统上增加一个取力装置，通过齿轮或链传动，将驱动转矩向另外一个驱动轴传递，从而成为四驱车。这个取力装置就是分动器。代表车型：宝马X5、奥迪Q7、保时捷卡宴、大众途锐、三菱帕杰罗、奔驰S级等。

中央差速器式分动器

一些中央差速器在差速的同时也能起到分配动力的作用，如锥齿轮中央差速器可以将动力按50∶50的固定比例分配给前轴和后轴，而行星齿轮中央差速器则可以按设定的比例将驱动转矩分配给前轴和后轴，如40∶60。

差速限制器式分动器

差速限制器在起差速限制作用的同时，也能重新分配驱动转矩，因此它也能起到分动器的作用。如电控多片离合器，在完全分离时，就是两轮驱动，前后轴驱动转矩分配比为100∶0或0∶100；在接合时，就是全时四驱，并且可按变化的比例向前轴和后轴分配驱动转矩；在完全压紧时，可以按50∶50的比例分配前后驱动转矩。其实，在这种情况下的差速限制器，不仅能起到差速和差速限制的作用，更能充当分动器的功能，可谓是以一当三。

为什么一些分动器还有两个档位？

几乎所有传统意义上的分动器都有变速装置，起到副变速器的作用。分动器一般设有两个档位，当选择低档位（4L）时，可以将发动机的驱动转矩放大，以便增大车辆的牵引能力。例如，吉普牧马人罗宾汉的分动器低速四驱档位的齿比为4：1。也就是说，相当于将变速器传来的最大转矩放大了4倍，当然，放大转矩的同时转速也变得很低。实际上，低速四驱时变速器的3档，大概相当于高速四驱时的1档，因此变速器在换档时可能会有明显的顿挫感。

在大多数越野地段，你最好使用低速四驱，这样使车辆更容易应付行驶条件。但是，永远不要在摩擦系数较小的路面上切换档位，否则你将失去动力，可能会慢慢停下来，并很难再让车辆往前移动。

其实，四驱低速档位（4L）也可以用作其他用途，而不仅仅是在通过坏路时使用。比如，拖挂重载时，或拖车救援时。

带低速档位的分动器构造图

下图是以后驱车型为基础的四驱系统，它的分动器正处于两轮驱动档位（2H），此时分动器操作杆在中间位置，同步器没有与任何档位的变速齿轮接合，发动机的动力直接传递到后轮；当分动器操作杆向右拨动时，同步器与右侧的4H档位变速齿轮接合，发动机动力分别传向前轴和后轴；当分动器操作杆向左拨动时，同步器与左侧的4L档位变速齿轮接合，经变速机构放大转矩后将发动机动力分别传向前轴和后轴

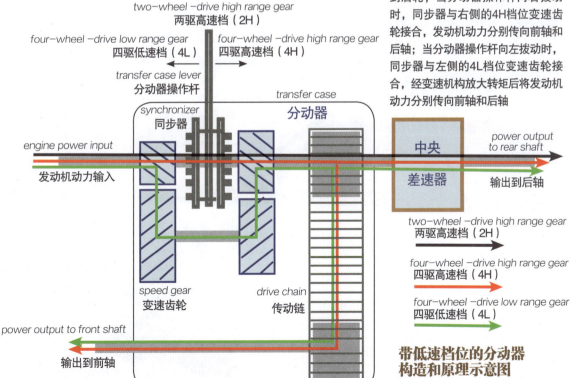

带低速档位的分动器构造和原理示意图

第十一节　液力耦合器

液力耦合器是怎样分配前后动力的?

液力耦合器又称黏性联轴节，是目前最为简单的自动分配动力的装置。它通常安装在以前轮驱动为基础的适时四轮驱动汽车上，可以自动将发动机的动力向后轮分配一些。

液力耦合器是一种通过液体来传递转矩和转速的机械装置。它由一组带孔的圆盘（内板），与另一组带孔的圆盘（外板），以相互间隔的方式同轴组合在一起，而且这两组圆盘分别与两个输出轴相连，这两个输出轴分别与前轴和后轴相连。在正常行驶时，前后车轮没有转速差，内板和外板之间没有运动。因此，黏性联轴节不起作用，发动机的动力不分配给后轮，汽车仍然相当于一辆前轮驱动汽车。

当前轮和后轮之间出现较大的转速差，液力耦合器的内板、外板之间就会产生相对运动，就会搅动硅油，而硅油具有"越搅越黏"的特点，这就会使硅油产生极大的黏性阻力。此原理如同用勺子搅动瓶子里的稠蜂蜜时瓶子也会跟着转动一样，黏稠的硅油就会阻止内板和外板之间的相对运动，这样就自动地把动力传送给后轮，汽车就转变成全轮驱动汽车。

然而，液力耦合器也有个弊端，就是如果两组圆盘的相对转速不是很大，或者说车轮打滑不是很严重，液体的黏稠度不足以带动另一组圆盘同步旋转，那么它就不会传递动力。或者说，这种液力耦合器对轻微打滑不起作用，只能在车轮严重打滑时才会工作。因此，它更适用于适时四轮驱动系统。

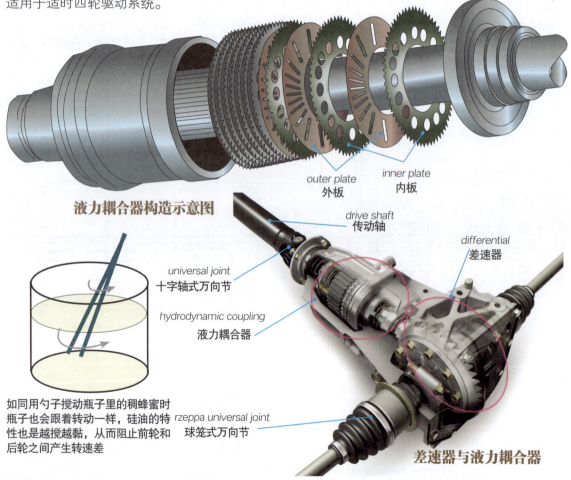

液力耦合器构造示意图

outer plate 外板　inner plate 内板
drive shaft 传动轴
differential 差速器
universal joint 十字轴式万向节
hydrodynamic coupling 液力耦合器
rzeppa universal joint 球笼式万向节

如同用勺子搅动瓶子里的稠蜂蜜时瓶子也会跟着转动一样，硅油的特性也是越搅越黏，从而阻止前轮和后轮之间产生转速差

差速器与液力耦合器

第十二节　运动型差速器

运动型差速器是怎样分配左右车轮动力的?

在一些运动型的四驱汽车的后轴上,往往还配备可以根据行驶情况对左右后轮的驱动力进行主动分配的差速器。不同厂家对这种差速器的称呼有所不同,其中奥迪称为运动型差速器,宝马称为动态驱动力分配系统,而保时捷则将其称为矢量差速器。

扫一扫,即可观看奥迪运动型差速器视频

我们以奥迪的运动型差速器为例,并以单人划艇的运动情形,来说明这种差速器的工作原理。我们不难发现,在划艇直线前进时,在两支桨上施加的力是相同的。而为了进入弯道,就需要在外侧桨上施加更多的力,这样能够使划艇灵活地转向;而如果出现转向过度的情况,那么只需要在内侧桨上施加更多的力,划艇就很容易回到正轨,从而保证了整体前进的稳定性。事实上,我们完全可以把两个后轮看成是那两支桨,而安置在后轴上的运动差速器就是划桨的人,只不过这个"人"由一套差速器和电控装置组成,在需要时能够及时、有效地对施加在左右后轮上的转矩输出进行调节,从而达到提高车辆行驶时灵活性和稳定性的目的。

turning in:
torque shift to the outer wheel to improve cornering performance

入弯:
向外侧车轮增加转矩,以提高转弯能力

change in direction:
torque shift depending on driving situation to improve agility or stability

弯中:
根据不同的行驶状态转移转矩,从而提高灵活性或稳定性

accelerating out of a bend:
torque shift to the outer wheel to reduce acceleration understeer

出弯:
将转矩向外侧转移,避免加速转向不足

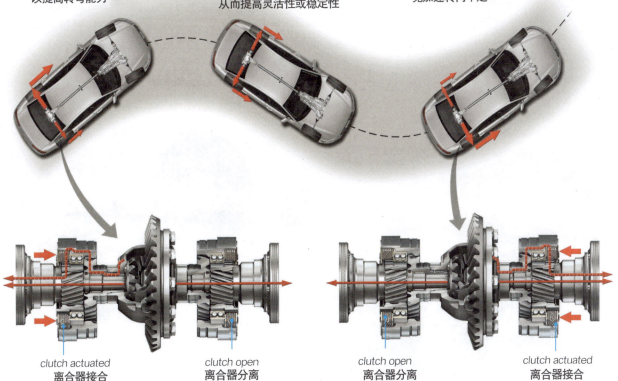

clutch actuated
离合器接合

clutch open
离合器分离

clutch open
离合器分离

clutch actuated
离合器接合

奥迪A6轿车quattro运动型后差速器工作原理图

第十三节 四驱系统图解

宝马 xDrive 四驱系统是怎样工作的？

宝马 xDrive 四驱系由电控多片离合器和分动器组成。它没有传统意义上的中央差速器，而是通过控制电动机施加在多片离合器上压紧力的大小，来实现前后轮差速和差速限制。

宝马将原本用来控制差速限制的多片离合器，直接变成了调节前后轮差速的装置，而不再需要传统的齿轮差速器。

发动机动力从变速器输出后，先经过分动器一分为二，一部分直接与前传动轴相连，另一部分则通过多片离合器与后传动轴相连。当车辆正常行驶时，多片离合器保持一定的闭合状态，xDrive 以 40∶60 的比例向前、后桥分配驱动转矩，以体现宝马汽车后轮驱动的特性。

在行驶中，xDrive 不断用传感器监测车轮的滑转情况，一旦发现车轮有打滑趋势，xDrive 就通过调节对多片离合器的压紧力而在 0.1 秒内完成驱动转矩的重新分配，可使前、后桥的驱动转矩分配比在 0∶100 至 50∶50 之间连续变化。

这个调节范围也很好理解。当把多片离合器完全分离时，发动机动力 100% 传递给后轴，前轴上驱动转矩为零，因此其调节极限之一为 0∶100；当多片离合器完全压紧时，相当于前后轴刚性连接，前后轴各得到 50% 的驱动转矩，因此其另一个调节极限为 50∶50。

相对而言，宝马不同车型之间的四驱系统差别较小，都是采用分动器+电控多片离合器的组合，只是分动器有齿轮传动和链传动之分。在X1和3系四驱车型上，采用齿轮传动式分动器；在动力较强的X3、X5、X6上，则采用链传动式分动器。

宝马X系全时四驱系统

宝马链传动xDrive全时四驱系统

宝马齿轮传动xDrive全时四驱系统

HALDEX（翰德）四驱系统是怎样工作的？

HALDEX（翰德）四驱系统应用广泛，主要配备在大众横置发动机四驱车型、斯柯达四驱车型、沃尔沃四驱车型以及奥迪横置发动机四驱车型A3、S1、S3、TT等车型上。

HALDEX四驱系统的核心，就是一个电控液压多片离合器，简称电控多片离合器。它装备在后差速器前端，与后差速器整合在一起。

HALDEX四驱系统的电子控制单元，根据前后轴转速差、节气门位置、制动器、转向等信息，通过电动控制的液压泵对离合器片施加不同的压紧力，从而将所需的驱动转矩由前轴传递到后轴。离合器的动作时间只需0.1秒。

正常行驶时，电控多片离合器只有轻微压紧，前后轴的驱动转矩分配比为95：5（不同车型上稍有区别），接近前驱模式，这样有利于节省能源消耗。当行驶在附着力较差路面时，多片离合器片被完全压紧，使前轴与后轴接近刚性连接，前轴和后轴分别得到50%的驱动转矩。因此，HALDEX的驱动转矩调节范围，在正常情况下为95：5至50：50。

然而，在极端情况下，如果两个前轮完全失去抓地力，而两个后轮上仍有抓地力，电控多片离合器将被完全压紧，发动机的动力此时只能传递给后轴，这样后轴上往往可以得到高达90%的驱动转矩。此时，接近后轮驱动。

HALDEX四驱系统工作原理流程图

第四代 HALDEX 构造与原理

HALDEX中控制多片离合器压紧程度的核心部件是一套电控液压系统。离合器片直接受到液压油的压力推动，液压油的压力则来自于一个液压泵，而这个液压泵的动作受到一个电磁滑阀的控制，电磁滑阀的控制信号则来自于电子控制单元，电子控制单元根据车轮转速、转向角度、节气门位置等传感器传来的信息，进行综合计算后发出压紧或放松离合器片的指令。

离合器的外板与传动轴（动力输入端）相连，内板与后差速器（动力输出端）相连，当外板与内板相互压紧时，就将来自传动轴上的动力传递给后差速器，也就是后轴上。反之，放松离合器片的压紧程度，就减少传递给后轴的驱动转矩。

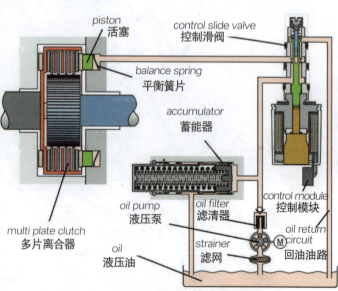

第四代HALDEX多片离合器控制原理示意图

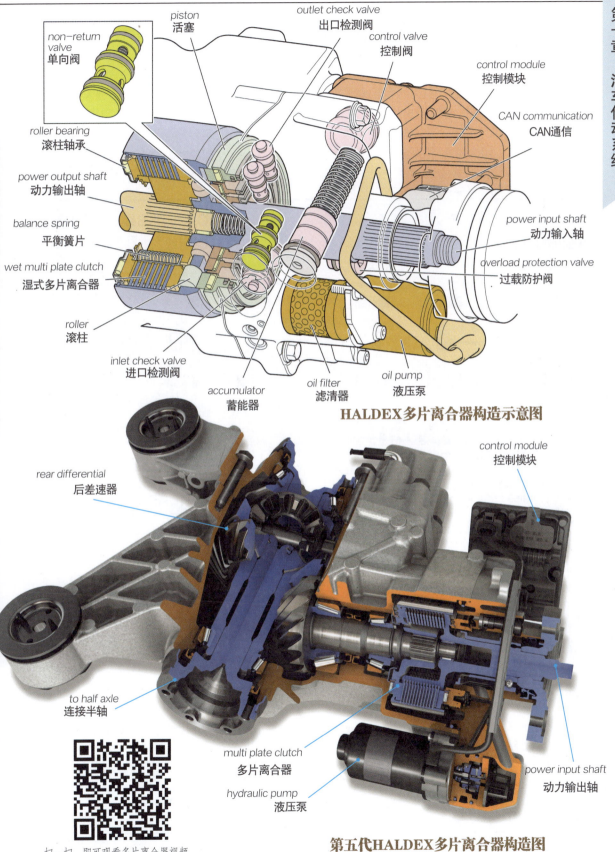

奔驰 4MATIC 四驱系统都有哪些形式？

4MATIC是奔驰汽车的四驱系统名称。在同一个名称下，其所搭配的中央差速器也有所不同。例如，C、E、S、GLK级等四驱车型，采用电控多片离合器+行星齿轮差速器组合作为中央差速装置；ML等采用电控多片离合器+锥齿轮差速器组合作为中央差速装置；G级车采用带有差速锁的锥齿轮差速器作为中央差速装置，与两档位的分动器整合在一起，再加上前、后差速锁，组合成最强的全时四驱系统。

不论采用什么形式的四驱系统，这些四驱车型的尾部都标示4MATIC。

A级/B级 CLA级

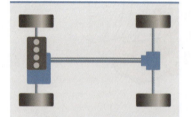

基于前横置发动机前驱车型的适时四驱系统，配备7速双离合变速器，通过传动轴将发动机动力传递向后轴。在后差速器前端设有一个电控多片离合器，根据行驶需要自动分配前后轴的驱动转矩。理论上，可以在100∶0和50∶50之间分配前后驱动转矩

GLA级

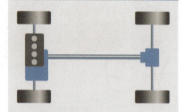

基本结构与左侧图示的A级、B级、CLA级适时四驱系统一样。但是，在此基础上增加了越野驾驶模式和陡坡缓降（DSR）等功能，使其越野性能有所提高

C级/E级/S级 CLS级 CL级

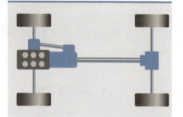

基于前纵置发动机后驱车型而来的全时四驱系统，分动器与变速器整合在一起，中央差速器带有电控多片离合器。正常行驶时，前后轴的驱动转矩分配比维持在45∶55。当前轴与后轴的驱动转矩差超过50牛·米时，电控多片离合器开始动作，并重新分配前后驱动转矩

GLC级（原GLK级）

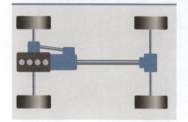

全时四驱系统，中央差速器与电控多片离合器整合在一起，正常情况下按45∶55分配前后转矩。当前后轴驱动转矩差超过50牛·米时，电控多片离合器开始动作，重新分配前后轴的驱动转矩，调节区间为30∶70至70∶30

GLS级（原GL级） GLE级（原ML级）

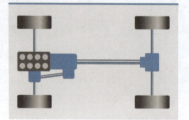

全时四驱系统，前纵置发动机，分动器与变速器直接相连，标配陡坡缓降（DSR）等功能，前后轴驱动转矩分配比为50∶50。可选装包括驱动模式选项、带低速爬行档的两档位分动器、可100%锁止的中央差速器等在内的越野包

G级

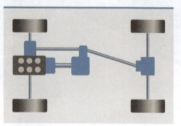

全时四驱系统，前纵置发动机，变速器通过输出轴与分动器相连，前后轴驱动转矩分配比为50∶50。分动器带有低速爬行档。配有前、中、后3个差速锁，并可以手动将3个差速器进行100%锁止

奔驰汽车MATIC四驱系统示意图

奔驰 4MATIC 四驱系统是怎样工作的?

奔驰4MATIC四驱系统之一:

分动器 + 电控多片离合器 + 行星齿轮差速器 + 电子限滑辅助

奔驰4MATIC四驱系统中,广泛采用电控多片离合器+行星齿轮中央差速器+分动器组合。行星齿轮差速器负责吸收前后轮之间的转速差,电控多片离合器则负责限制前后轴的转速差,分动器负责分配前后轴的驱动转矩。其中,行星齿轮差速器的构造是:太阳轮与前输出轴相连,环齿轮则与后输出轴相连。当前轮和后轮转速相同时,中间的行星轮不转动;如果前轮和后轮之间出现转速差,则行星轮转动,从而吸收前轮和后轮之间的转速差。

代表车型:奔驰C级、E级、S级、GLC级(原GLK级)、CL级、CLS级等四驱车型。

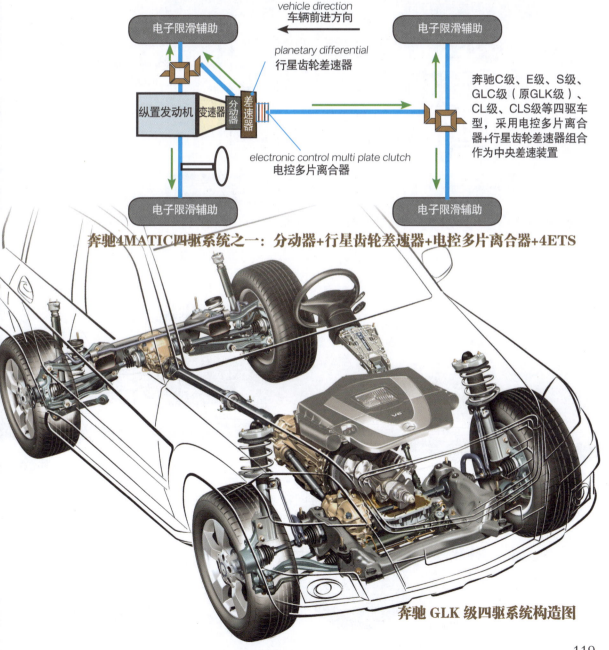

奔驰GLK级四驱系统构造图

奔驰4MATIC四驱系统之二：
分动器 + 电控多片离合器 + 锥齿轮中央差速器 + 电子限滑辅助

在一些奔驰4MATIC四驱系统中，也采用分动器+电控多片离合器+锥齿轮中央差速器组合。带有低速档位的分动器负责分配前后驱动转矩，锥齿轮差速器负责吸收前后轮之间的转速差，电控多片离合器则负责前后轮间的差速限制。

其中，锥齿轮差速器的构造与轮间常采用的锥齿轮差速器相似，只是两个侧齿轮分别与前输出轴和后输出轴相连。当前轮和后轮转速相同时，中间的行星轮不转动；如果前轮和后轮之间出现转速差，则行星轮转动，从而吸收前轮和后轮之间的转速差。

代表车型：奔驰GLE级（原ML级）、GLS级（原GL级）等四驱车型。

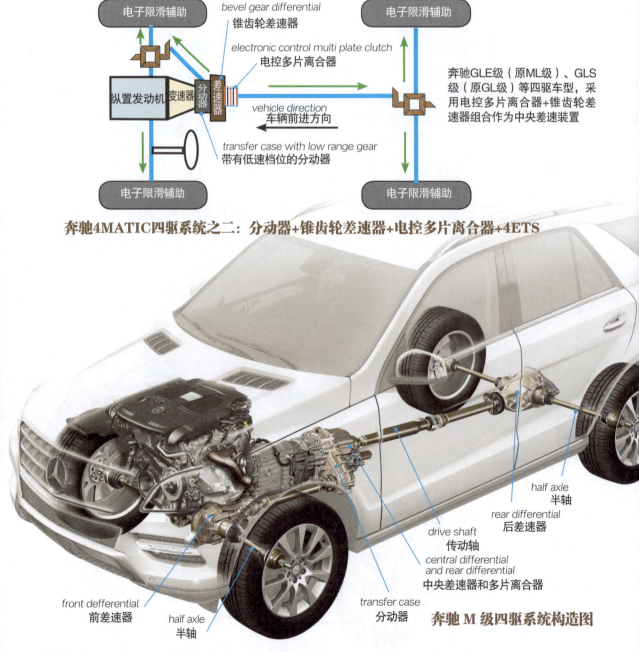

奔驰4MATIC四驱系统之二：分动器+锥齿轮差速器+电控多片离合器+4ETS

奔驰M级四驱系统构造图

奔驰4MATIC四驱系统之三：
取力器 + 电控多片离合器 + 电子限滑辅助

这是奔驰近几年推出的以前横置发动机前轮驱动车型为基础的适时四驱系统，它与常见的城市轻型SUV上使用的适时四驱系统类似，都是以电控多片离合器为核心，配备电子限滑辅助（奔驰称为四轮驱动电子循迹系统，简称4ETS）。正常情况下，只有前轮上有驱动转矩。四驱系统根据车辆的横向加速度、转向角、横摆率、节气门位置等信息来对车辆的状态进行判断，然后对前后轮的动力进行自动分配。例如，车辆在50千米/时行驶状态下全力加速时，前后动力分配比例为60：40；在连续弯道行驶时，前后动力分配比例为50：50；在大力制动时，后轮动力被切断，此时前后轮驱动转矩比分配为100：0；当前后轮转速差超过设定值时，电控多片离合器就会动作，使前后轮驱动转矩比可以在100：0至50：50间自动调节。

在一些极端的情况下，例如当前轮打滑完全失去附着力时，电控多片离合器可以锁止，使前后轴接近刚性连接。但是，此时由于前轴打滑空转而无法输出有效驱动力，相当于只有两个后轮着地，发动机只向后轴传递驱动转矩。这样，后轮最多可以得到90%的驱动转矩。

代表车型：奔驰CLA级、GLA级等四驱车型。

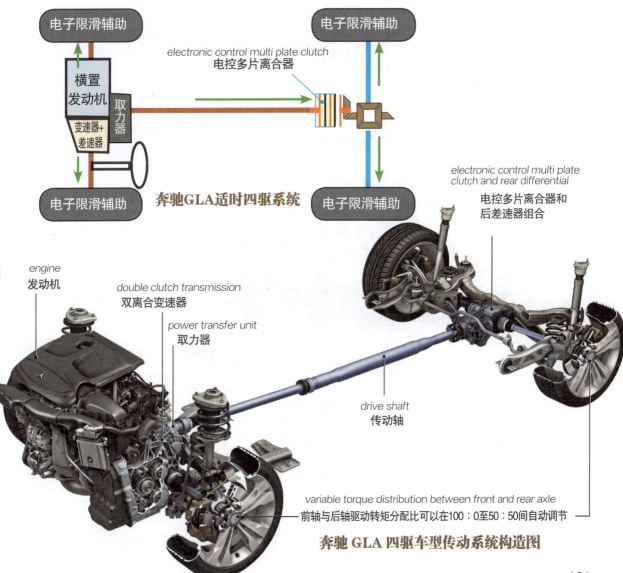

奔驰 GLA 四驱车型传动系统构造图

奔驰4MATIC四驱系统之四：
两档位分动器 + 锥齿轮差速器 + 差速锁 + 电子限滑辅助

奔驰G级的四驱系统与众不同，它的动力从变速器输出后，通过一根动力输出轴传递到分动器，而不是将分动器与变速器直接相连。

G级采用带有低速爬行档位的分动器，低速档位时分动器的传动齿比为2.15∶1。

G级的分动器不是先将动力传递到后轴或前轴，而是先通过一个锥齿轮差速器将动力一分为二，然后再分别传向前轴和后轴。这点与其他带分动器的四驱系统不太一样。

在G500上，不仅锥齿轮中央差速器上装备有机械差速锁，其前后差速器都装备有差速锁。也就是说，G500是真正实现了"三把锁"的四驱汽车。当这三个差速器都被锁止时，四个车轮为刚性连接，每个车轮上都得到25%的驱动转矩，只要有一个车轮没有打滑，车辆就可以继续前进。

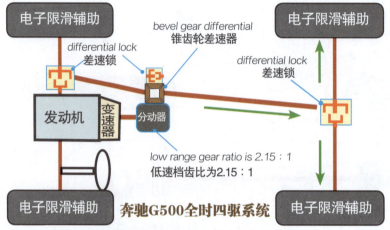

奔驰G500全时四驱系统

奔驰G500全时四驱系统操作钮

扫一扫，即可观看奔驰G级差速锁视频

丰田适时四驱系统是怎样工作的？

在丰田RAV4和汉兰达上，丰田采用一种称为"动态转矩控制"的四驱系统，并标明为AWD，且称之为"全时四驱"。其实，从本质上讲，它仍是一种适时四驱系统。

装置在新RAV4和新汉兰达上的四驱系统与多数城市SUV一样，并没有装备中央差速器，而只是采用一个电控多片离合器来调节前后驱动转矩分配和差速。只不过，丰田采用的是电磁控制方式，而不是采用电动机或电控液压泵方式来控制多片离合器的动作。

四驱系统的ECU根据车速传感器、方向盘角度传感器和节气门位置传感器的信息，综合计算后向电磁控制机构发出指令，将多片离合器压紧或放松，从而调节向后轴传递的驱动转矩大小。最多可向后轴传递50%的驱动转矩。在正常行驶时，发动机动力只传递给前轴，当起步、急加速或前轮出现打滑时，才将多片离合器压紧，向后轴传递驱动转矩，因此前后驱动转矩调节范围是100：0至50：50。

在丰田RAV4和汉兰达上，都有一个LOCK模式。在此模式下，多片离合器会被完全压紧，使得前后转矩分配固定为50：50。但是，该模式只能在40千米/时以下开启，超过该车速后会自动解除LOCK模式。

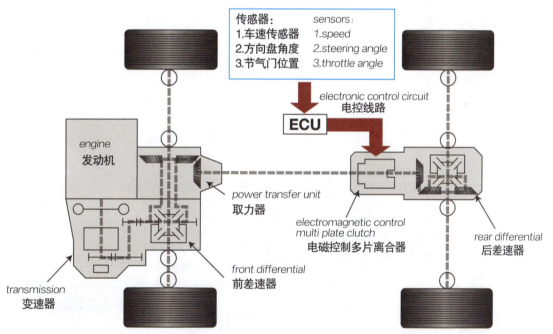

丰田汉兰达和RAV4车型适时四驱系统示意图

第十章思考题

10.1 前置前驱形式有什么特点？
10.2 前置后驱形式有什么特点？
10.3 中置后驱形式有什么特点？
10.4 后置后驱形式有什么特点？
10.5 四驱形式有什么优势和不足？
10.6 什么是适时四驱形式？
10.7 什么是全时四驱形式？
10.8 什么是分时四驱形式？
10.9 中央差速器起什么作用？
10.10 差速器锁起什么作用？
10.11 分动器的作用是什么？
10.12 分动器的低档位起什么作用？

第十一章 汽车行驶系统

第一节 悬架的作用和构造

悬架起什么作用？

为什么我们有时走在坑坑洼洼的路面上身体仍然能保持平衡？甚至我们上楼梯时身体也能保持垂直和平稳，这就是因为我们的双腿能根据路况而自动弯曲和伸直，这样我们走起路来就不会左摇右晃。汽车也一样，当在不平路面上行驶时，车轮与车身之间的悬架系统也会自动压缩、弯曲和伸直，使车轮尽量与地面保持最大的接触面，让车身尽量保持原来的平稳行驶状态。因此，悬架就像是汽车的腿，上面连接车身，下面连接车轮，起到承上启下的作用，可以保证汽车平稳行驶。悬架是指车轮与车身之间连接的部分，从形式上看，它有两个主要作用：一是将车轮悬挂在车身下面；二是将车身支撑在车轮上面。

如果从悬架自身性能上看，它主要起两大作用：一是减振作用，这也是当初在汽车上采用悬架的主要原因；二是支撑作用，它要对庞大的车身起到支撑作用（你总不能将车身直接放在车轮上吧）。

奥迪 Q5 汽车悬架系统构造图　　扫一扫，即可观看奥迪前悬架视频

悬架由哪些部件构成？

悬架系统主要由三种部件组成：连杆、弹簧和减振器。

连接车轮和车身的连杆，控制了车轮运动的方式和角度。我们常听到的双臂式、单臂式、扭转梁式、多连杆式等，就是指连杆结构的种类。

位于连杆与车身之间的弹簧，用来支持车身的重量，也可在车轮通过凸凹不平的路面时发挥缓冲作用。弹簧的种类很多，有螺旋式、钢板式、扭杆式，甚至是一种橡胶或者是一个充满空气的胶囊。

减振器的功能是抑制弹簧的过分振荡，除了能稳定车身，更重要的是确保车轮与地面有良好的接触。减振器有液压式、充气式、电磁式等。一般来讲，充气式和电磁式的减振器，还可随行车情况而主动调节减振器的性能，实时改变减振器的阻尼。

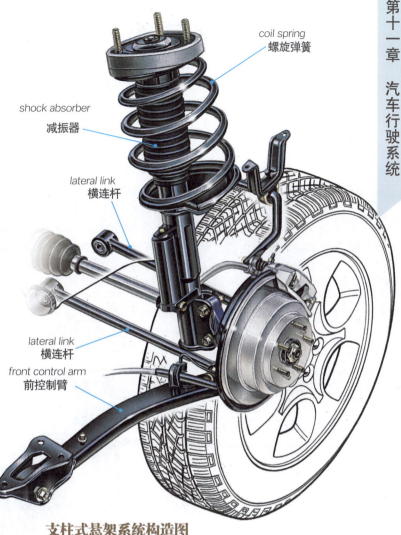

支柱式悬架系统构造图

为什么液压减振器能减振？

液压式减振器是最常用的一种减振器。其原理是在一个钻有小孔和装有活塞的筒内注满压力油，当弹簧振动时油液会被迫流过小孔，因此产生限制作用。而小孔直径的大小，决定了限制（或减振）的作用大小。如小孔直径较小，则有较强的限制，汽车稳定性会较高；反之，汽车舒适性则较高。设计时，小孔直径的大小要兼顾稳定性和舒适性。

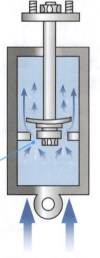 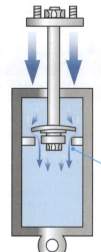

液压减振器工作原理示意图

减振器是怎样起减振作用的?

弹簧在车辆受到路面冲击时,会以本身的压缩变形吸收振动的力量,缓冲不平路面对车身造成的颠簸和振动。然后,在冲击力量消失时,弹簧会在恢复原状的同时释放吸收的能量,自身拉伸变长,从而将车辆往上弹,这种现象即称为回弹(Rebound)。回弹会使车中乘员感到不舒适,而且会造成车辆操控困难,容易发生危险。因此,在悬架中(一般是在弹簧圈中)装置减振器(Shock Absorber),阻止产生回弹。

如果悬架中缺少了减振器,情况就如有些车轮上加装了弹簧的手推车,走起路来车身会不停地摇动。因为,虽然弹簧发挥了它的弹性功能,却没有减振器将车身稳定下来。

弹簧的作用是缓冲地面的冲击,而减振器的作用却是限制弹簧的过分弹力,二者的作用截然不同。

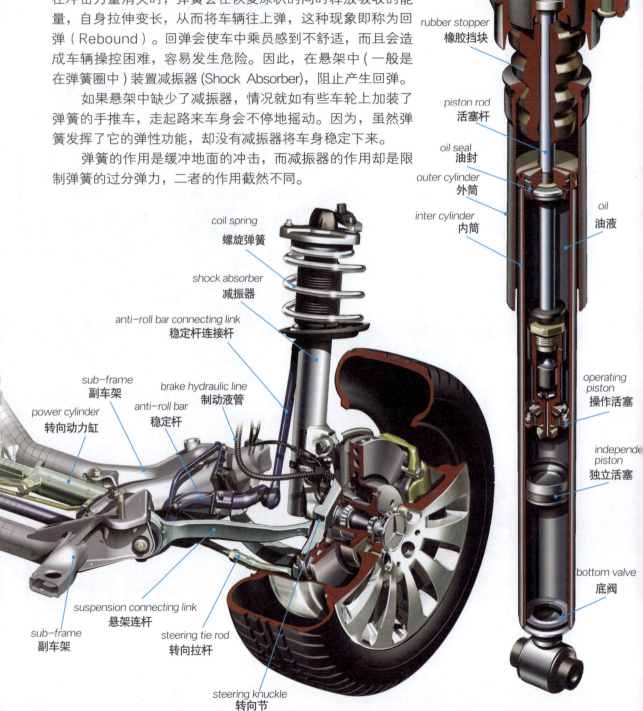

奔驰 C 级轿车前减振器

第二节 悬架形式

什么是独立悬架和非独立悬架？

简单地说，如果左右两个车轮之间没有硬轴连接、一侧车轮跳动时不会影响到另一侧车轮，就可以定义为独立悬架。

非独立悬架则是指两个车轮之间有硬性连接物，两侧车轮是连接在一体的，当一侧车轮跳动时，另一侧车轮也会受到影响。

独立悬架由于车轮之间没有干涉，可以调校出更好的舒适性和操控性。而非独立悬架由于结构简单，可以获得更好的刚性和通过性。

目前，绝大多数轿车的前悬架都是独立式的，后悬架则各有不同：经济型轿车可能采用非独立悬架；中档和高档轿车都采用独立悬架。

第十一章 汽车行驶系统

↑如果没有悬架吸收路面带来的振动，快速奔跑的汽车会非常颠簸，不仅丧失了舒适性，也可能就此失去了使用价值

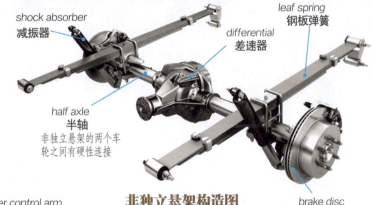

非独立悬架构造图

非独立悬架的两个车轮之间有硬性连接

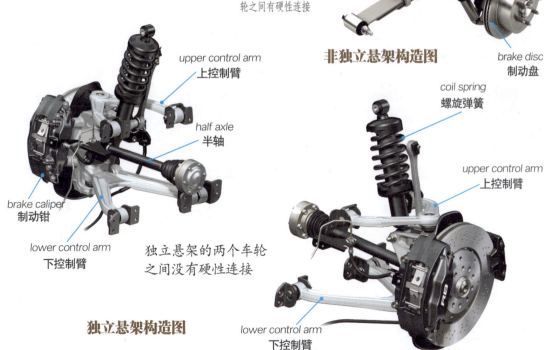

独立悬架构造图

独立悬架的两个车轮之间没有硬性连接

127

常见的悬架形式都有哪些?

现在轿车上最常见的悬架是独立式的,而其中前悬架中最常见的是麦弗逊式独立悬架,高级轿车和跑车的前悬架则常采用多连杆式悬架和双叉臂式悬架。经济型轿车的后悬架常采用扭转梁式悬架,这种悬架应属于非独立式悬架。载货车、中型客车等常采用非独立式悬架。

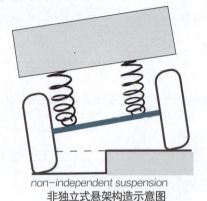

non-independent suspension
非独立式悬架构造示意图

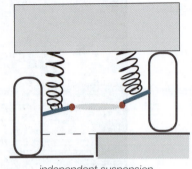

independent suspension
独立式悬架构造示意图

独立悬架的两侧车轮间没有硬连接,当一个轮子跳动时,另一个轮子不会跟着跳动。因此,两侧车轮可以各自保持相互独立,都可以尽量与地面保持垂直状态,使轮胎与地面的接触面积较大,保证轮胎的抓地力和行驶的稳定性

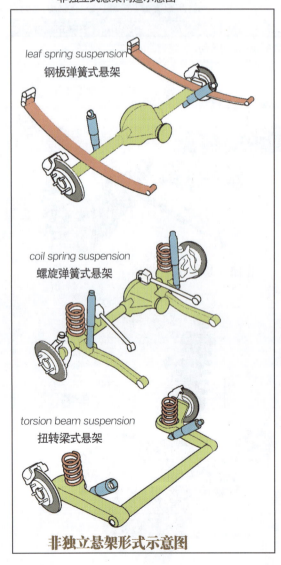

leaf spring suspension
钢板弹簧式悬架

coil spring suspension
螺旋弹簧式悬架

torsion beam suspension
扭转梁式悬架

非独立悬架形式示意图

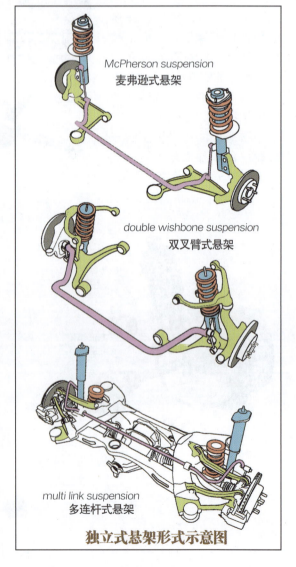

McPherson suspension
麦弗逊式悬架

double wishbone suspension
双叉臂式悬架

multi link suspension
多连杆式悬架

独立式悬架形式示意图

什么是麦弗逊式悬架？

麦弗逊式悬架由A形控制臂与减振支柱共同组成，车轮的上部通过一根减振支柱与车身相连，下部则是通过一根A形控制臂与车身相连。

上部的减振支柱集成了弹簧和减振器，这根支柱不仅承担支撑车体和减振的任务，而且还要承受车轮上端的横向力。下部的A臂，则可以承担车轮下端的横向力和纵向力。

连杆支柱式悬架是麦弗逊式悬架的变种，一般出现在后悬架中。它的下部不再是A臂，而是两根平行连杆和一根纵向拉杆。

第十一章 汽车行驶系统

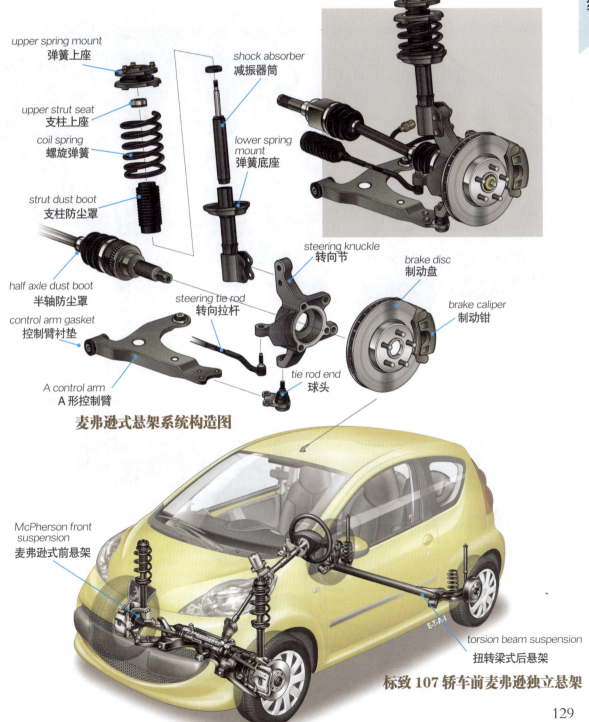

麦弗逊式悬架系统构造图

标致107轿车前麦弗逊独立悬架

什么是扭转梁式悬架？

扭转梁式悬架的别名有扭力梁式悬架、扭杆梁式悬架等。这种悬架的左右车轮之间通过一个扭转梁连接。一个车轮遇到非平整路面时，那个粗壮的"扭转梁"仍然会对另一侧车轮产生一定的干涉，只不过其干涉程度没有硬轴大而已。现在，厂家一般都把它宣传为半独立悬架。其实，严格来说，应将它归入非独立悬架的范畴。

前麦弗逊、后扭转梁式悬架构造图

扭转梁式后悬架构造图

扭转梁式后悬架构造图

←扭转梁式悬架是在经济型轿车上应用最为常见的悬架形式

什么是双叉臂式悬架?

双叉臂式又称双A臂、双横臂式悬架。它的下部构造与麦弗逊式悬架一样,是一根A臂(或称叉臂),同时车轮上部也有一根A臂与车身相连,弹簧和减振器则一般与下A臂相连。此时的减振支柱只承担支撑车体和减振任务,车轮的横向力纵向力则都由A臂来承担。

从构造上看,这种悬架的强度和耐冲击力都要比麦弗逊式悬架强很多。其强度高的特点被SUV设计师看中,这也是我们在大多数SUV上都能看到它身影的原因。另外,由于轮胎上下均有A臂支撑,在悬架被压缩时,两组A臂会形成反向力,可以很好地抑制侧倾和制动点头等问题。由于支撑力强,在弯道上也有利于轮胎定位的精准化,从而可以提高过弯极限。因此,它也得到高级别轿车和跑车设计师的青睐。

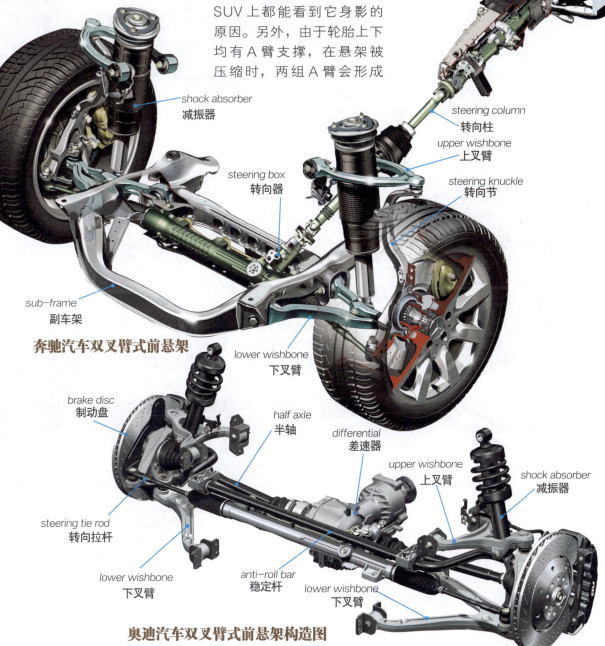

奔驰汽车双叉臂式前悬架

奥迪汽车双叉臂式前悬架构造图

第十一章 汽车行驶系统

131

什么是多连杆式悬架?

悬架是由连杆、减振器和弹簧组成的。多连杆式悬架，顾名思义，就是它的连杆比一般悬架要多些。按惯例，一般都把4连杆或更多连杆结构的悬架，称为多连杆式悬架。

多连杆式悬架，不仅可以保证一定的舒适性（因为它是完全独立式悬架），而且由于连杆较多，可以允许车轮与地面尽最大可能保持垂直，减小车身的倾斜，维持轮胎的贴地性。因此，它们的操控性一般都不错。从理论上讲，多连杆式悬架是目前解决舒适性和操控性矛盾的最佳方案。

upper control arm 上控制臂
负责车轮的上下跳动

steering knuckle 转向节
转向节，又称定位臂，它主要负责车轮转向和左右摆动

front control arm 前控制臂

steering tie rod 转向拉杆
和转向节相连，负责传递转向力。正是由于它的推拉动作，才使车轮能够左右转向

rear axle 后桥

rear differential 后差速器

sub-frame 副车架

shock absorber 减振器

upper control arm 上控制臂

brake hydraulic line 制动液管

anti-roll bar 稳定杆

front control arm 前控制臂

lower control arm 下控制臂

稳定杆起什么作用?

稳定杆也称平衡杆或防倾杆，它的两端分别固定在左右悬架上。在汽车转弯时，它可以减小车身侧倾程度，使车身尽量保持平衡。稳定杆一般在注重运动性的车型上使用，前后悬架都可使用。

当汽车转弯时，外侧悬架会压向稳定杆，这样稳定杆就会发生扭曲。由于稳定杆是个弹性杆，相当于一根扭杆弹簧，它的弹力会阻止车轮抬起，从而使车身尽量保持平衡。

奔驰汽车5连杆后悬架构造图

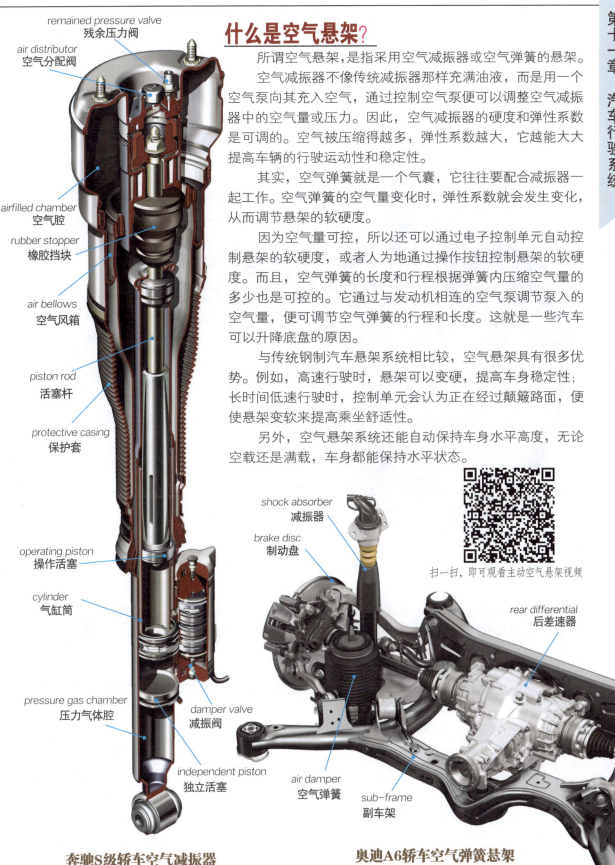

什么是空气悬架？

所谓空气悬架，是指采用空气减振器或空气弹簧的悬架。空气减振器不像传统减振器那样充满油液，而是用一个空气泵向其充入空气，通过控制空气泵便可以调整空气减振器中的空气量或压力。因此，空气减振器的硬度和弹性系数是可调的。空气被压缩得越多，弹性系数越大，它越能大大提高车辆的行驶运动性和稳定性。

其实，空气弹簧就是一个气囊，它往往要配合减振器一起工作。空气弹簧的空气量变化时，弹性系数就会发生变化，从而调节悬架的软硬度。

因为空气量可控，所以还可以通过电子控制单元自动控制悬架的软硬度，或者人为地通过操作按钮控制悬架的软硬度。而且，空气弹簧的长度和行程根据弹簧内压缩空气量的多少也是可控的。它通过与发动机相连的空气泵调节泵入的空气量，便可调节空气弹簧的行程和长度。这就是一些汽车可以升降底盘的原因。

与传统钢制汽车悬架系统相比较，空气悬架具有很多优势。例如，高速行驶时，悬架可以变硬，提高车身稳定性；长时间低速行驶时，控制单元会认为正在经过颠簸路面，便使悬架变软来提高乘坐舒适性。

另外，空气悬架系统还能自动保持车身水平高度，无论空载还是满载，车身都能保持水平状态。

扫一扫，即可观看主动空气悬架视频

奔驰S级轿车空气减振器　　奥迪A6轿车空气弹簧悬架

空气悬架是怎样调节性能的？

空气悬架是一种主动悬架，它可以控制车身高度、车身倾斜度和减振阻尼系数等。空气悬架中的电子控制单元（ECU），根据惯性传感器、车身高度、车速、转向角度和制动等信号，实时控制空气压缩机的工作情况。空气压缩机将高压空气输送到每个空气悬架中，根据需要控制每个悬架的行程、阻尼系数和高度等，从而使汽车具有良好的乘坐舒适性和操纵稳定性。

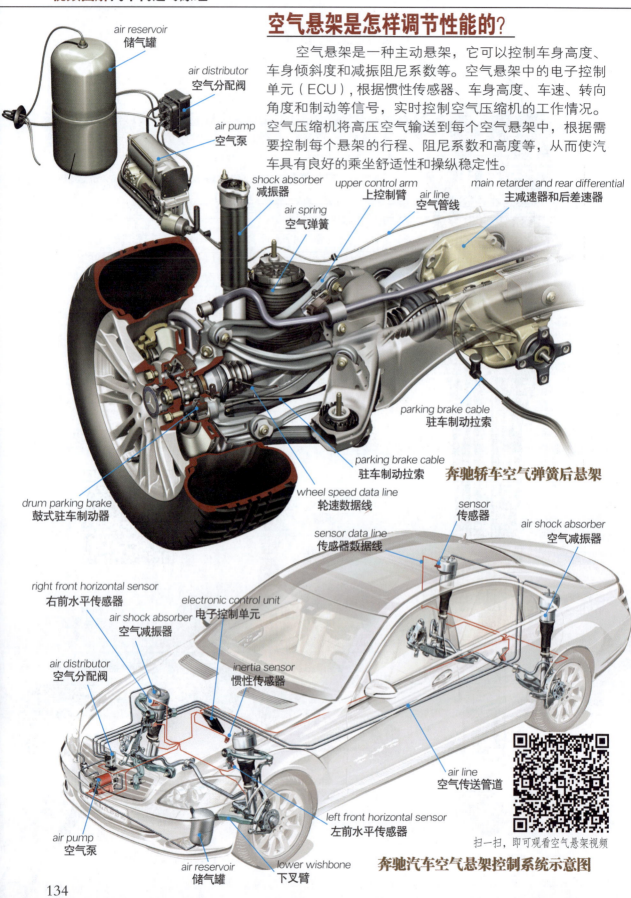

奔驰轿车空气弹簧后悬架

奔驰汽车空气悬架控制系统示意图

扫一扫，即可观看空气悬架视频

什么是电磁减振器？

电磁减振器是利用电磁反应原理开发的一种减振器，它可以针对路面情况，在1毫秒时间内做出反应，抑制振动，保持车身稳定。特别是在车速很高又突遇障碍时，更能显出它的优势。

在减振器内采用的不是普通油，而是一种被称作电磁液的特殊液体。它由合成碳氢化合物以及3~10微米大小的磁性颗粒组成。一旦控制单元发出脉冲信号，线圈内便会产生电压，从而形成一个磁场，并改变粒子的排列方式。这些粒子马上会按垂直于压力的方向排列，阻碍油液在活塞通道内流动的效果，从而提高阻尼系数，调整悬架的减振效果。

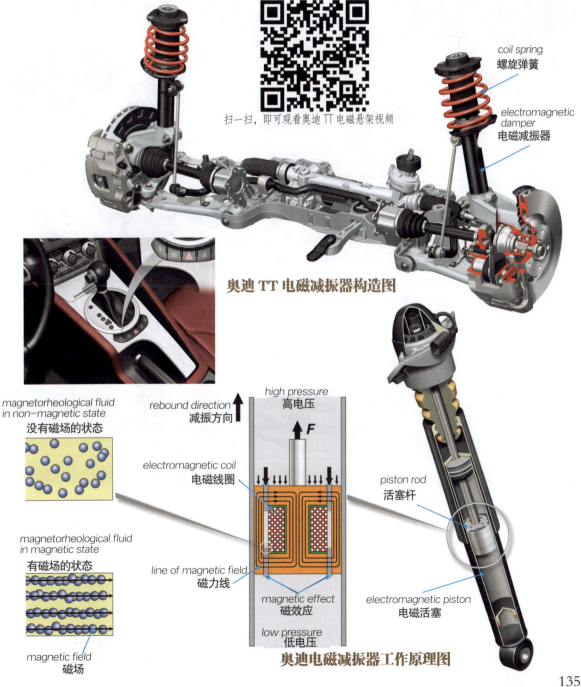

奥迪TT电磁减振器构造图

奥迪电磁减振器工作原理图

什么是瓦特连杆悬架?

瓦特连杆最初是由英国发明家兼工程师詹姆斯·瓦特所发明的，曾在别克英朗、奔驰 A 级（W169）、奔驰 B 级车上使用过。当汽车转向时，离心力会作用在车轮上。瓦特连杆的作用就是平衡两边车轮上的这些离心力，将这些力反转到另一边，以减少后轮侧向力对车轮前束的影响，从而使两侧车轮受力始终与路面保持最适宜的接触，达到最佳的附着力。瓦特连杆不仅提高了车辆的驾乘舒适性，也加强了车辆循迹性。

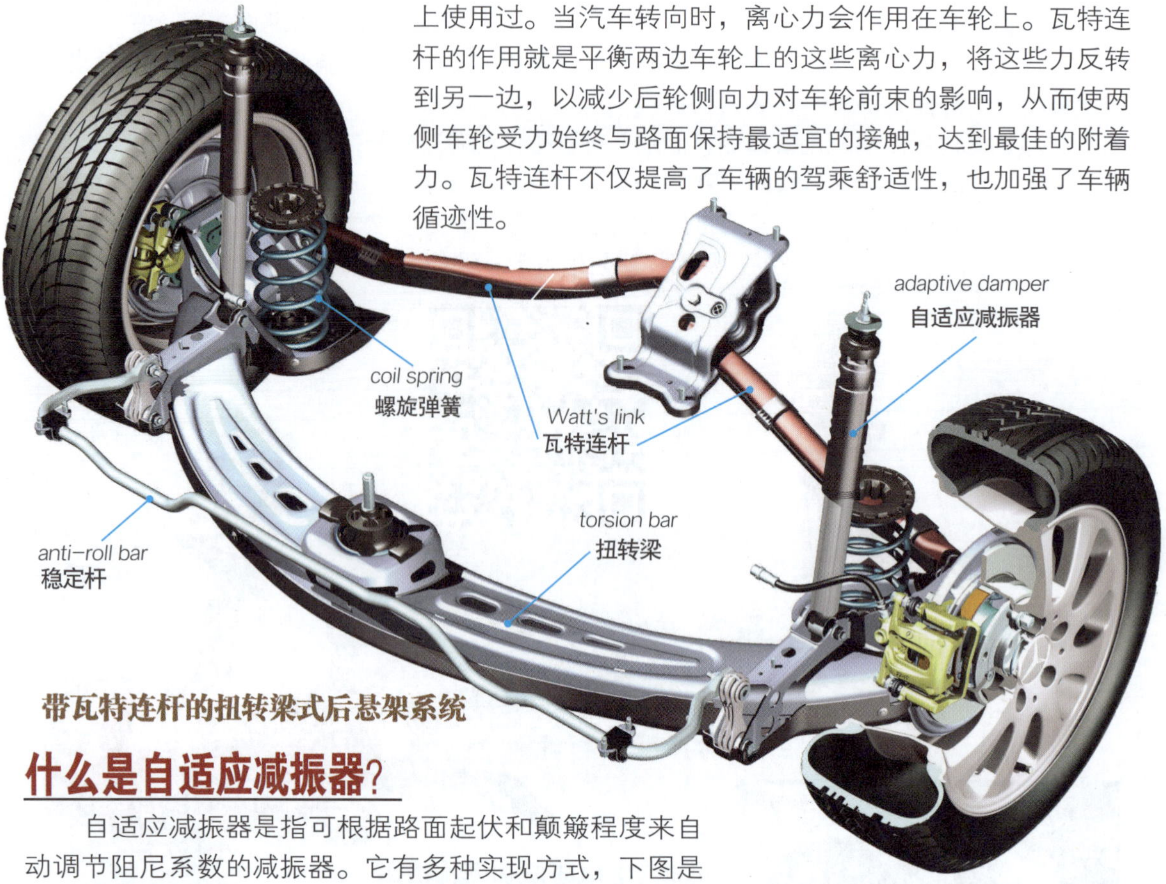
adaptive damper
自适应减振器
coil spring
螺旋弹簧
Watt's link
瓦特连杆
torsion bar
扭转梁
anti−roll bar
稳定杆

带瓦特连杆的扭转梁式后悬架系统

什么是自适应减振器?

自适应减振器是指可根据路面起伏和颠簸程度来自动调节阻尼系数的减振器。它有多种实现方式，下图是奔驰 A 级车曾使用过的自适应减振器，它通过控制油液流动来调节阻尼系数，以适应不同的路面情况。

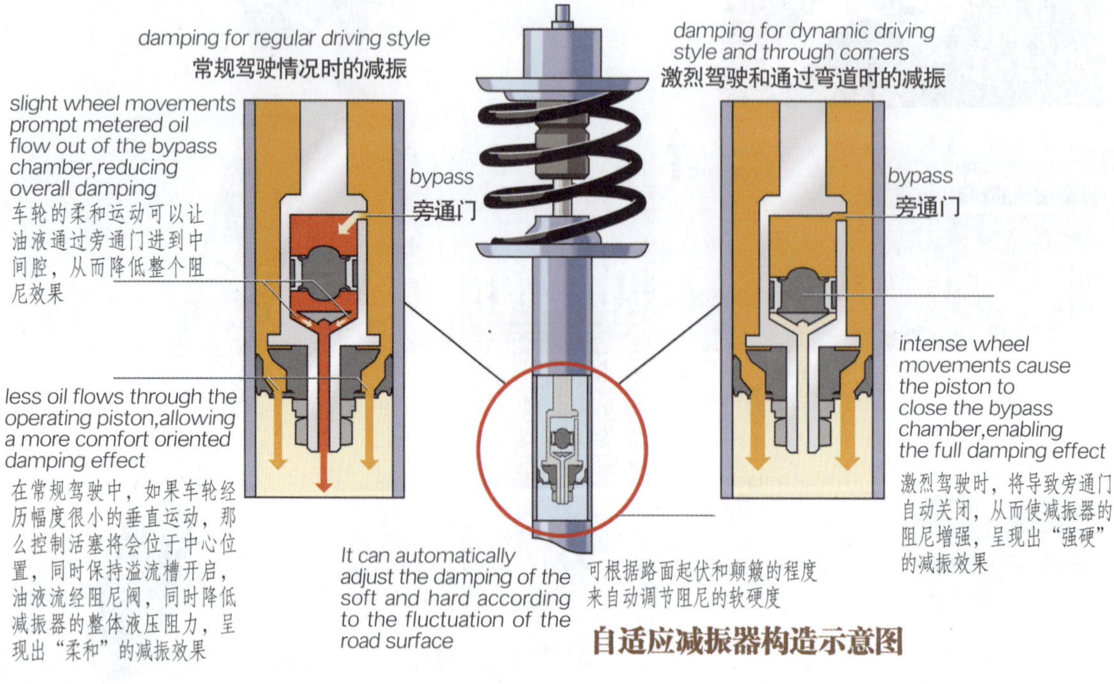
damping for regular driving style
常规驾驶情况时的减振
damping for dynamic driving style and through corners
激烈驾驶和通过弯道时的减振
slight wheel movements prompt metered oil flow out of the bypass chamber,reducing overall damping
车轮的柔和运动可以让油液通过旁通门进到中间腔，从而降低整个阻尼效果
bypass
旁通门
bypass
旁通门
less oil flows through the operating piston,allowing a more comfort oriented damping effect
在常规驾驶中，如果车轮经历幅度很小的垂直运动，那么控制活塞将会位于中心位置，同时保持溢流槽开启，油液流经阻尼阀，同时降低减振器的整体液压阻力，呈现出“柔和”的减振效果
intense wheel movements cause the piston to close the bypass chamber,enabling the full damping effect
激烈驾驶时，将导致旁通门自动关闭，从而使减振器的阻尼增强，呈现出“强硬”的减振效果
It can automatically adjust the damping of the soft and hard according to the fluctuation of the road surface
可根据路面起伏和颠簸的程度来自动调节阻尼的软硬度

自适应减振器构造示意图

第三节　悬架性能

什么是簧下质量？

簧下质量是指不由悬架系统中的弹性元件所支撑的质量，一般包括车轮、弹簧、减振器、制动轮缸以及其相关部件等。簧上质量则是指车辆剩余部分的质量，包括车架、动力系统、传动装置和乘员等。

对于一辆汽车来讲，簧上质量与簧下质量之比越大，就意味着该车拥有的乘坐舒适性越好。同时，较小的簧下质量也意味着悬架系统拥有较好的动态响应能力和操控性。

当车轮遇到来自路面的冲击时，如果簧下质量较大，那么它就会有较大的运动惯性，应对路面的反应能力就会变弱，就会将这种路面的起伏状态直接传递给车身，而悬架系统不能完成过滤振动、吸收冲击的任务。反之，较小的簧下质量，就会使悬架系统拥有更好的动态响应，可迅速灵活地应对路面的冲击，

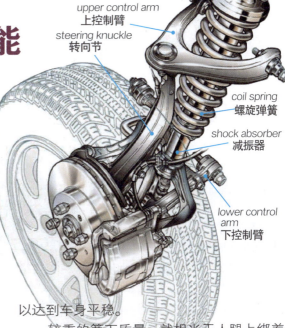

以达到车身平稳。

较重的簧下质量，就相当于人腿上绑着沙袋去运动，肯定会影响运动的灵活性。

总之，簧下质量越小，车辆的运动特性越好。因此，一些运动车型都要选择轻质的铝合金车轮以减轻簧下质量。

为什么说悬架都是妥协设计？

悬架系统既要满足舒适性的要求，又要兼顾操纵稳定性的要求，而它们往往又是相互矛盾的。悬架软时，乘坐较舒服；但悬架太软，就会出现制动点头、操纵不稳等现象，影响运动性能。因此，悬架设计只好在舒适性和运动性之间做出妥协，根据车型定位确定它们的具体妥协点。

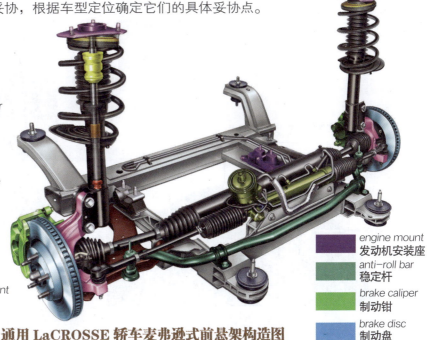

通用 LaCROSSE 轿车麦弗逊式前悬架构造图

第四节 轮胎

为什么轮胎里会有许多钢丝？

轮胎的最外层是特别耐磨的厚厚橡胶层，正是它与地面直接接触，依靠它与地面的摩擦力才使汽车能灵活前进和转弯。

它上面的花纹主要是为了增进轮胎的排水功能，保证轮胎的抓地力。

在橡胶层下面是坚固而有弹性的钢丝束带，它能防止轮胎发生突然爆破现象。

在钢丝束带下面是支撑轮胎并起骨架作用的胎体，它对减小轮胎变形起较大作用。它一般也是由钢丝和其他材料制成的。

轮胎的标识，主要有胎宽（毫米）、扁平比、轮辋直径（英寸）、负载指数和速度级数等。

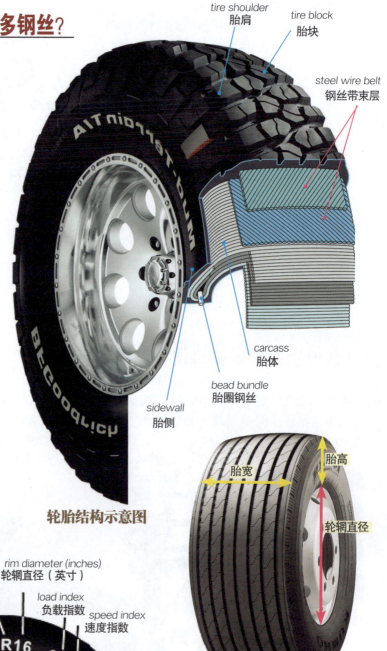

轮胎结构示意图

轮胎标识示意图

轮胎扁平比示意图

$$\frac{胎高}{胎宽} = 扁平比$$

轮胎胎块和沟槽分别起什么作用？

轮胎上的每个胎块和沟槽都不是随便设计的，每个胎块都是有分工的，它们各司其职。

最中间的胎块和两侧的胎肩，形成轮胎摩擦地面的主要区域，它们的作用就是要紧紧地抓住地面。

胎块和胎肩之间的沟槽起到排水的作用，当在雨水中行驶时，道路上的雨水可以通过这些沟槽及时排出去，以免在轮胎和地面之间形成一层水膜。一辆以100千米/时速度行驶的汽车，每秒钟从轮胎下面要排出8升的雨水。

轮胎边沿上的细沟槽则可以让轮胎变形弯曲，以保证汽车的操控性能。

胎肩的作用是当汽车转弯时保证轮胎有足够的抓地性，因为此时胎肩也要接触地面。

轮胎上有非常细的沟槽，在干燥路面上行驶时，可以提高汽车的舒适性；而在雨水道路上行驶时，可以及时切破水膜，提高汽车的安全性。

因此，如果轮胎花纹比较细腻，沟槽也比较浅，而且比较扁平，那么它可能就是偏重运动特性的干燥轮胎；如果轮胎花纹较大，沟槽较深，那么就可能是雪地或冬季轮胎了。

扫一扫，即可观看轮胎制造过程视频

轮胎噪声是怎样产生的？

轮胎的噪声来源于两个方面：一是轮胎凸起部分撞击路面的声音；二是轮胎沟槽内的空气先是被压缩，当辗压过后又被释放，这相当于爆破的气球，因此也会产生一个个爆破声。由于轮胎转速较快，听起来就是连续不断的声音。

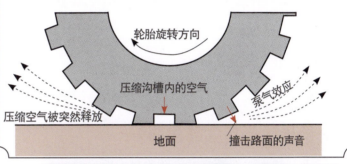

第十一章思考题

11.1 汽车悬架主要由哪三种部件组成？
11.2 独立悬架与非独立悬架有什么不同？
11.3 一般至少有多少根连杆才能称为多连杆悬架？
11.4 空气悬架有什么优势？
11.5 什么是簧下质量？它对汽车性能有什么影响？
11.6 轮胎上的花纹主要起什么作用？

第十二章　汽车转向系统

第一节　转向形式

转向器都有哪些形式？

转向系统主要由方向盘、转向柱、转向器、转向助力机构和转向拉杆组成。其中，转向器主要有两种形式：一是齿轮齿条式转向器；二是循环球式转向器。其中，齿轮齿条式转向是最常见的转向器形式，轿车上基本都采用这种转向形式。而循环球式转向，主要应用在越野汽车、载货汽车上。

扫一扫，即可观看转向系统视频

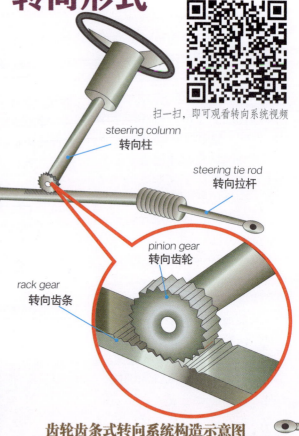

齿轮齿条式转向系统构造示意图

什么是齿轮齿条式转向器？

在现代轿车上，最常见的转向器是齿轮齿条式转向器。方向盘下面的转向柱末端是个齿轮，这个齿轮与一个齿条相啮合，而齿条则通过转向拉杆与前轮相连。当转动方向盘时，转向齿轮便会带动转向齿条左右运动，进而由转向拉杆推拉前轮进行左右摆动，这样就可以控制汽车向左转、向右转。齿轮齿条式转向器结构简单，可靠性强，而且传递路感比较直接和清晰。

Did You Know?
最早的齿轮齿条转向器

最早的齿轮齿条转向器是1885年由卡尔·本茨发明的，但它只是一个十分简单的机件，不仅齿轮制造粗糙，而且齿轮齿条的配合条件很差，装在奔驰汽车上转向不是不准确，就是失效。尽管如此，齿轮齿条转向器并没有被人们抛弃。1905年，通用汽车公司凯迪拉克分部的工程师将齿轮齿条转向器的设计理论化，并加工出精度很高、操纵灵活的齿轮齿条转向器。装上这种性能较好的转向器的凯迪拉克新车，由于转向省力方便，备受用户青睐，从而使凯迪拉克汽车当年的销量大增。

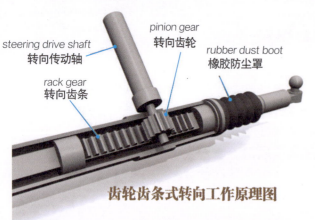

齿轮齿条式转向工作原理图

可变转向齿比是怎么回事？

转向器的作用是将方向盘的转动转换成横向的左右运动。为了使转向操作轻便，转向器被设计成减速传动机构，此减速比就称为转向器的传动比。

为了让驾驶人在低速转动方向盘时更轻便、高速转动方向盘时更沉稳，可将齿条上的齿比设计成可变的，即可变转向齿比系统。

与传统齿轮齿条式转向系统上疏密一致的齿条构造有所不同，可变转向齿比系统采用两边稀疏、中间细密的齿比结构。也就是说，它的转向齿比是可变的，齿条中间位置的转向齿比较小，而两端的转向齿比较大。

高速行驶时，一般转动方向盘的角度较小，此时只使用齿比较密的中间齿条段，这样转向就会精确、稳定；而在低速状态下，则往往要大幅度转动方向盘，此时则使用齿比较疏的两端齿条段，可以让转向更灵敏。

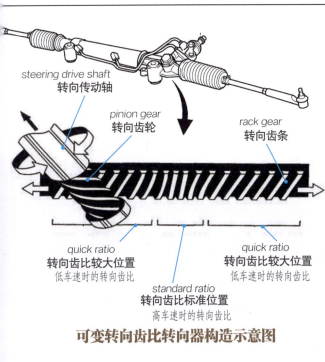

可变转向齿比转向器构造示意图

什么是循环球式转向器？

循环球式转向器是利用滚球沿着沟槽运动来传递转向力的转向器。循环球能使驾驶人获得非常圆滑的转向手感，遇到颠簸路面时也不会使方向盘产生较大的振动。因此，在大货车、大客车、越野车上较多使用循环球式转向器。

循环球式转向器结构复杂，零部件较多，制造成本也较高，而且转向灵敏性较差，因此在普通轿车上很少采用。

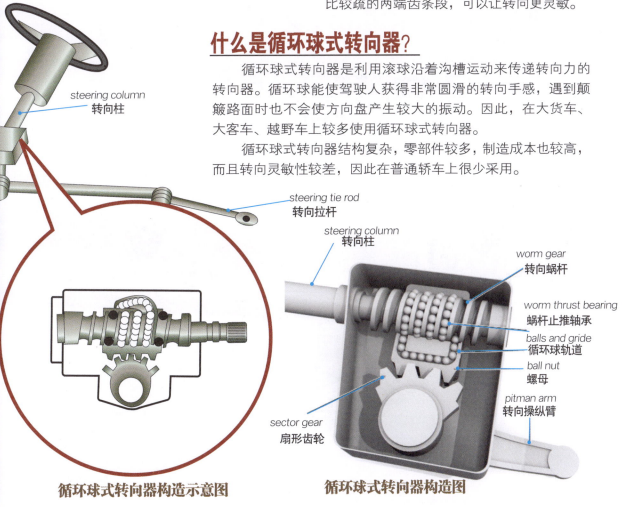

循环球式转向器构造示意图　　循环球式转向器构造图

第二节　转向助力

为什么转向需要助力？

　　开车应该是一件轻松愉快的事，因此汽车工程师们想尽办法提高汽车的操控性，如在制动系统、离合器等必须消耗体力的驾车动作上，都尽量提供助力。转动方向盘也需要消耗体力，尤其是对于女性驾驶人来说，如果方向盘太沉，可能会更加费力。为此，工程师们为汽车转向增加了液压助力或电动助力，利用液压机构或电动机的力量帮驾驶人轻松转动方向盘。

　　但是，后来人们发现，太大的转向助力对高速行驶时的稳定性不利。在高速公路上行驶时，稍微一动方向盘，在助力的帮助下，前轮就可能有很大的转向动作，这对于高速行驶的车辆来说非常危险。因此，后来又出现了随速助力转向，也就是转向助力的大小可以根据车速的高低而变化。当车速较低时，转向助力较大，以增加停车入位或转弯掉头时的灵活性；当车速较高时，转向助力较小，以保持行驶稳定性。

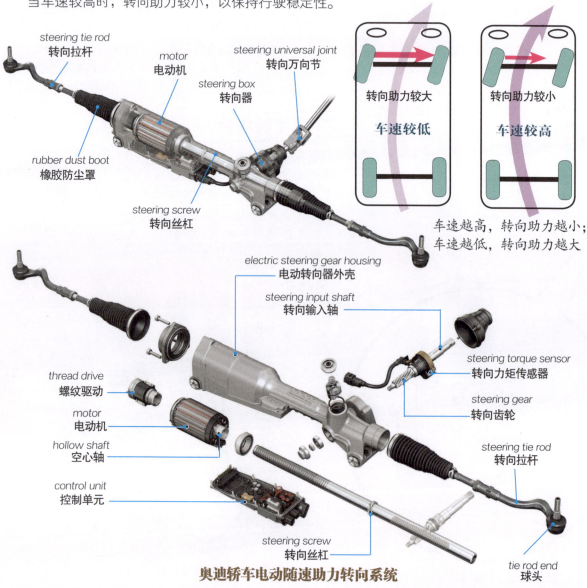

奥迪轿车电动随速助力转向系统

转向助力都有哪些形式？

现在，汽车上一般都装备有转向助力系统，这样可以使驾驶人轻松地转动方向盘。转向助力系统现在主要有三种形式：一是液压式；二是电子液压式；三是电动式。

液压式助力转向是利用发动机的动力带动液压泵工作，使输出的液压力施加到转向齿轮上。这种转向的缺点是消耗发动机动力，增加燃油消耗，因此它现在已逐渐被电子液压式助力转向替代。

电子液压式助力转向是利用电动机的动力带动液压泵工作，并将输出的液压力施加到转向齿轮上。

电动式助力转向是利用电动机的动力直接驱动转向拉杆，从而帮助驾驶人轻松转向。相对而言，由于没有液压系统，电动式助力转向比前两种液压式助力转向更省燃油。

电动随速助力转向系统有什么优势？

电动随速助力转向系统简称EPS，是Electric Power Steering的缩写。它可以根据当前车速、发动机转速、转向力和方向盘角度来调整转向助力。车速越高，转向助力越小；反之，则越大。电动随速助力转向系统的转向助力根据车速大小而自动调节，因此它使汽车驾驶更加轻便和安全。同时，因为它在转向时才会工作，而在直线行驶时并不工作，所以与液压助力相比还可以节省燃油。另外，由于它不存在液压泵工作的问题，即使没有将方向盘回正，长时间停车也不会对转向系统造成伤害。更为重要的是，在电动随速助力转向系统的基础上还可以实现更多的功能，如泊车辅助、车道保持等。

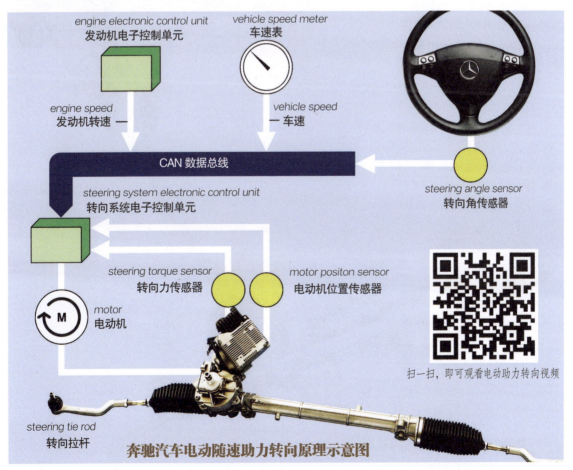

奔驰汽车电动随速助力转向原理示意图

扫一扫，即可观看电动助力转向视频

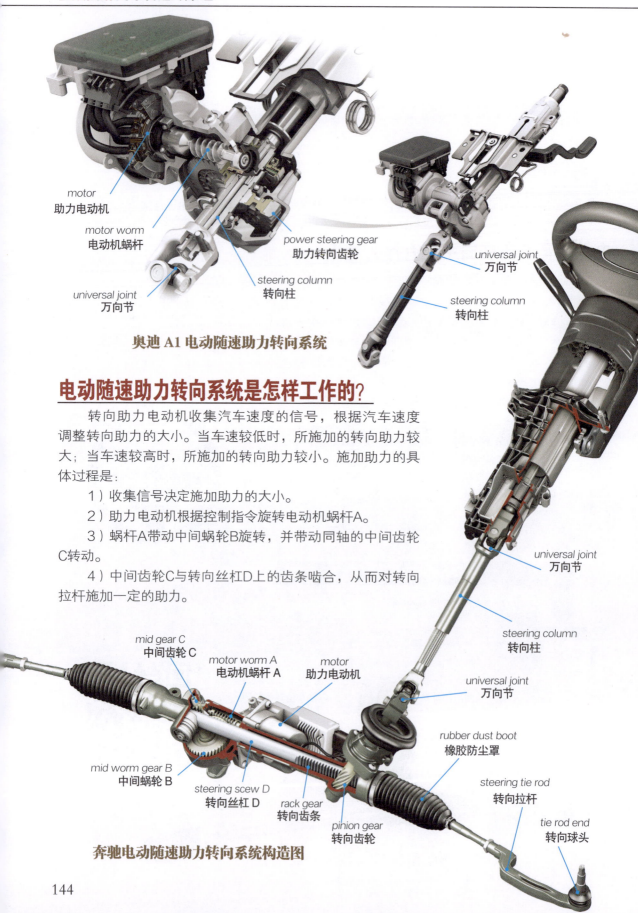

奥迪 A1 电动随速助力转向系统

电动随速助力转向系统是怎样工作的？

转向助力电动机收集汽车速度的信号，根据汽车速度调整转向助力的大小。当车速较低时，所施加的转向助力较大；当车速较高时，所施加的转向助力较小。施加助力的具体过程是：

1）收集信号决定施加助力的大小。

2）助力电动机根据控制指令旋转电动机蜗杆A。

3）蜗杆A带动中间蜗轮B旋转，并带动同轴的中间齿轮C转动。

4）中间齿轮C与转向丝杠D上的齿条啮合，从而对转向拉杆施加一定的助力。

奔驰电动随速助力转向系统构造图

第三节　四轮转向

四轮转向有什么优点？

现在，轿车上装备的四轮转向系统，一般都是通过一个电动机来改变后轮的转向角（宝马7系后轮转向角最大达3°，雷诺Laguna GT后轮转向角最大可达3.5°）。

在低速时，后轮与前轮转向相反，以增进汽车的灵敏性，减小转弯直径。这样不仅明显改善了灵活性，而且由于减小了转向力，还进一步提高了驾乘舒适性。

在车速较高的情况下，后轮与前轮转向方向相同，从而可使汽车的转向更加平稳，更顺畅地通过弯道。

↑低速转向时，前轮和后轮转向方向相反　　↑正常车速转向时，后轮不转向　　↑高速转向时，前轮和后轮转向方向相同

四轮转向系统工作原理示意图

扫一扫，即可观看奥迪四轮转向视频

ESP/ABS control unit
① ESP/ABS 控制单元
steering-angle sensors
② 方向盘角度传感器
electronic control unit for four wheel steering
③ 四轮转向控制单元
data bus CAN
④ CAN 总线
motor for driving rear wheel steering
⑤ 驱动后轮转向的电动机

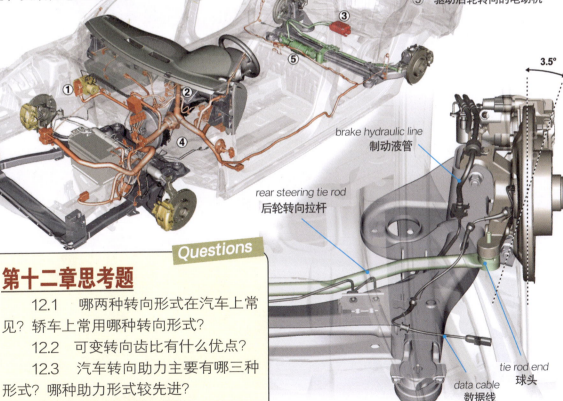

雷诺汽车后轮转向系统构造图

第十二章思考题

12.1　哪两种转向形式在汽车上常见？轿车上常用哪种转向形式？

12.2　可变转向齿比有什么优点？

12.3　汽车转向助力主要有哪三种形式？哪种助力形式较先进？

12.4　电动随速助力有什么优势？

第十三章 汽车制动系统

第一节 制动系统形式

什么是鼓式制动？

制动形式主要分鼓式和盘式两大类。它们的原理都是由固定不旋转的部分(制动蹄或制动钳)以一定的力量压迫与车轮一同旋转的部分(制动鼓或制动盘)，从而强制车轮制动。

之所以叫鼓式制动，是因为有一个制动"铁鼓"。制动鼓安装在轮毂上，随车轮一起旋转。它由铸铁制成，形状像是圆鼓。制动时，轮缸活塞推动制动蹄，制动蹄上有摩擦衬片，它压迫制动鼓，使制动鼓受到摩擦而减速，迫使车轮停止转动。

鼓式制动有制动片磨损较少、成本较低和维修较容易等优点。因此，它目前仍广泛应用在经济型轿车后轮上。

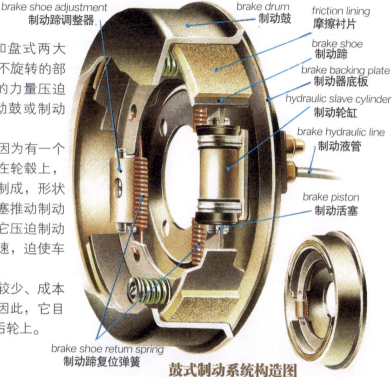

鼓式制动系统构造图

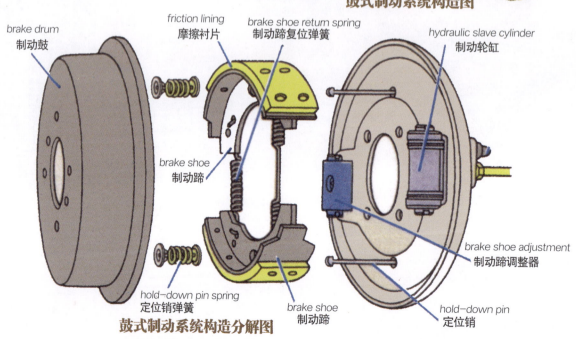

鼓式制动系统构造分解图

什么是盘式制动?

盘式制动器又称为碟式制动器,是取其形状而得名。它由液压控制,主要零部件有制动盘、制动轮缸、制动钳、制动液管等。制动盘用合金钢制造并固定在车轮上,随车轮转动。制动轮缸固定在制动器的底板上。制动钳上的两个摩擦片分别装在制动盘的两侧。制动轮缸的活塞受制动液管输送来的液压作用,推动摩擦片压向制动盘发生摩擦制动,动作就好像用钳子钳住旋转中的盘子,迫使它停下来一样。

盘式制动器散热快,重量轻,构造简单,调整方便。特别是高负载时的耐高温性能好,制动效果稳定,而且不怕泥水侵袭(离心力的作用可将雨水飞散出去)。也正是因为盘式制动器的性能更出众,所以除经济型轿车的后轮制动外,现在轿车大都采用盘式制动。

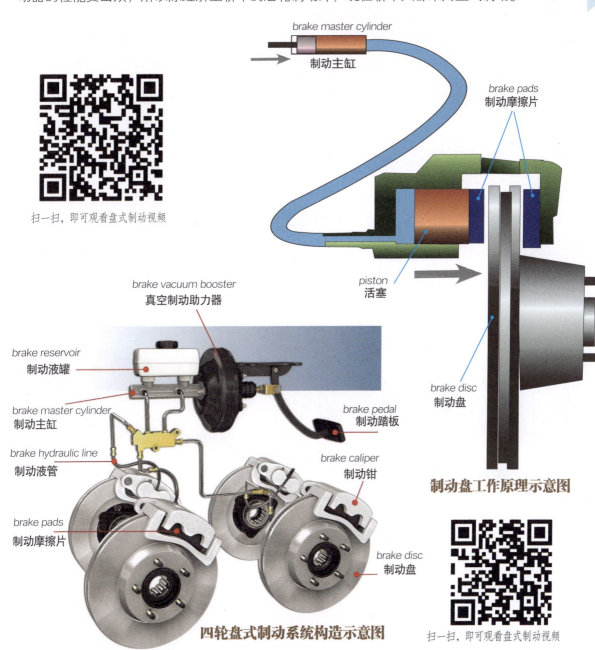

扫一扫,即可观看盘式制动视频

制动盘工作原理示意图

四轮盘式制动系统构造示意图

扫一扫,即可观看盘式制动视频

为什么一踩制动踏板制动灯就会亮?

我们知道,当驾驶人踩制动踏板时,车尾部的制动灯就会亮起,哪怕你稍一踩制动踏板,制动灯也会很敏捷地亮起。这是为什么呢?

其实,道理非常简单,在制动踏板的上方有制动灯继电开关,在正常行驶状态下制动踏板和制动灯开关是完全接触的,此时制动灯不亮。只要制动踏板被踩下,这个继电开关就会断开,从而接通制动灯的电路,使制动灯点亮。

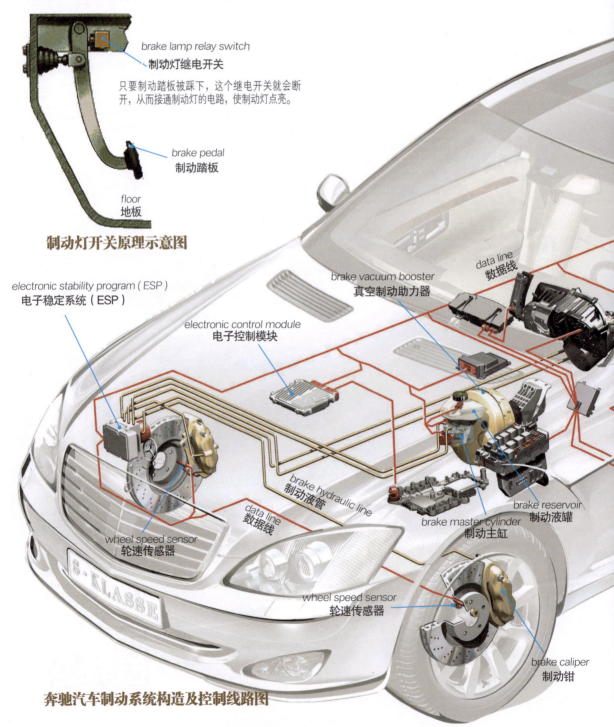

陶瓷复合制动盘有什么特点?

陶瓷复合制动盘能承受1400℃的高温而不变形、不产生裂缝、不抖动,与铸铁制动盘相比具有明显的优势:1)它比铸铁制动盘的重量降低了50%左右,减轻了簧下质量;2)它的摩擦系数比铸铁制动盘高25%左右,提高了制动效率;3)它的表面硬度很高,因此在制动时磨损很小,使用寿命能够超过30万千米,是钢制制动盘平均寿命的4倍。

陶瓷复合制动盘的缺点是制造成本非常高。

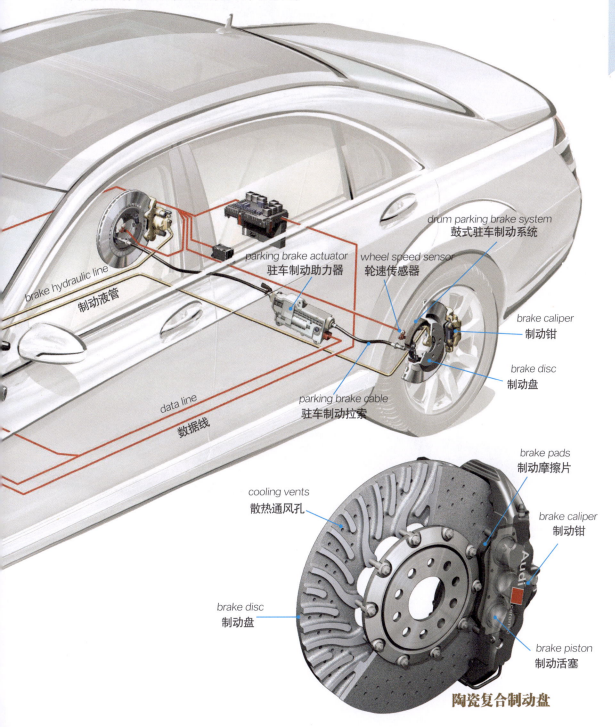

陶瓷复合制动盘

为什么通风盘式制动性能更好？

制动过程实际上是利用摩擦力将动能转化为热能的过程。如果能尽快将热能释放出去，那么无疑会加快这个能量转化速度，从而使汽车尽快失去动能而制动。由于盘式制动的散热性能较好，可以使制动系统快速散热，因此从制动理论上讲，盘式制动的性能要优于鼓式制动的性能。

为了进一步提高制动性能，有些制动盘上还设计有许多小孔，或将制动盘设计成空心通风式，从而加速散热效果。这就是我们常说的通风盘式制动。

制动盘通风示意图

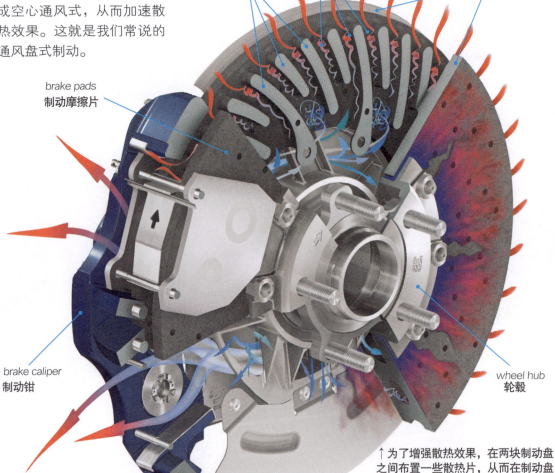

通风制动盘散热示意图

↑为了增强散热效果，在两块制动盘之间布置一些散热片，从而在制动盘之间形成通气孔。当制动盘旋转时，在离心力的作用下，制动盘产生的热气就会顺着通气孔迅速发散

第二节　驻车制动

驻车制动系统装置在哪里？

一般轿车的驻车制动器（俗称"手刹"）都采用鼓式制动器，而且都是安装在后轮盘式制动器内。因此，当拉起驻车制动器手柄时，制动效应只对两个后轮起作用。

驻车制动时，往往只对两个后轮起制动作用。因此，在做"漂移"动作时，为了让后轮产生滑动、前轮保持转动，一般都是通过拉驻车制动器手柄（手刹）来实现的。

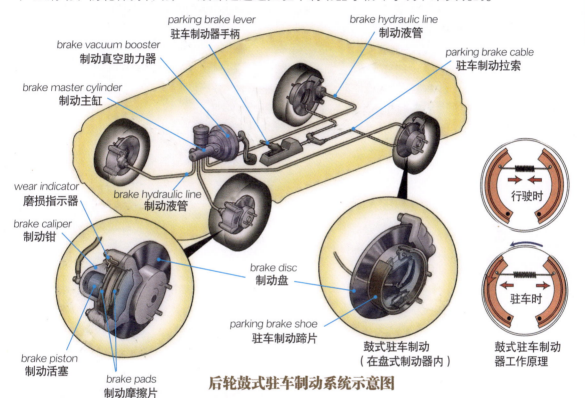

后轮鼓式驻车制动系统示意图

电子驻车制动是怎样工作的？

电子驻车制动（俗称"电子手刹"）是指以电传线控（Drive By Wire）方式操作驻车制动的系统。它不再通过驾驶人手拉拉索的方式传递驻车指令，而是通过电子信号来传递驻车指令，并通过电子控制单元和电动机来完成驻车动作。电子驻车制动主要有两种形式：

一是拉索牵引式。它与传统的机械式驻车制动的最大区别就是将手拉拉索改为电动机牵引拉索。电动机由电子控制单元控制。当驾驶人操作电子驻车制动按键时，就可以控制驻车制动器动作。

二是整体卡钳式。它不再采用额外的鼓式驻车制动，而是采用电动机和减速机构直接作用在原来的制动钳上，由电动机驱动力作用在制动盘上，从而帮助车辆驻车制动。

整体卡钳式电子驻车制动器

第三节　制动助力器

真空制动助力器是怎样帮助制动的？

即使有液压助力帮助驾驶人进行制动，但对于力量相对弱小的女性驾驶人来说，如果没有足够的力踩制动踏板，那么遇到紧急情况时也非常危险。因此，几乎在所有轿车的发动机舱靠近驾驶人的位置，也就是在制动踏板与制动主缸之间，都安装了一个像炒菜锅一样的部件，那就是帮助制动的真空制动助力器。

真空制动助力器的原理非常简单，它中间有一个橡胶膜片将真空助力器的内腔一分为二，其中一侧引入发动机进气歧管内的负压。当驾驶人踩制动踏板时，真空助力器内腔的另一侧就会流进空气，这样在橡胶膜片两侧就会产生压力差（一侧是真空，另一侧是空气），膜片就会在压力差的作用下被推动，从而产生制动助力。

发动机停止运转时，无法提供真空，此时真空制动助力器就会失效，如果在这个时候踩制动踏板，就会感觉比平常更困难些，甚至无法踩动制动踏板。

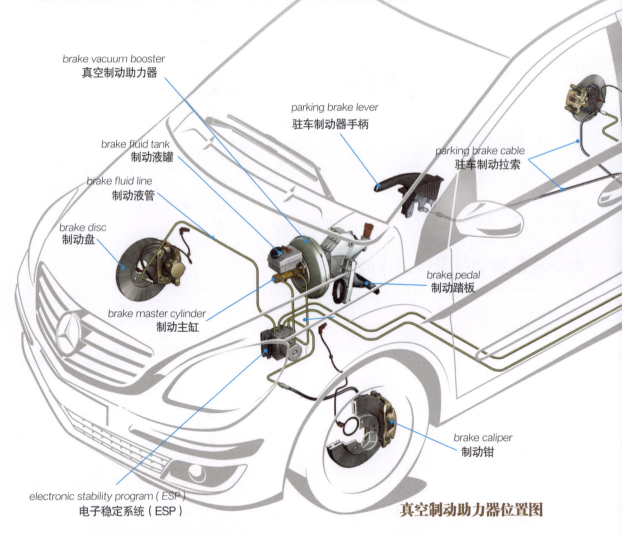

真空制动助力器位置图

第十三章 汽车制动系统

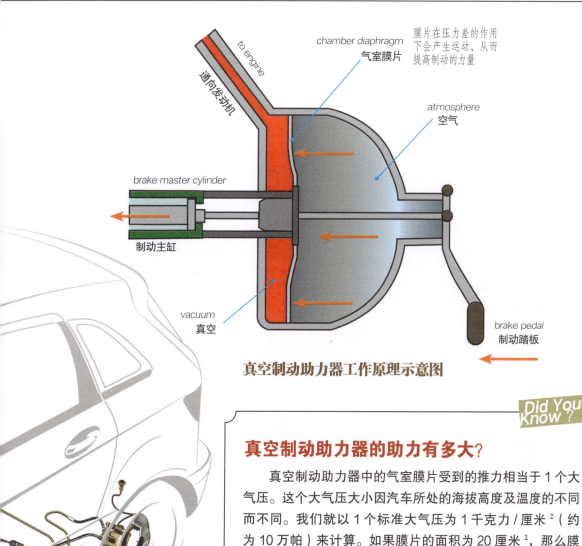

真空制动助力器工作原理示意图

真空制动助力器的助力有多大?

真空制动助力器中的气室膜片受到的推力相当于 1 个大气压。这个大气压大小因汽车所处的海拔高度及温度的不同而不同。我们就以 1 个标准大气压为 1 千克力 / 厘米^2（约为 10 万帕）来计算。如果膜片的面积为 20 厘米^2，那么膜片受到的推力就是 20 千克力（约为 200 牛）。膜片越大，获得的助力就越大，因此，为了增大制动助力，就把真空制动助力器的体积做得比较大。

第十三章思考题

13.1 鼓式制动和盘式制动分别有什么特点？

13.2 为什么要采用真空制动助力器？它的真空来自哪里？

13.3 驻车制动器一般安装在前轮还是后轮？它是盘式还是鼓式制动？

13.4 陶瓷复合制动盘有什么优点？它有什么缺点？

13.5 为什么提高制动盘的通风效果就能提高制动盘的制动性能？

第十四章 汽车车身

第一节 车身构造

为什么车身要由面板和骨架组成?

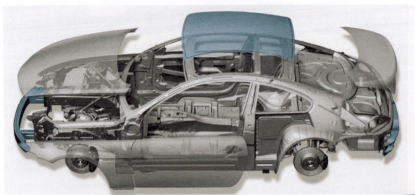

扫一扫，即可观看奥迪TT车身结构视频

鸟笼式车身构造示意图

  人的身体是靠206块骨骼支撑的，所以才能站立和行走。然而，每个人的骨骼架构不一，因此才会有不同的身材和长相。汽车也一样，它的身材和长相也由其表皮下面的骨骼架构决定。

  你看到的车身面板只是汽车的"皮肤"，其实它的厚薄甚至强度如何，对汽车的安全性没有太大影响。你看到的所有车身面板，只是起到防风挡雨和美观的作用，它们都焊接固定在特别设计的钢铁骨架上。骨架的形状，基本决定了车身的造型。

  为了使车身更加安全，分散来自各方向的撞击力，现在的汽车厂商在设计汽车时往往都要把车身做成像一个鸟笼子那样，也称为"网状交叉式设计"。这种钢制安全车身，能按照设计师预先设计的方向传递撞击力，从而将强大的外力分散到多个钢梁上，帮助乘员抵抗极大的撞击力，使他们免受伤害。

  当汽车受到轻微碰撞时，车身最外面的钢板可能会起一定的保护作用，不让碰撞物进入到车内。但是，当受到较严重的碰撞时，这些面板就无法阻挡撞击力了，因为它们很薄，而且强度较小，很容易被外力穿透。这时，就只能靠面板下面的骨架来抵抗冲击了。

什么是承载式车身和非承载式车身？

根据车身骨架的不同，可以把车身分为承载式车身和非承载式车身两大类。

承载式车身的汽车没有刚性车架，发动机、前后悬架、传动系统的一部分总成部件都装配在车身上，车身负载通过悬架装置传给车轮。承载式车身就是整个车身为一体，没有所谓的大梁，悬架直接连在车身上。现在，普通轿车几乎都采用承载式车身。打开发动机舱盖，就可看到前悬架连在了前翼子板内侧的车身上。

承载式车身的优点是：公路行驶非常平稳，整个车身为一体，固有频率振动低，噪声小，重量轻，比较省油。缺点是：底盘强度远不如有大梁结构的非承载式车身；当四个车轮受力不均匀时，车身易发生变形。

非承载式车身的汽车有一刚性车架，又称底盘大梁，发动机、传动系统、车身等总成部件都固定在车架上，车架通过前后悬架与车轮连接。也就是说，非承载式车身就是有大梁的车身结构，发动机、传动系统、悬架，甚至车身等都固定在车架上。如果你弯下腰看看车底，就会发现有贯穿前后的两个纵梁。

非承载式车身的优点是：底盘强度较高，抗颠簸性能好；四个车轮受力即使再不均匀，也是由车架承担，而不会传递到车身上去，因此车身不易扭曲变形。缺点是：整车比较笨重。非承载式车身多用在货车、客车和越野车上，但也有部分高级轿车使用，这是因为非承载式车身具有较好的平稳性和安全性。

承载式车身更像是甲虫，车身承担更大的重任；而非承载式车身更像是大象，它的骨架承载主要重任。也正因如此，承载式车身只适用于小型车辆，如普通轿车等。而大型轿车、越野车、货车和大客车等，则一定要采用非承载式车身形式。

第十四章　汽车车身

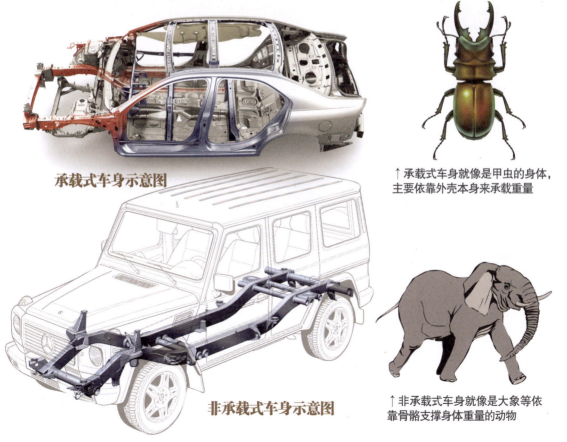

承载式车身示意图

↑承载式车身就像是甲虫的身体，主要依靠外壳本身来承载重量

非承载式车身示意图

↑非承载式车身就像是大象等依靠骨骼支撑身体重量的动物

为什么说车门防撞杠非常重要?

当汽车受到侧面撞击时,车门很容易受到冲击而变形,进而直接伤害到车内人员。汽车厂商为了提高汽车的安全性,便在车门夹层中间放置一两根非常坚固的钢梁,即车门防撞杠。这样,当汽车受到侧面撞击时,可减轻车门的变形程度,从而起到对驾乘人员的保护作用。

车中的驾乘人员在受到侧面撞击时更危险,因为驾乘人员的身体与车门间没有多大空隙,不像受到正面撞击时,至少驾乘人员前方还有一定的空间作为缓冲,侧面受到撞击时几乎没有什么可缓冲的余地,驾乘人员的胸部直接就会受到外力的侵害。因此,车门防撞钢梁就成为最重要的防线,是驾乘人员的贴身保镖。

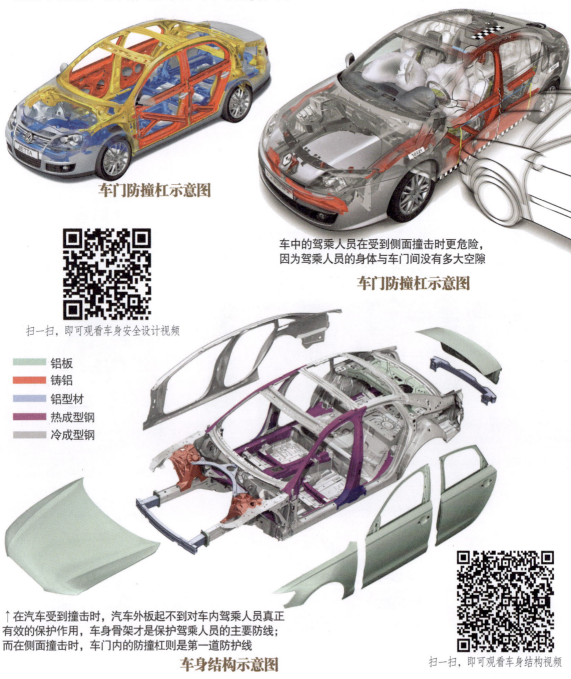

车门防撞杠示意图

扫一扫,即可观看车身安全设计视频

车中的驾乘人员在受到侧面撞击时更危险,因为驾乘人员的身体与车门间没有多大空隙

车门防撞杠示意图

- 铝板
- 铸铝
- 铝型材
- 热成型钢
- 冷成型钢

↑在汽车受到撞击时,汽车外板起不到对车内驾乘人员真正有效的保护作用,车身骨架才是保护驾乘人员的主要防线;而在侧面撞击时,车门内的防撞杠则是第一道防护线

车身结构示意图

扫一扫,即可观看车身结构视频

什么是 NVH 特性?

NVH是Noise（噪声）、Vibration（振动）和Harshness（声振粗糙度，通俗地称为不舒适性或不平顺性）的缩写。噪声是由振动引起的，通过振动波来传递，因此噪声、振动和声振粗糙度三者在汽车等机械振动中是同时出现且密不可分的，通常把它们放在一起进行研究，并简称为汽车的NVH特性。简单地讲，驾乘人员在汽车中的一切触觉和听觉感受都属于NVH研究的范畴。此外，还包括汽车零部件由于振动引起的强度和寿命等问题。

车辆在行驶时的振动源主要有三个：发动机、传动系统和不平的路面。

车辆在行驶时的噪声主要有四个：发动机产生的噪声、空气流过车身时的噪声、轮胎滚动和振动时的噪声，以及车身和底盘结构振动时产生的噪声。

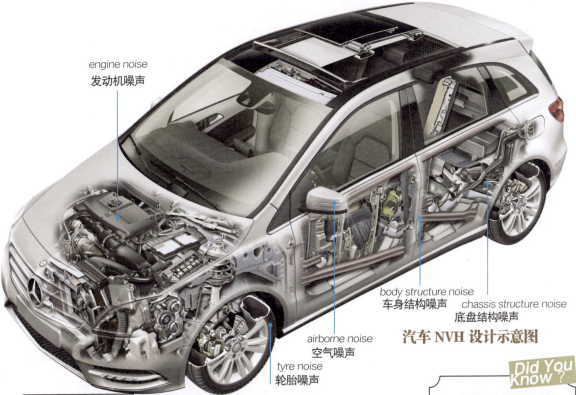

汽车 NVH 设计示意图

发动机噪声

发动机噪声主要包括燃烧噪声、机械噪声和排气噪声。燃烧噪声是指气缸燃烧压力通过活塞、连杆、曲轴、气缸体等途径向外辐射产生的噪声；机械噪声是指活塞、齿轮、配气机构等运动件之间机械撞击产生的振动噪声；排气噪声是指发动机排气产生的声音。一般情况下，低转速时燃烧噪声占主要地位，高转速时机械噪声占主要地位。

轮胎噪声

轮胎噪声主要来自泵气效应和轮胎振动。泵气效应是指轮胎高速滚动时引起轮胎变形，使得轮胎花纹与路面之间的空气受压挤，随着轮胎滚动，空气又在轮胎离开接触面时被释放，这样连续的"压挤释放"，空气就迸发出噪声。轮胎运行时的振动也会产生噪声，而且刚性越大或阻尼越小的轮胎，其振动噪声越大。

空气噪声

汽车上的空气噪声主要包括风阻噪声和风笛噪声。风阻噪声是指空气流过车身时与车身之间的摩擦声，而且风阻越大的汽车，其风阻噪声越大，因此现在轿车中都要设计成流线型，以减少空气噪声；风笛噪声是指空气进入或流出车身钣金缝隙时产生的噪声。车门、车窗等密封性越好的汽车，其风笛噪声越小。

车身和底盘噪声

汽车在运动时，尤其是行驶在不平路面时，车身会产生一定的扭曲，此时车身钣金件在各种力的作用下就会产生一定的扭曲和振动，从而产生一定的噪声。底盘中的部件，尤其是传动和悬架结构等运动部件，在运行时也会因转动、扭动或振动而产生一定的噪声，尤其是汽车行驶在不平路面或高速行驶时，底盘噪声可能更大。这些噪声可能会通过底盘传入车内。

第二节 车身材料

什么是车身刚性？

刚性是指物体受力后抗变形的能力。车身刚性则是指在施加不至毁坏车身的普通外力时车身不容易变形的能力。高刚性车身具有极高的抗扭曲和抗弯曲的能力。当汽车行驶在凹凸不平的地面时，刚性差的汽车车身会发出"嘎吱嘎吱"的响声，因为这样的车身此时扭曲较严重，从而使一些装配部位产生摩擦。

在汽车高速转弯时，车身的刚性优劣也会暴露无遗。车身刚性好的车辆在过弯时，其行驶稳定性会比较好。

为了保证车身具有较高的刚性，最可靠的手段就是采用高强度钢材来打造车身的关键部位，而在对刚性没有影响或影响较小的部位，则采用普通钢材或材质来制作。

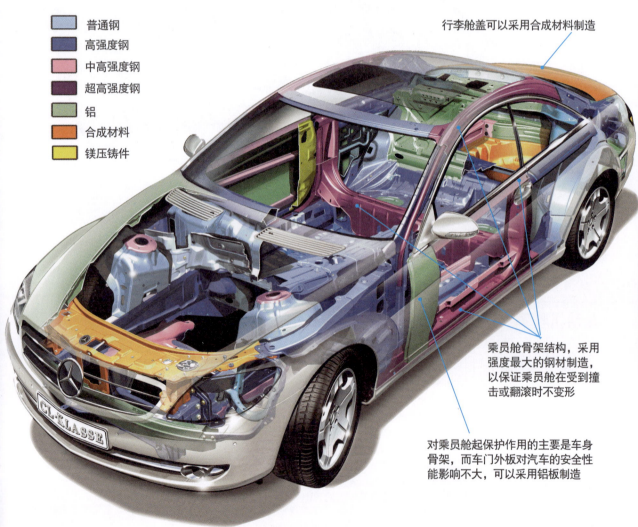

奔驰CL双门轿车轻量化车身设计构造图

怎样减轻车身重量？

车身上的钢板并不是越厚越好，更厚的钢板会增加车身重量，而这对于汽车安全并不一定是好事，因为车身越重，其制动能力和操控能力可能受到的影响越大。因此，为了提升车辆的安全性、加速性和燃油经济性，现在汽车厂商越米越重视汽车轻量化。

在车身的一些部位，可以使用强度较高但重量较轻的材料，以此来减轻车身重量；而一些部位（如车前和车尾部）可以采用强度较小、重量也较轻的钢板，以吸收撞击力。

由于保险杠、前后翼子板的强度对驾乘人员的安全防护基本没什么影响，为了减轻车身重量，一些轿车已开始采用塑料等非金属材料来制作保险杠和翼子板。塑料弹性较好，还能起到保护行人的作用。

对车身轻量化起作用最大的还是广泛采用铝质材料。对一些不太重要的部件，如发动机舱盖、行李舱盖、减振器顶座、车门内板等，可以使用重量较轻的铝材。

■ 中强度钢材
■ 拼焊板
■ 高强度钢材
■ 超高强度钢材
■ 铝材

保时捷车身用材料强度示意图

轿车的前翼子板可采用重量更轻的材料替代钢材，不仅对行人保护有好处，而且还可减轻车身重量

■ 铸铝
■ 铝材
■ 铝板
■ 钢板

奥迪铝质车身构造图

第十四章思考题

14.1 汽车的 NVH 特性是指什么？
14.2 什么是承载式车身？它有什么特点？
14.3 什么是非承载式车身？它有什么特点？
14.4 发动机噪声主要包括哪三种？
14.5 为什么要采用多种材质来制造车身？

扫一扫，即可观看轻量化车身结构视频

第十五章　汽车电气系统

第一节　空调与暖风

汽车空调制冷的原理是什么？

当小孩发高烧时，最有效的物理降温法是用酒精来擦拭皮肤，酒精挥发时（由液体变成气体）就会带走孩子身上的热。也可以用烧开水来比喻，当水烧开时，水便由液体变成了气体，在此过程中，水吸收了很多热量。空调正是利用了这个原理：通过压缩机把制冷剂由气体压缩为液体，也就是先对制冷剂进行"液化"；此后，再通过管路把液态制冷剂释放到压力正常的环境中，制冷剂汽化的过程中吸收热量，从而冷却了周边的空气；为了将汽化后的制冷剂再变成液体并释放出它携带的热量，采用空气压缩机以高压压缩制冷剂气体，使它转变成液体后再循环使用，这样就可持续地制冷。

压缩机由发动机驱动，因此只有在汽车起动后，空调系统才会工作。

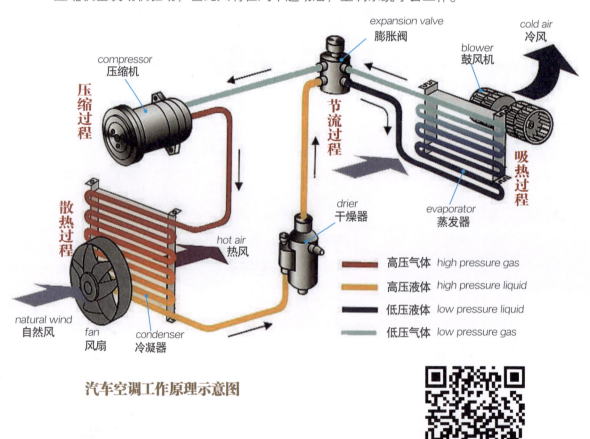

汽车空调工作原理示意图

扫一扫，即可观看汽车空调视频

汽车空调是怎样制冷的？

空调系统工作时，制冷剂以不同的状态在这个密闭系统内循环流动。每个循环由四个基本过程组成：

压缩过程：压缩机吸入蒸发器出口处低温低压的制冷剂气体，把它压缩成高温高压的气体排出压缩机。

散热过程：高温高压的过热制冷剂气体进入冷凝器，由于压力和温度的降低，制冷剂气体冷凝成液体，并排出大量的热量。

节流过程：温度和压力较高的制冷剂液体通过膨胀装置后体积变大，压力和温度急剧下降，以雾状（细小液滴）排出膨胀装置。

吸热过程：雾状制冷剂液体进入蒸发器，因为此时制冷剂沸点远低于蒸发器内温度，所以制冷剂液体蒸发成气体。在蒸发过程中大量吸收周围的热量，而后低温低压的制冷剂蒸气又进入压缩机。

上述过程周而复始，就可达到降低温度的目的。

汽车内的暖风是从哪来的？

汽车内暖风的热源来自发动机运行中产生的热量。当发动机工作时，会产生较多的热量，这些热量通过冷却系统被吹散到大气中。暖风系统则是在冷却系统中引出一个热水管路，将温度较高的冷却液引入到暖气风箱中，然后由电风扇将暖气吹向乘员舱内，从而使车内温度提升。当热空气进入到乘员舱时，相当于在车内产生了热对流。

由于暖风的热源来自发动机自身的温度，因此只有发动机温度上升到一定数值后，才会有暖风吹进乘员舱。

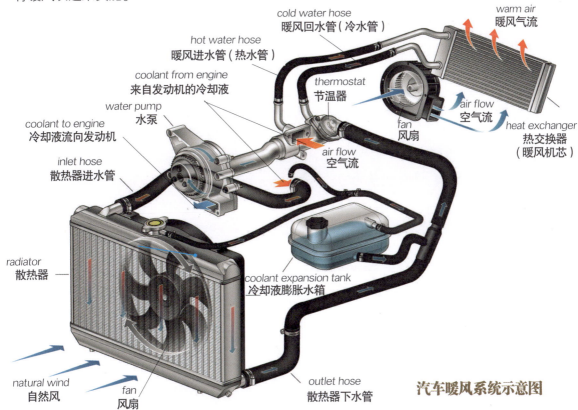

汽车暖风系统示意图

第二节　灯光照明

什么是卤素灯？

卤素灯的发光原理：灯丝在充有卤素气体的石英灯泡内发光。温度越高，发出的光就越强。卤素气体的作用就是在高温下保护灯丝。卤素车灯的能耗较高，每只灯泡的功率一般为55瓦。

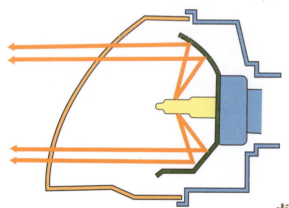

普通卤素前照灯一般采用反射式原理，发光体位于反射灯罩抛物线面的焦点。当光线照射到反射罩上后就会向车前方反射灯光，而且反射面越完整，发光效率就越高。普通汽车前照灯的反射面左右比上下完整，光源利用率大约只有40%，就是说只有40%的灯泡的光被反射到路面上

卤素前照灯构造示意图

氙气灯是怎样发光照明的？

氙气灯是一种含有氙气的前照灯，又称高强度气体放电式灯（High Intensity Discharge，缩写为HID）。它的发光原理是通过安定器以23千伏高压刺激氙气与金属卤化物，使其发出原子光谱而发光。光谱的色温与金属卤化物的成分有关，通常HID的色温可以达到4000～12000开。仔细观察你会发现，在HID灯泡的灯管内还有一颗小小的玻璃球，玻璃球两端有两个电极，里面没有灯丝，这便是HID与卤素灯的区别。

一般的55瓦卤素灯只能产生1000流明的光，而35瓦氙气灯就能产生3200流明的强光，亮度显著提升。

氙气灯是利用电子激发气体发光，无钨丝存在，因此寿命长，约为3000小时，而卤素灯只有500小时。另外，氙气灯功率只有35瓦，而发出的光是55瓦卤素灯的3倍以上，能节省大约40%汽车电力系统的负荷。

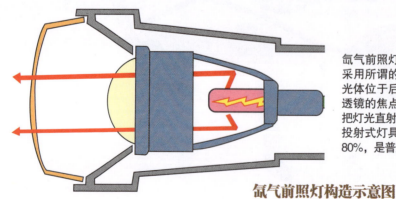

氙气前照灯一般采用凸透镜装置，也就是采用所谓的投射式灯具。氙气前照灯的发光体位于后面椭圆镜面的焦点，而前面凸透镜的焦点与椭圆的焦点重叠，这样就可把灯光直射到车前方。与反射式灯具相比，投射式灯具光源的利用率更高，可以达到80%，是普通卤素前照灯的两倍

氙气前照灯构造示意图

随动转向前照灯有什么优点？

随动转向前照灯系统也称自适应前照灯系统（Advanced Frontlighting System，简称AFS）。在行驶过程中，当驾驶人转动方向盘时，前照灯也会转动一定角度（一般为15°），以消除照明死角。尤其是当弯道边上有行人或骑车人时，随动转向前照灯就显得尤为重要。

随动转向前照灯的随动功能，一般在车速大于10千米/时的时候自动激活。前照灯上装有步进电动机及其控制器。转弯时，该步进电动机跟随驾驶人转动方向盘的角度，不断地调整灯光在水平方向上的照射方向。灯光转动的角度，在转弯方向的内侧最大可达15°，在外侧最大可达7.5°。

随动转向前照灯可在包括乘员变化在内的载荷变化或者路面变化时，自动调整照射距离和上下角度。例如：在汽车上坡时，稍向上抬起一定角度，以照亮坡道上方的路面；下坡时降低一定角度，以保证照射距离。如果前后载荷发生变化，它也会根据情况自动调整照射角度，以便让驾驶人看清更宽阔的前方路面情况。它既可以让驾驶人看清楚路面，又可避免对面驶来车辆使驾驶人眩目。

随动转向灯构造图

随动前照灯弯道照明示意图

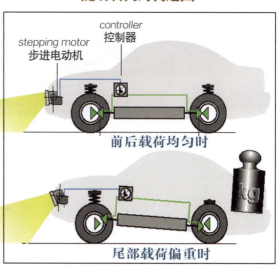

随动前照灯角度调节示意图

为什么LED灯应用越来越多？

LED是英文Light Emitting Diode（发光二极管）的缩写。它只需3~4伏的低电压，即可产生非常明亮的冷光，不仅寿命长，而且可以节能60%以上。

汽车前照灯上采用的LED灯的灯光温标为5500开，接近于日光，这使夜间开车时眼睛不易疲劳，同时醒目的照明效果还大大提高了驾驶安全性。更为重要的是，LED灯的能耗非常低，奥迪A5软顶敞篷车的LED日间行车灯只有大约16瓦，传统车灯的最大功率为200瓦。LED灯的能耗水平比已经非常节能的氙气灯还要低，可以节约燃油达0.2升/100千米。

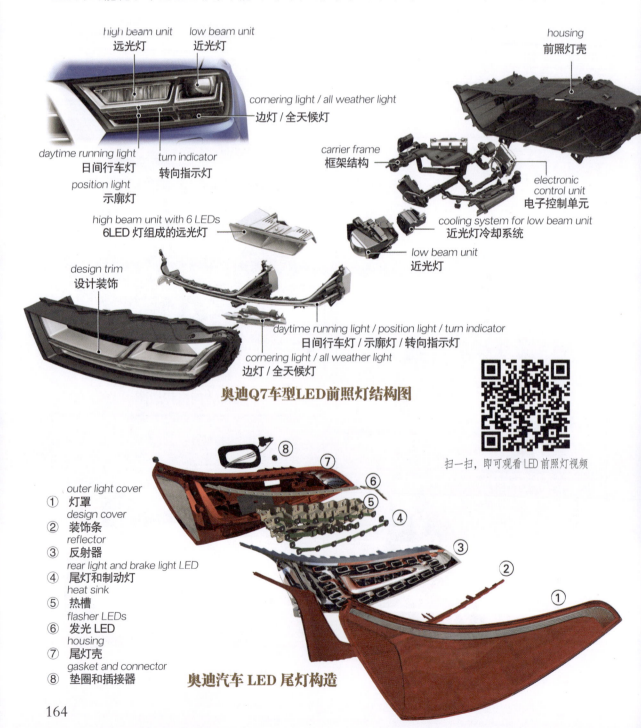

奥迪Q7车型LED前照灯结构图

扫一扫，即可观看LED前照灯视频

① 灯罩 outer light cover
② 装饰条 design cover
③ 反射器 reflector
④ 尾灯和制动灯 rear light and brake light LED
⑤ 热槽 heat sink
⑥ 发光LED flasher LEDs
⑦ 尾灯壳 housing
⑧ 垫圈和插接器 gasket and connector

奥迪汽车LED尾灯构造

采用日间行车灯有什么好处?

为提高行车安全性，欧盟规定自2011年起，欧盟境内所有新车必须安装LED日间行车灯（Daytime Running Light，简称DRL）。日间行车灯不是为了照亮车前道路，而是为了让其他车辆和行人看到自己，从而提前避让。

随着LED灯光技术的进步，LED日间行车灯越来越流行，加上LED日间行车灯对车辆的辨识度非常高，又能增强汽车造型的美感和个性，现在几乎成为新车型上的必备车灯。

当发动机起动后，日间行车灯就会自动点亮。当打开近光灯时，它便自动熄灭。现在，大多车型都采用LED作为日间行车灯，因此它的耗电量极小，甚至可忽略不计。

边灯在转弯时才会点亮，以照亮转弯方向的道路。第一代AFS上就存在边灯，第三代AFS时仍然存在。

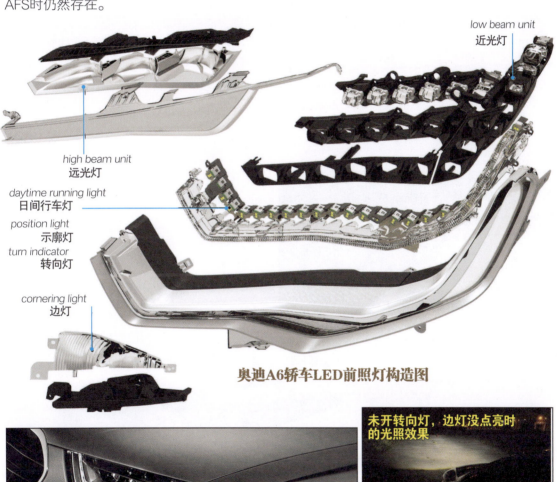

奥迪A6轿车LED前照灯构造图

daytime running light
日间行车灯

未开转向灯，边灯没点亮时的光照效果

打开左转向灯后，边灯点亮时的光照效果

什么是矩阵LED前照灯?

奥迪的矩阵式LED前照灯已装配在多个车型系列中。以奥迪A8为例,矩阵式LED前照灯由25个发光二极管组成,它产生的光线与日光相似,色温约为5500开。每只灯的能耗比目前高效的氙气前照灯还低。LED灯红色发光二极管的最高温度约120摄氏度,白色发光二极管的最高温度约150摄氏度,远低于最高400摄氏度的卤素前照灯,因此不会过热。同时,风扇能将LED灯产生的热量吹向灯罩,从而避免灯罩在冬天可能出现的冰雪凝结现象。

当前照灯开关处于"自动"状态,并同时开启了远光灯,且车辆速度达到或超过60千米/时,矩阵式LED前照灯将会被激活。在激活状态下,一旦灯光系统所连接的摄像头检测到前方有其他交通对象,比如骑车人等,灯组控制器就会立即关闭射向该对象的LED灯源,其他灯源继续保持照明,或使灯光分成64个阶段变暗。矩阵式LED前照灯组投射出的光线,能够自动避开逆向驶来的车辆和前方行驶的车辆。一旦逆向车辆驶离,矩阵式LED前照灯会自动切换回全功率状态,继续为驾驶人提供最佳的照明视野,并且不会对道路上的其他车辆或行人造成眩目,同时它还能为车辆旁边区域提供充足的照明。

在奥迪A8等车型上,矩阵式LED前照灯可与夜视辅助系统相互配合。当夜视辅助系统监测到有行人出现在车辆前方的关键区域时,矩阵式灯组中的一个LED灯会对着前方行人自动连续快速闪烁3次,目的是将行人突出照亮,与周围背景形成明显的对比,起到警告行人和驾驶人的作用。

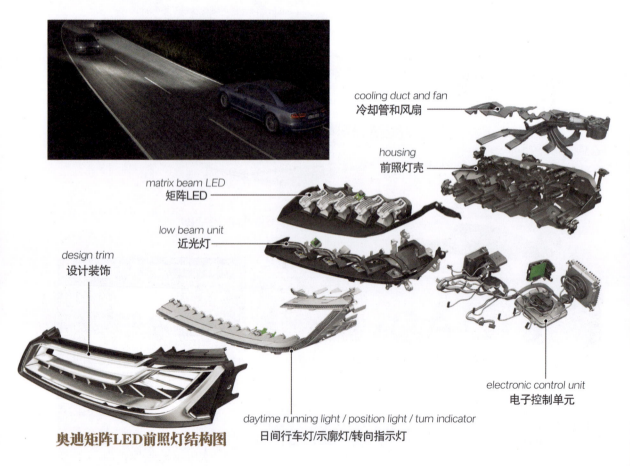

奥迪矩阵LED前照灯结构图

- cooling duct and fan 冷却管和风扇
- housing 前照灯壳
- matrix beam LED 矩阵LED
- low beam unit 近光灯
- design trim 设计装饰
- electronic control unit 电子控制单元
- daytime running light / position light / turn indicator 日间行车灯/示廓灯/转向指示灯

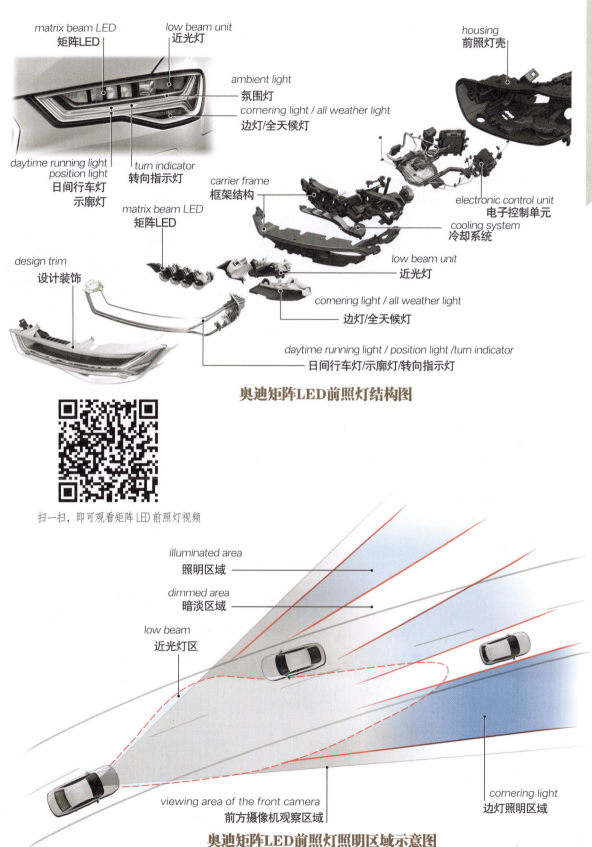

奥迪矩阵LED前照灯结构图

扫一扫，即可观看矩阵 LED 前照灯视频

奥迪矩阵LED前照灯照明区域示意图

什么是全天候灯？它有什么特点？

全天候灯现在已替代了传统的雾灯，但它与传统雾灯有两大不同：一是它与前照灯整合在一起；二是当在下雨潮湿的路面行驶时，它会自动调整，以防驾驶人被自己车的灯光反射眩目。

由于雾灯被全天候灯所取代，因此在这样的汽车上已看不到前雾灯。

全天候灯照射区域示意图

奥迪TT COUPE 增强版氙气前照灯构造图

奥迪TT COUPE LED前照灯构造图

激光前照灯有什么优势?

2014年,奥迪在高性能超级跑车R8 LMX上配备激光远光灯,开创了该技术在全球的首次量产。在此之前,该技术曾应用在奥迪R18 e-tron quattro赛车上,并经过"勒芒24小时耐力赛"的严酷考验。

新一代激光远光灯可以照射出长度达数百米的光柱,它的照明距离是普通LED远光灯的2倍。这个超长的光柱是由前照灯总成内的一个激光模块生成,每个模组内含有4个直径仅为0.3毫米的激光二极管,它们可以发出一束波长为450纳米的蓝色单色激光,然后通过转换器将激光转化为色温5500开的白光。

激光远光灯在车速超过60千米/时后被激活,配合智能摄像头,它还可以自动识别对向的行车人员并自动开启防眩目功能。得益于此,激光前照灯不仅为驾驶人提供了更远的视野,同时还大大提高了行车安全。

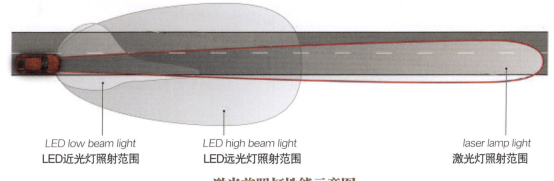

激光前照灯性能示意图

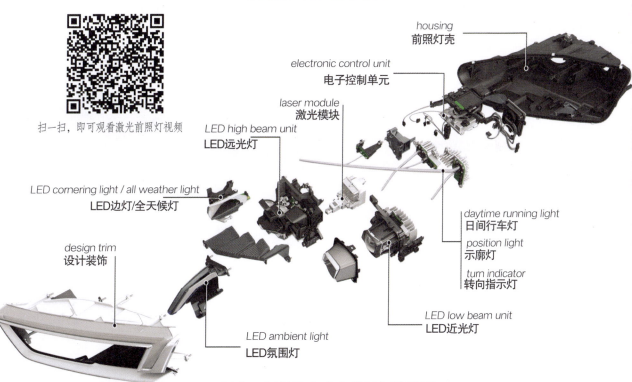

奥迪R8超级跑车激光前照灯构造图

视频图解汽车构造与原理

自动前照灯是怎样工作的？

自动前照灯系统中有两个光线传感器，一般都固定在车内后视镜与前风窗玻璃之间，一个用来检测车辆前方的光线，另一个用来检测车辆周围的光线。事先设定一个光亮度区间，当前方或周围的光亮度低于设定亮度区间的下限时，就会将信息传递给中央控制单元，由中央控制单元指挥前照灯点亮；当前方或周围亮度高于设定亮度区间的上限时，前照灯就会熄灭。

housing
① 外罩
light sensor
② 光线传感器
frontal light sensor
③ 前方光线传感器
ambient light sensor
④ 周围光线传感器
central cabin control unit
⑤ 中央控制单元
lighting
⑥ 前照灯

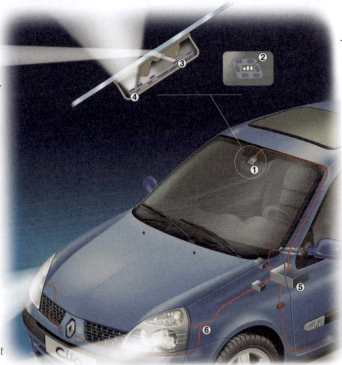

雷诺汽车自动前照灯控制系统示意图

雨感刮水器是怎样感应雨水的？

雨感刮水器的核心部件是雨量传感器。它可以检测落在前风窗玻璃上的雨量，然后将信号传递到中央控制单元，由它来控制刮水器电动机的工作。

雨量传感器有多种形式，如红外线等。右图是法国雷诺公司采用的二极管传感器，它利用发光二极管向风窗玻璃投射光线，如果有雨滴落在玻璃上，就会反射光并被光电二极管接收，光电二极管的电压就会发生变化。二极管有一个设定好的电压值，当超过这个电压值后，中央控制单元就会指挥刮水器的电动机工作，并根据电压值的大小来自动调节刮水器的工作频率。

housing
① 外罩
rain sensor
② 雨量传感器
transmitter diode
③ 反射二极管
receiver diode
④ 接收二极管
central cabin control unit
⑤ 中央控制单元
window wiper motor
⑥ 刮水器电动机

雷诺汽车自动刮水器控制系统示意图

第三节　仪表与电信号传递

奥迪虚拟驾驶舱是怎么回事?

　　奥迪虚拟驾驶舱（Audi Virtual Cockpit）不是什么"舱"，而是一块12.3英寸、分辨率为1440像素×540像素的TFT屏幕。它可以显示高清、细节丰富的图像。例如，电子显示的转速表指针每秒会刷新60次，以确保它顺畅、精准的效果。

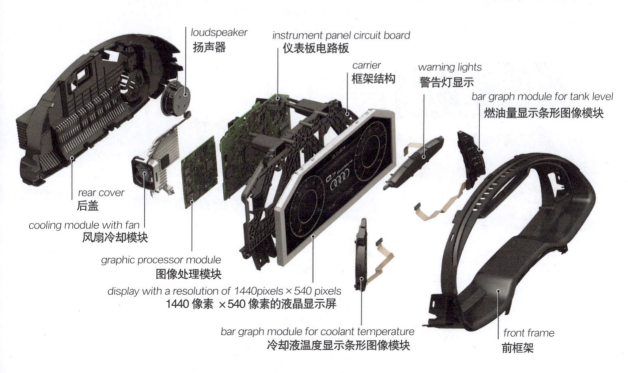

奥迪新Q7虚拟驾驶舱构造图

抬头显示是怎样将行车信息投射在车前方的？

抬头显示（Head-up Display，简称 HUD）也称平视显示系统。它默认显示行车速度，还可以显示自适应巡航（ACC）的相关信息以及导航的路口转向等信息。驾驶人几乎不需要低头观看仪表板，就能了解行车和导航信息，极大地提高了行车的安全性。

HUD 主要包括两个部分：信息处理单元和影像显示装置。信息处理单元是将行车各系统的信息，如车速、导航等整合处理之后，转换成预先设定的符号、图形、文字或者数字的形态输出；影像显示装置安装在仪表板上方，接收来自信息处理装置的信息，然后投射在前风窗玻璃的全息半镜映射信息屏幕上。如图所示，显示内容先被投射在固定矫正镜上，然后反射到旋转矫正镜，再投射到前风窗玻璃上，最后在驾驶人面前一定距离显示虚拟图像。

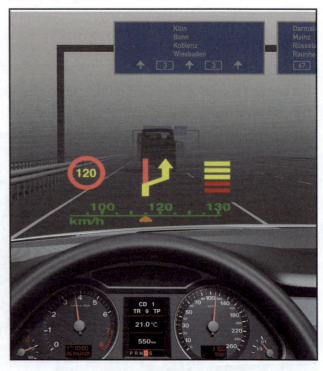

奥迪 A6 轿车抬头显示系统

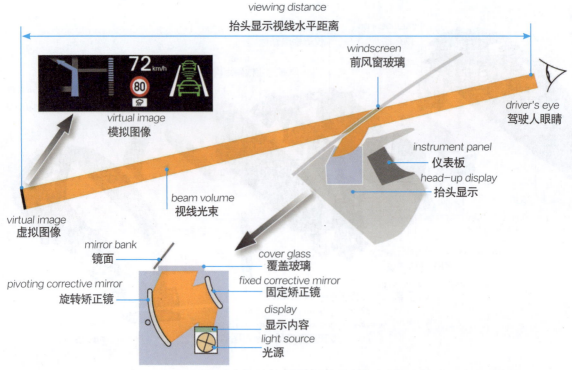

奥迪轿车抬头显示系统工作原理示意图

什么是 CAN 总线？

　　CAN总线技术是控制器局域网总线技术（Controller Area Network-BUS）的简称。它具有极强的抗干扰和纠错能力，最早被用于飞机、坦克等武器电气系统的通信联络上。将这种技术用于民用汽车，最早起源于欧洲。在汽车上，这种总线网络主要用于各种传感器数据的传递。

　　通过遍布车身的传感器，汽车的各种行驶数据会被发送到总线上，凡是需要这些数据的接收端都可以从总线上读取相应的信息。CAN总线的传输速度非常快，可以有效保证数据的实效性和准确性。传统的轿车在发动机舱和车身内需要铺设大量线束，以传递传感器采集的信号，而CAN总线技术的应用大大减少了车体内线束的数量，减少了车体内线束和控制器的接口数量，避免了过多线束存在的互相干涉、磨损等隐患，降低了电气系统的故障发生率。

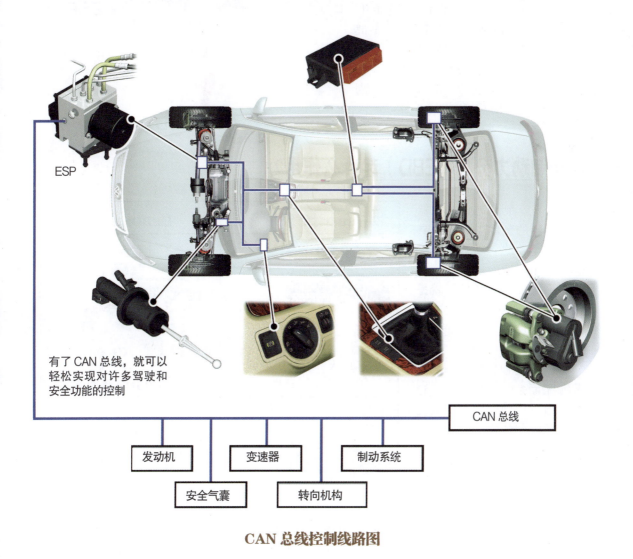

CAN 总线控制线路图

第四节　电子主动安全系统

防抱死制动系统（ABS）起什么作用？

汽车在制动过程中，如果车轮未抱死，车轮本身具有承受一定侧向力的能力，汽车在横向干扰力的作用下一般不会发生侧滑现象。如果车轮被抱死，也就是车轮停止旋转，车轮就会立即丧失承受侧向力的能力，汽车在横向干扰力的作用下就很容易发生侧滑。ABS的作用相当于"点制动"，当检测到车轮抱死时，它会自动松开制动，然后再重新进行制动，从而让车轮一直保持转动而非滑动状态。ABS松开和重新制动的频率，可以达到10～20次/秒。

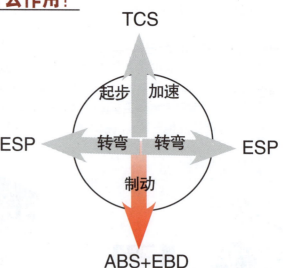

电子制动力分配（EBD）起什么作用？

当汽车制动时，如果给车轮同样的制动力，就会导致四个车轮的制动效果或摩擦阻力不一致，从而使汽车失去平衡。EBD的作用就是合理地分配每个车轮上的制动力，让汽车制动时尽量保持平衡。

EBD可以依据汽车的重量和路面条件来控制制动过程，自动以前轮为基准去比较后轮轮胎的滑动率。如果发觉前后车轮有差异，而且差异程度必须调整时，就会调整汽车制动液压系统，使前后车轮的制动液压接近理想化的分布，从而改善制动力的平衡，达到防止发生侧滑现象。

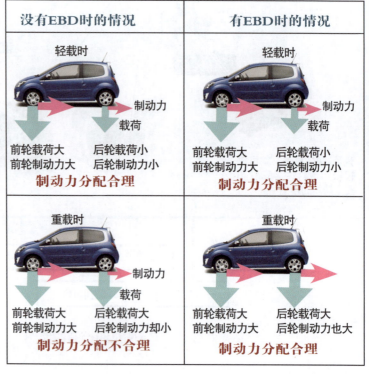

EBD 工作原理示意图

什么是牵引力控制系统（TCS）？

汽车行驶时，驱动力取决于发动机的输出转矩，但又受到驱动轮附着力的限制，而附着力的大小又取决于路面的附着系数。对于雨雪、湿滑的路面，发动机过大的输出转矩将会引起驱动轮打滑，从而破坏了车辆的行驶稳定性。东北地区的驾驶人可能都有在冰雪路面上起步时踩加速踏板太猛而导致车辆不能起步的经历；在行驶中如加速太猛，车辆还会在冰雪路面上打转。这都是驱动力过大惹的祸。在制动时，如能切断发动机施加给车轮的驱动力，也有利于快速制动。

为了适时地根据行驶条件来调节发动机的驱动力，牵引力控制系统（Traction Control System，简称TCS）应运而生。TCS与加速防滑控制系统（Acceleration Slip Regulation，简称ASR）、DTC（宝马）、TRC（丰田）等都是起同样作用的系统，只是名称不同。

TCS也是在ABS的基础上发展而成的。它遵循于车轮的滑转差介于10%～30%时车轮附着力最大这一原则进行设计。在汽车起步或加速时，一旦电子控制单元监测到驱动轮的滑转差大于30%，就向发动机发出指令减小驱动力，发动机便会减少喷油量，从而减小发动机转矩输出，使驱动轮的滑转差回到10%～30%，保证车轮始终拥有较大的附着力。如果需要，还会向某个驱动轮施加一定的制动力，以阻止车轮打滑。同理，在制动时，除了完成防抱死和制动力自动分配外，还向发动机发出停止喷油的指令，从而切断发动机动力输出，帮助车轮快速制动。

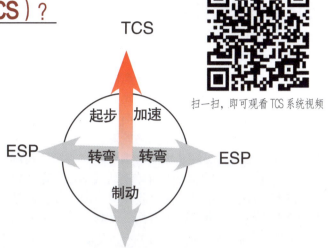

扫一扫，即可观看TCS系统视频

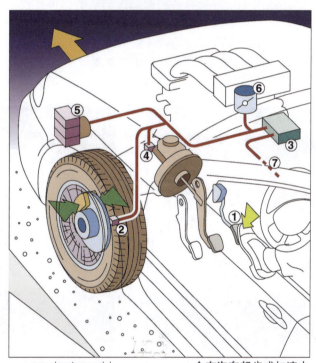

① 加速踏板 accelerator pedal
② 轮速传感器 wheel speed sensor
③ 发动机控制单元 engine management control unit
④ 制动压力传感器 brake pressure sensor
⑤ ABS控制单元 ABS control unit
⑥ 节气门体 throttle valve
⑦ CAN总线 controller area network

↑ 在汽车起步或加速中，一旦电子控制单元监测到驱动轮的滑转差大于30%，就向发动机发出指令减小驱动力，发动机便会减少喷油量，从而减小发动机转矩输出，使驱动轮的滑转差回到10%~30%，保证车轮始终拥有较大的附着力。同时，如果需要，还会向某个驱动轮施加一定的制动力，以阻止车轮打滑

牵引力控制系统（TCS）原理示意图

ESP 是怎样起作用的?

ESP（电子稳定程序）是更高级的车辆稳定控制系统，它是在ABS、EBD、TCS的基础上发展而来的。它不仅具有TCS等的功能，可以控制驱动轮的制动力，而且可以控制从动轮的制动力，也就是可以分别独立控制每个车轮的制动，从而可以"纠正"车辆更危险的不稳定状况。例如：后轮驱动汽车在转弯中发生转向过度而要出现"甩尾"的现象时，ESP会制动外侧前轮来稳定车辆；当前轮驱动汽车在转弯时发生转向不足而要出现"推头"现象时，ESP便会制动内侧后轮来纠正车辆的行驶方向。尤其是急打方向盘时（如紧急躲闪路中突然出现的行人），ESP的介入能够大大降低车辆失控（如侧滑、甩尾）的危险。

ESP是博世、奔驰对车辆稳定控制系统的称呼，其他汽车公司对类似的系统有不同的称呼。比如，本田称之为VSA，丰田称之为VSC，宝马和马自达称之为DSC等。其实，它们的原理和作用基本类似。

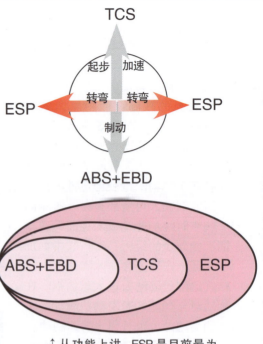

↑从功能上讲，ESP是目前最为强大的主动安全系统，它包括了ABS、EBD、TCS等系统的功能

↑当汽车产生转向过度现象时，ESP会对外侧前轮进行适当制动，在物理定律作用下，车头便会向弯道外侧移动，车尾向弯道内侧移动，使车身恢复稳定状态

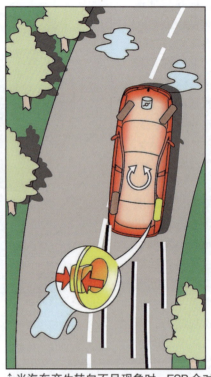

↑当汽车产生转向不足现象时，ESP会对内侧后轮进行适当制动，这样在物理定律作用下，车头向弯道内侧移动，车尾向弯道外侧移动，使车身恢复稳定状态

ESP 工作原理示意图

扫一扫，即可观看ESP工作原理视频

① ABS控制单元 (ABS control unit)
② 轮速传感器 (wheel speed sensor)
③ 方向盘角度传感器 (steering wheel angle sensor)
④ 偏航速度和侧向加速度传感器 (yaw speed and lateral acceleration sensor)
⑤ 发动机电子控制单元 (engine management control unit)
⑥ 节气门 (throttle valve)
⑦ 制动压力传感器 (brake pressure sensor)
⑧ CAN总线 (controller area network)

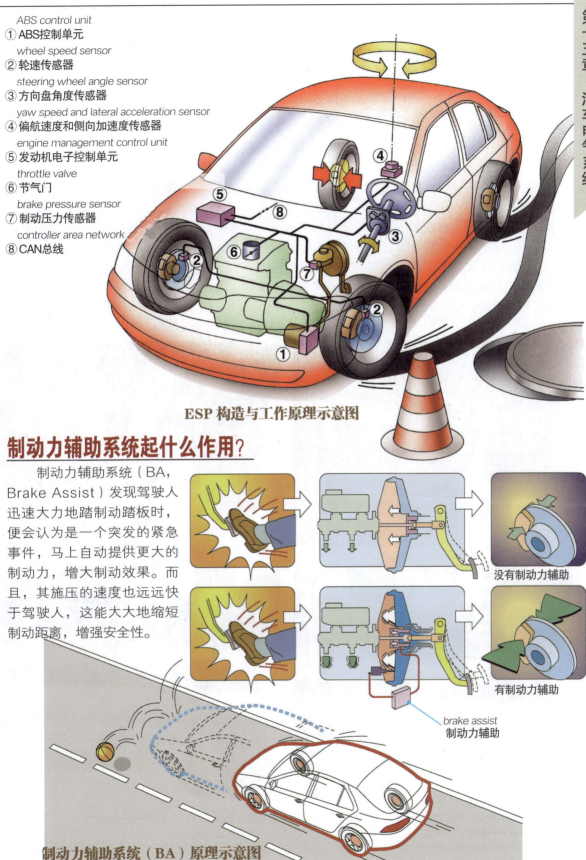

ESP 构造与工作原理示意图

制动力辅助系统起什么作用？

制动力辅助系统（BA, Brake Assist）发现驾驶人迅速大力地踏制动踏板时，便会认为是一个突发的紧急事件，马上自动提供更大的制动力，增大制动效果。而且，其施压的速度也远远快于驾驶人，这能大大地缩短制动距离，增强安全性。

没有制动力辅助

有制动力辅助

brake assist 制动力辅助

制动力辅助系统（BA）原理示意图

第十五章　汽车电气系统

第五节　被动安全系统

预紧式安全带是怎样工作的？

人们在研究汽车安全带的性能时发现，如能在碰撞发生的瞬间把安全带拉紧几厘米，使发生正面碰撞时驾乘人员不会因惯性作用而先向前冲，而是紧紧地贴在座椅靠背上，这样的安全带会更大限度地保护驾乘人员。因此，"预紧式安全带"诞生了。

预拉紧装置有多种形式，常见的预拉紧装置是一种爆燃式的，由气体引发剂、气体发生剂、导管、活塞、绳索和驱动轮组成。当汽车受到碰撞时，预拉紧装置被激发，密封导管内底部的气体引发剂立即自燃，引爆同一密封导管内的气体发生剂，气体发生剂立即产生大量气体膨胀，迫使活塞向上移动拉动绳索，绳索带动驱动轮旋转，进而使卷收器卷筒转动，织带被卷在卷筒上回拉。最后，卷收器会紧急锁止织带，固定驾乘人员身体，防止身体前倾，避免与方向盘、仪表板和风窗玻璃碰撞。

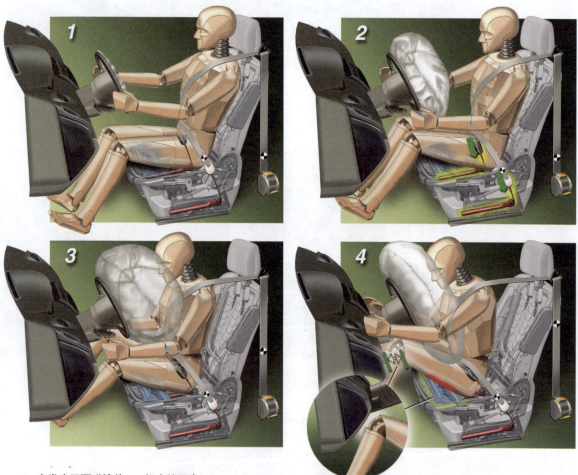

1. 在发生正面碰撞前，一切安然无事
2. 在碰撞的瞬间，预紧式安全带的横带在第一时间拉紧（图中绿色箭头所示），安全气囊开始起爆
3. 人体开始向前倾，并带动竖带开始释放，横带被锁止不动，安全气囊越来越大
4. 安全带继续释放到极限，安全气囊也百分之百充满气体，由于安全带被预先拉紧，避免人体膝盖碰到方向盘下部

安全气囊是怎样工作的?

安全气囊由折叠好的气囊、充气器、点火器、氮气固态粒子和相应的加速度传感器、控制器等组成。它的工作过程是：当碰撞发生时，控制器根据传感器发出的加速度信号，识别和判断碰撞的强度，当碰撞强度达到设计条件时，引爆气囊的传感器迅速触动点火器并引爆炸药，爆炸时产生的氮气迅速充满气囊，使气囊膨胀起来，以缓冲前排乘员所遭受的冲击力，主要保护其头部不受伤害。

由此看来，安全气囊就是个爆炸装置，但它不会轻易起爆。一般说来，只有以一定速度撞击硬性物体时，汽车的安全气囊才可能会打开。汽车后碰、翻转或较低车速碰撞时，甚至轿车追尾钻入大货车尾部时，安全气囊都不一定能起爆。

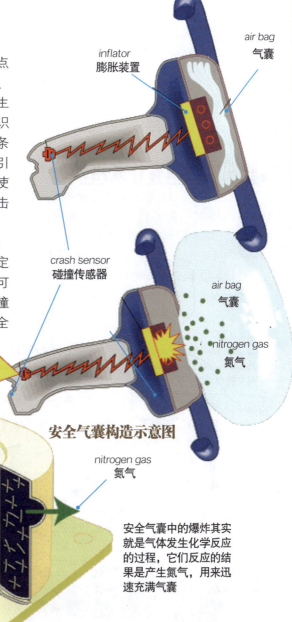

安全气囊构造示意图

安全气囊中的爆炸其实就是气体发生化学反应的过程，它们反应的结果是产生氮气，用来迅速充满气囊

安全气囊膨胀装置示意图

第十五章 汽车电气系统

第十五章思考题

15.1 汽车空调具有哪四个工作过程？汽车暖风的热量来自哪里？
15.2 随动转向前照灯有什么优点？
15.3 LED 灯光有什么优点？为什么说矩阵 LED 前照灯能提高行车安全性？
15.4 汽车上应用的 CAN 总线有什么优势？
15.5 请列出三种电子主动安全系统的英文名称缩写？

第十六章 驾驶辅助系统

第一节 驾驶模式选项

驾驶模式选项有什么用处？

在传统汽车上调校驾驶性能的控制系统时,往往必须在各性能之间有所取舍,驾驶人通常很难同时兼顾舒适性与运动性。因此,奥迪研发了奥迪驾驶模式选项(Audi Drive Select),并应用于多款奥迪车型。该系统可以协助驾驶人对发动机运行、自动变速器特性、转向系统等进行调节。只需通过控制按钮的轻松操作,驾驶人就可以在所需要的"运动""自动""舒适"模式之间进行转换。

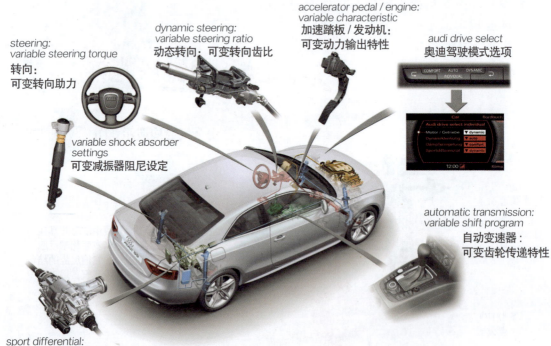

奥迪A4轿车驾驶模式选项集成系统示意图

Did You Know?

驾驶模式选项可以改变哪些参数？

发动机:改变加速踏板响应性能和负载变化表现。
自动变速器:改变发动机转速的换档点。
转向助力:改变随速助力转向系统的转向力矩曲线。
转向比:根据行驶速度改变动态转向系统的转向比。

第二节　变道警告系统

变道警告系统是怎样工作的?

变道警告系统（Lane Change Warning）也称换道辅助系统、盲点监测系统、并线提醒系统等。它的主要作用是提醒驾驶人在变更车道时，要注意侧后方来车的情况。

行车中的许多危险都发生在变道并线中，因为此时在车辆的两侧后方都存在盲区，如果驾驶人没有仔细观察就匆忙变道并线，就很可能与后方车辆撞在一起。

变道警告系统借助雷达波束监控车辆两旁和后方的行驶区域，如果监控区域内有车辆或者有车辆正在高速驶近，就通过点亮后视镜上的警告灯来提示驾驶人。

如果此时驾驶人没有注意到这些情况并打开了转向灯准备变道，变道警告系统就会发出高亮度闪烁警告，提醒驾驶人此时变道会非常危险。

↑当装在车尾部的雷达监测到侧后方有来车时，车外后视镜上的LED警告灯就会发出亮光，提醒驾驶人注意来车

扫一扫，即可观看盲点监测系统视频

↑变道警告系统可以监测到车辆侧方和后方的来车情况，及时提醒驾驶人注意来车

第三节　车道保持系统

车道保持系统起什么作用？

车道保持系统的功能是当行车轨迹偏离车道中心线时会自动给予纠正，但在驾驶人打开转向灯时则不予以纠正。

车道保持系统应用的前提是车辆必须配用电动助力转向系统（EPS），另外还要在前风窗玻璃上端安装数字式摄像头，实时拍摄前方道路上的车道线。拍摄的图像由电子控制单元进行实时处理分析，如果发现行驶路线偏离车道中心线并超过设定的偏离值，电子控制单元就会向EPS发出指令对方向盘施加一定的力（这要依靠电动助力转向系统）。不同的汽车厂商，对这个力的预设置并不完全一样。比如，大众汽车上的车道保持系统可以施加3牛·米的转向力矩，从而对车辆的行驶方向进行纠正。

扫一扫，即可观看车道保持系统视频

用于车道保持系统的摄像头

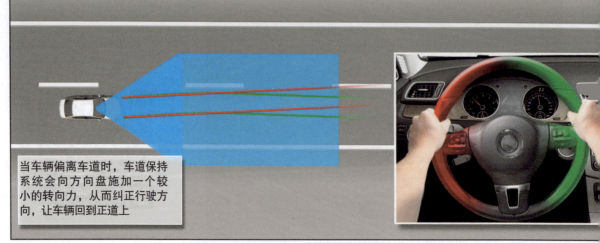

当车辆偏离车道时，车道保持系统会向方向盘施加一个较小的转向力，从而纠正行驶方向，让车辆回到正道上

大众汽车车道保持系统示意图

车道保持系统是怎样工作的？

车道保持系统主要由摄像头、电子控制单元、电动助力转向系统等组成，由摄像头拍摄车道线，经电子控制单元分析后如果确认偏离车道行驶，而且又没有打转向灯，就将向电动助力转向发出指令，纠正车辆行驶方向。

车道保持系统构造示意图

① 控制单元中内置有数字式灰度摄像头
② 电子控制单元和仪表板，显示智能驾驶辅助系统各个子功能的状态
③ 转向灯手柄端部的驾驶辅助设备
④ 多功能方向盘上的按键，设置各项智能驾驶辅助功能
⑤ 转向柱电子控制单元，发出转向修正动作指令
⑥ 电动助力转向（EPS），执行转向修正指令

车道保持系统工作过程图解

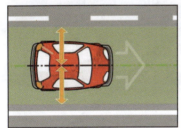

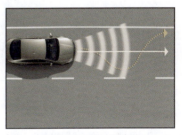

1）摄像头拍摄车道线影像，经过电子控制单元软件的分析，寻找车道边界线。

2）识别出两侧的车道边界线，计算车道宽度和车道曲率，得出一个虚拟车道。

3）虚拟车道的宽度取决于车道线的实际宽度，但它始终小于车道线的宽度（图中绿色部分）。

4）在弯道上，虚拟车道更接近弯道内侧的车道线。

5）如果驾驶人未开启转向灯而驶离虚拟车道，车道保持系统就会自动施加转向修正动作。

6）施加转向修正的转向力矩的大小，取决于车辆与车道线的行驶角度。

第十六章 驾驶辅助系统

第四节　巡航控制系统

定速巡航系统是怎样工作的？

定速巡航系统（Cruise Control System，简称CCS）也称巡航控制系统，是较早的驾驶辅助系统。它可以减轻驾驶人的疲劳，不需驾驶人踩加速踏板，汽车就能保持固定速度前进。其工作过程是：

1）驾驶人开启定速巡航控制系统，设置想要匀速行驶的车速值。

2）轮速传感器采集车轮转速的实时信号，经ABS模块运算处理加工成车速的实时信息。

3）定速巡航系统的电子控制单元（ECU），将车速设定值和实时车速进行比较后，发出调整节气门开度的指令。

4）调整节气门开度，从而调节动力输出，控制车速，使其稳定在驾驶人预先设置的车速上。

5）根据不断变化的实时路况导致的行驶阻力的变化，不断地调整节气门开度，以保持恒定的车速。

对于装备自动变速器的车辆而言，电子控制单元不仅通过调整发动机的节气门开度来控制发动机的动力输出，还通过变换变速器的档位来加以配合。定速巡航系统不能在1

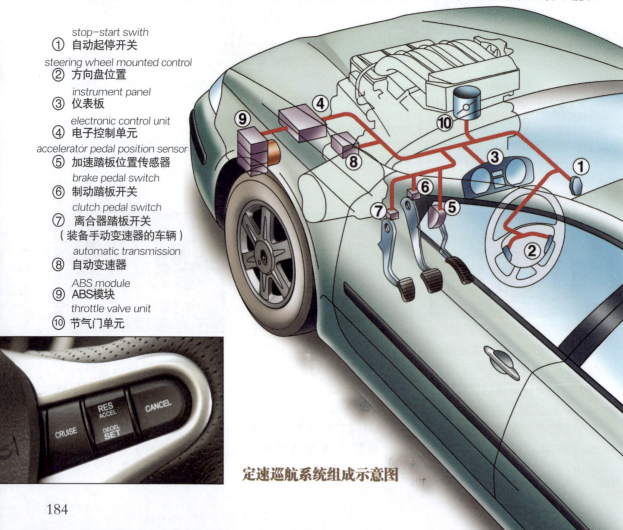

① stop-start swith 自动起停开关
② steering wheel mounted control 方向盘位置
③ instrument panel 仪表板
④ electronic control unit 电子控制单元
⑤ accelerator pedal position sensor 加速踏板位置传感器
⑥ brake pedal switch 制动踏板开关
⑦ clutch pedal switch 离合器踏板开关（装备手动变速器的车辆）
⑧ automatic transmission 自动变速器
⑨ ABS module ABS模块
⑩ throttle valve unit 节气门单元

定速巡航系统组成示意图

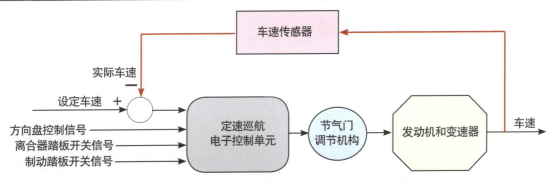

定速巡航系统闭环控制工作原理示意图

档和空档的状态下执行任务。

对于装备手动变速器的车辆，只能在相应档位下通过控制发动机的动力输出，而不能通过变换档位来控制车速。

定速巡航系统是一个闭环控制系统，或称反馈控制系统。此系统不断地将实际车速与驾驶人设置的车速进行比较，一旦发现车速有偏差，就会发出调整动力输出的指令，使实际车速与设置车速尽量一致。比如，车辆上坡时速度下降，车速传感器发来的车速比设置车速低，控制单元将发指令给伺服执行机构，加大动力输出，以保持车速；下坡时实际车速比设置车速高，控制单元将发出指令，减小动力输出，以保持车辆按设置速度行驶。

奥迪汽车装置在车前方的雷达可以探测车前方40°角内、250米长范围内的路况

奥迪自适应巡航控制系统构成示意图

自适应巡航控制系统是怎样工作的？

自适应巡航控制系统（Adaptive Cruise Control，简称ACC）是一种智能化的自动控制系统，它是在自动巡航控制技术的基础上发展而来的。在车辆行驶过程中，安装在车辆前部的车距传感器（雷达）持续扫描车辆前方道路，同时轮速传感器采集车速信号。当与前车之间的车距时间或车距小于事先设定值时，ACC控制单元可以通过与制动防抱死系统、发动机控制系统协调动作，使车轮适当制动，并使发动机的输出功率下降，以使车辆与前方车辆始终保持设定的车距时间。

自适应巡航控制系统在控制车辆制动时，通常会将制动减速度限制在不影响舒适的程度，更不会给驾乘人员造成惊吓的感觉。当需要更大的制动减速度时，ACC控制单元会发出声光信号通知驾驶人主动采取制动操作，一些车辆的自适应巡航控制系统甚至可以主动进行紧急制动并将车辆完全停止。当与前车之间的车距时间超过设定值时，ACC控制单元就会控制车辆按照设定的车速巡航行驶。

怎样操作自适应巡航控制系统？

　　自适应巡航控制系统可以设定跟车距离，使车辆与前车始终保持设定的距离。当车辆与前车距离小于设定距离时，汽车会自动提醒或帮助驾驶人进行制动。

　　自适应巡航控制系统也可以设定多个车距时间。比如，大众汽车设有1.0秒、1.3秒、1.8秒、2.4秒、3.6秒共5档车距时间，以供驾驶人选择。

　　车距时间与车速有很大关系，它是动态变化的时间值。车速越高，需要的安全距离就越长。车距时间不是与前车的距离，它与距离、车速有关。例如，车速为100千米/时，3.6秒档的车距为100米，1.0秒档的车距为27.8米。

　　同时，在调整车距时间后，汽车的加速响应性也随之改变。车距时间设为1.0秒档时，系统对应实施稍有力的加速，而在3.6秒档时则对应较平缓的加速。

自适应巡航控制系统工作过程图解

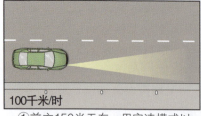
①前方150米无车，用定速模式以100千米/时车速匀速行驶。

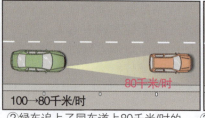
②绿车追上了同车道上80千米/时的红车，随即减速转为跟踪模式。

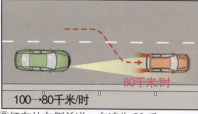
③红车从左侧并道，车速为80千米/时，绿车减速并转为跟踪模式。

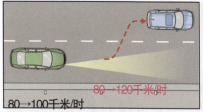
④蓝车加速或向左变道驶离，绿车转为定速模式，加速到100千米/时。

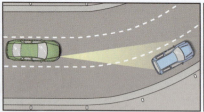
⑤车辆转弯时ACC有可能出现误判，导致车速波动。

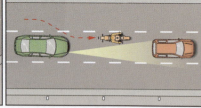
⑥雷达很可能监测不到摩托车、自行车等，ACC不能完全代替驾驶人操作。

奥迪自适应巡航控制系统屏幕显示图

扫一扫，即可观看自适应巡航控制系统视频

自适应巡航控制系统的车距时间有多个档位供选择，图中是第3档位车距时间

第五节　自动驾驶系统

自动驾驶技术是怎样分级的？

自动驾驶也称无人驾驶，是指依靠传感器信息收集、视觉计算、人工智能和定位导航系统协同合作，可以让电子控制单元对车辆的前进、转弯和制动等进行自动操作，并能主动规避危险和障碍，高度保障车辆安全运行。根据自动化水平的不同，一般将自动驾驶分为6个级别：

L0级——人工驾驶：完全由驾驶人操作车辆。

L1级——辅助驾驶：车辆配备有一些驾驶辅助系统，如定速巡航系统、变道警告系统等。

L2级——部分自动驾驶：在驾驶人收到警告却未能及时采取相应行动时，车辆能够自动进行干预，如自适应巡航控制系统、车道保持系统等。

L3级——条件自动驾驶：车辆能够在大部分时间内代替驾驶人操作，但仍需驾驶人对车辆的运行状态进行监控，在必要时仍需要驾驶人接管车辆的操控。

L4级——高度自动驾驶：由车辆完成所有驾驶操作，驾驶人无须保持注意力来监控车辆及周围情况，但对道路和环境条件还有一定的要求。

L5级——完全自动驾驶：在全道路和全天候下，可由车辆完成所有驾驶操作，车内所有乘员可以从事其他活动甚至睡眠，不需要任何人员监控车辆的行驶状态。

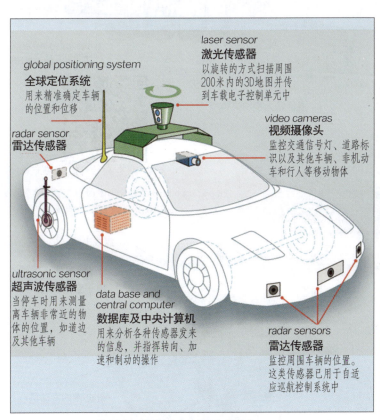

自动驾驶汽车原理示意图

Questions

第十六章思考题

16.1　变道警告系统主要防止出现什么事故？

16.2　应用车道保持系统的前提是必须使用什么样的转向系统？

16.3　为什么定速巡航控制系统要采用闭环控制系统？

16.4　自适应巡航控制系统具有什么特点？

16.5　自动驾驶技术共分哪几个级别？你的车是处于哪个级别？

第十七章 新能源汽车

第一节 混合动力汽车

混合动力汽车是咋"混"的？

混合动力系统是指两种不同形式的动力组合在一起，共同作为驱动汽车前进的动力系统，其动力形式主要有燃油发动机、燃气发动机、电机等。但通常我们所称的混合动力汽车，是指采用燃油发动机与电机两种动力组合的汽车，简称"油电混合"。

虽然都是采用发动机和电机来驱动汽车前进，但并不都是采用燃油和电两种能量供给方式。只采用燃油一种供给方式的混合动力汽车，我们通常称其为"普通混合动力汽车"；而可以采用外接电源充电的混合动力汽车，被称为"插电式混合动力汽车"。

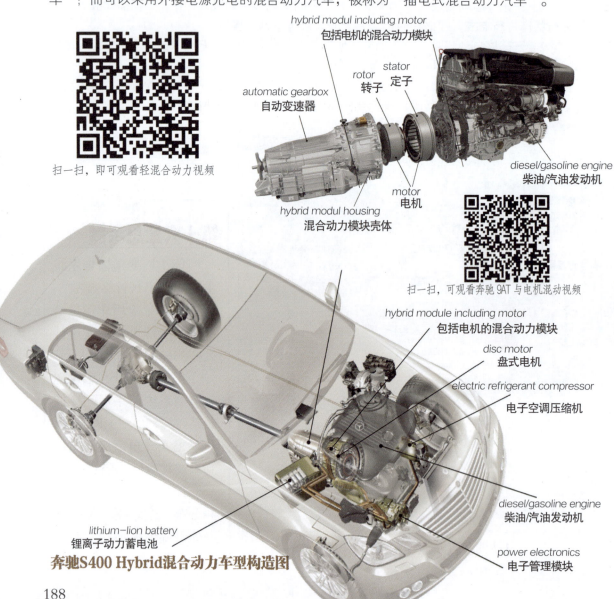

扫一扫，即可观看轻混合动力视频

扫一扫，可观看奔驰9AT与电机混动视频

奔驰S400 Hybrid混合动力车型构造图

根据电机在动力系统中的作用大小，可以将混合动力系统分为两种形式：

什么是轻混合动力？——纯电行驶距离极短，电机只起辅助作用

轻混合动力系统采用的是单独的高压电机，在汽车缓慢起步或低速行驶时，电机在电量饱满的情况下可以独立驱动汽车前进，但行驶距离极短；当汽车处于加速或者大负荷工况时，电机与发动机共同驱动车轮，在汽车需要更大动力时帮助"推"一下汽车，从而提高整车的起步和加速性能。这种混合动力系统中的电机一般设置在发动机与变速器之间，而不是独立设置。

现在的轻混系统一般都采用48伏电气系统。相比原来的12伏低压电气系统，48伏电气系统可以直接驱动水泵、机油泵、空调压缩机等，减轻发动机的负担，从而达到节省燃油的目的。在一些轻混系统中，48伏电气系统甚至可以驱动涡轮器，从而改善发动机在低转速时的涡轮迟滞问题。

代表车型：奥迪A8L Hybrid、奥迪Q5 Hybrid、吉利博瑞GE、奔驰S400h、凯迪拉克XT5混动、大众途锐Hybrid等。

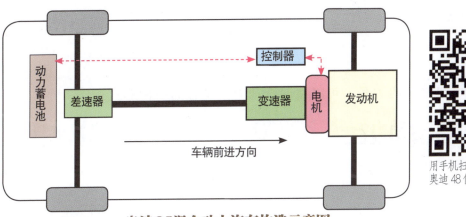

用手机扫一扫，即可观看奥迪48伏轻混动视频

奥迪Q5混合动力汽车构造示意图

扫一扫即可观看奥迪Q5混合动力视频

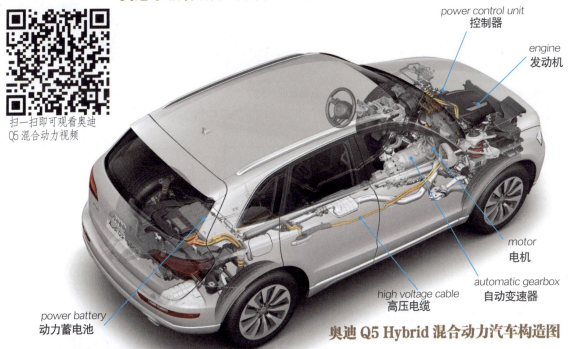

奥迪Q5 Hybrid混合动力汽车构造图

第十七章 新能源汽车

什么是重混合动力？——纯电行驶里程长

重混合动力系统采用272~650伏的高压电机，通过车载动力蓄电池供电，电机可以在起步或巡航过程中单独驱动车辆行驶，在加速或者动力蓄电池能量不足的情况下，再由发动机单独或者联合电机驱动车辆。

与轻混合动力系统相比，重混合动力系统的混合度更高，其电机功率更大，车载动力蓄电池容量也更大，纯电行驶里程也更长。

重混合动力系统往往采用两台电机，其中一台充当发电机。而且它的电机一般都是独立安放，而不是设置在发动机与变速器之间。

代表车型：丰田普瑞斯、雷克萨斯RX450h、雷克萨斯CT200h、丰田雷凌双擎等。

用手机扫一扫，即可观看丰田雷凌双擎汽车视频

根据发动机与电机之间的关系，可以将混合动力系统分为三种形式：

什么是串联式混合动力？——1台发动机+1台电机+1台发电机

所谓串联式混合动力，是指燃油发动机和电机不能分别驱动汽车前进，自始至终它只有一种动力驱动形式（多为电动形式）。

最常见的串联式混合动力汽车，也是依靠燃油和电能两种能量驱使汽车前进，但其燃油发动机无法直接驱动汽车，而只能用来带动发电机发电，并向电机提供电量，最终还是由电机来直接驱动汽车。燃油发动机只能间接通过发电机和电机才能发挥其作用。

串联式混合动力汽车实际上就是增程式电动汽车。

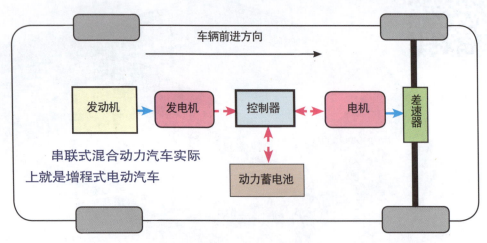

串联式混合动力结构示意图

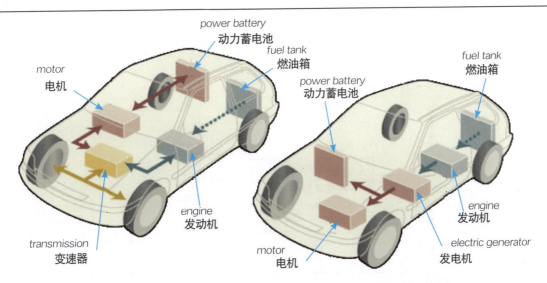

并联式混合动力系统构造示意图　　串联式混合动力系统构造示意图

什么是并联式混合动力？——1台发动机+1台电机

所谓并联式混合动力，是指它的燃油发动机和电机可以分别独立地向汽车提供驱动力，两种动力耦合后共同驱动汽车。即使一种动力停止工作，也不会影响另一种动力继续驱动汽车。两种动力装置之间比较独立，都有自己单独的车载能量源，即燃油箱和动力蓄电池，因此称其为并联式混合动力。

并联式混合动力系统只是指在动力供给方式上相互独立，但并不一定在结构安排上也相互独立，有时它们在结构上还是"串联"在一起的，比如前面介绍的轻度混合动力系统即是如此。

根据具体结构的不同，并联式混合动力也可以再细分为三种形式。其中第一种形式主要应用于前驱轿车，电机和发动机可以分别提供动力，它们的动力经动力耦合装置整合后，共同驱动汽车前进。相对而言，它个动力耦合装置至少满足三个要求：两种动力不能相互干涉，可以分别或共同提供动力；滑行时允许发动机制动发生；制动时允许电机变身发电机进行能量回收。

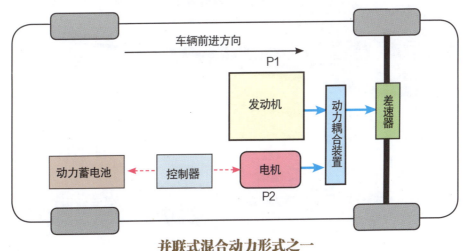

并联式混合动力形式之一

并联式混合动力中最为简单的是后驱轿车经常采用的一种形式，如奔驰 S400 Hybrid 混合动力汽车，它的电机整合在发动机与变速器之间，电机和发动机都分别提供驱动力，并以同轴的形式共同驱动汽车前进。

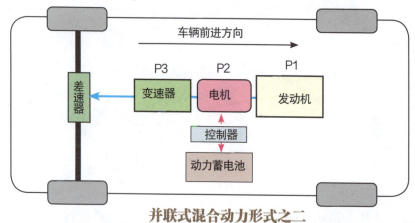

并联式混合动力形式之二

并联式混合动力的第三种形式主要应用于四驱车型上，电机整合在变速器与发动机之间，它只是在混合动力形式之二的基础上再加上一个前驱装置，构成四驱车型。严格说来，这两种并联混合动力形式应属同一种。它们都属于轻混合动力。代表车型有奥迪 Q5 Hybrid、大众途锐 Hybrid 等。

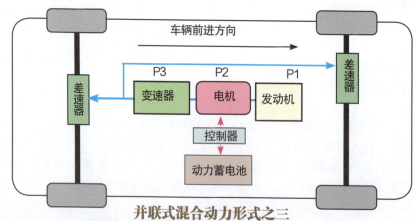

并联式混合动力形式之三

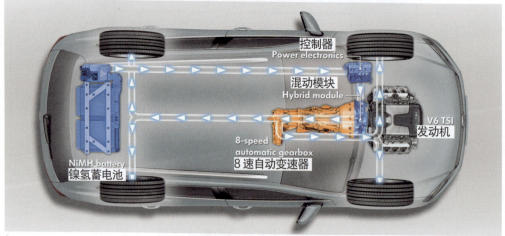

大众途锐混合动力汽车电动状态

什么是混联式混合动力？——1台发动机+1台电机+1台发电机

在混联式混合动力系统中，不仅发动机和电机可以分别独立驱动汽车前进（并联混合），也可以由发动机带动发电机发电并向电机提供电量，由电机辅助驱动汽车前进（串联混合）。因此，在混联动力系统中，除了有一台电机、发动机外，还必须独立设置一台发电机。

代表车型：广汽G-MC混动系统、丰田双擎混动系统等，以及雷克萨斯的混合动力车型CT200h、雪佛兰的混合动力汽车等。

混联式混合动力的结构示意图如下：

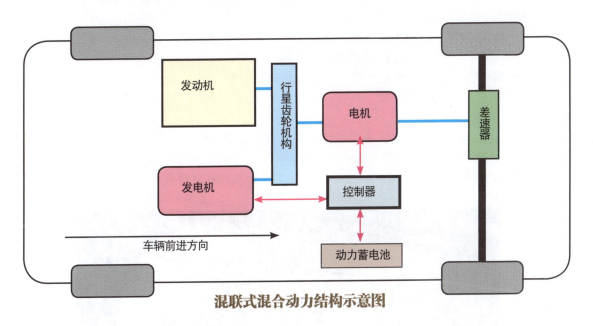

混联式混合动力结构示意图

下面是混联式混合动力汽车的原理示意图。从中可看出，当发电机不工作时，它就是一个并联混合动力系统，电机和发动机都可独立向传动系统提供动力；当发动机带动发电机工作时，就会形成发动机→发电机→电机→传动系统的串联式动力链。

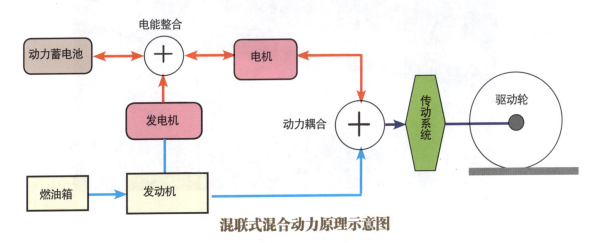

混联式混合动力原理示意图

丰田普锐斯混合动力是怎样工作的?

丰田普锐斯混合动力汽车采用混联式混合动力。它有一台电机和一台发电机,其中电机的最大功率为53千瓦,最大转矩为163牛·米。发动机采用1.8升的自然吸气汽油发动机,最大功率72千瓦,最大转矩142牛·米。

普锐斯的混合动力模块由2台电机(其中1台作为发电机)和行星齿轮机构组成,它主要适用于双电机式混合动力车型,其行星齿轮的环齿轮、行星齿轮架和太阳轮,分别与2台电机和1台发动机相连,利用行星齿轮的特殊性能,协调2台电机与1台发动机三者之间力量的混合。

行星齿轮机构是一个神奇的齿轮机构,它在自动变速器和中央差速器中都有应用。它由最外圈的环齿轮、中央的太阳轮,以及夹在二者中间的行星轮(一般固定在行星齿轮架上)三部分组成。这三部分齿轮之间的关系非常微妙,不论是调节哪个齿轮,都会影响另两部分齿轮的转动。正是利用行星齿轮的这个特性,将混联式混合动力的1台电机、1台发电机和1台发动机这三个动力源组成一个动力共同体,使它们三者之间默契配合,相互协调,使车辆总能以最佳性能行驶。其实,行星齿轮机构起到动力分配的作用,与一些四驱汽车中央差速器的作用相当。

采用这种混动模块的车系主要包括丰田混合动力车型(包括雷克萨斯)、通用混合动力车型(包括雪佛兰)、上汽荣威混合动力车型等。它们的原理基本相同,只是具体设计稍有差别。在丰田普锐斯混合动力汽车上,环齿轮与主电机相连,行星齿轮架与发动机相连,太阳轮与发电机相连。

motor 电机   *reduction gear* 减速齿轮   *generator* 发电机

丰田普锐斯混合动力模块

第十七章　新能源汽车

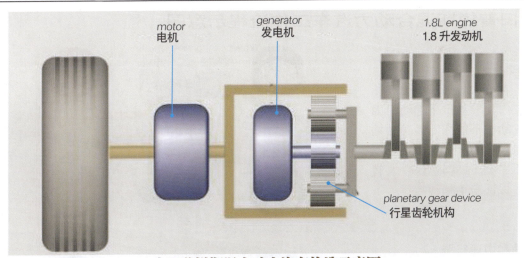

丰田普锐斯混合动力汽车构造示意图

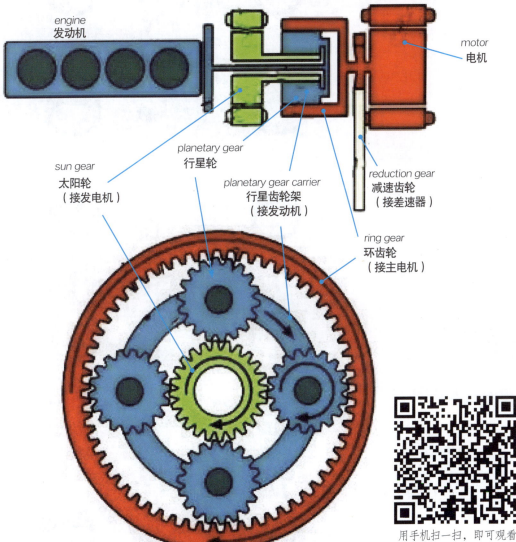

丰田普锐斯混合动力行星齿轮机构示意图

用手机扫一扫，即可观看丰田混合动力汽车视频

195

丰田普锐斯混合动力汽车工作流程示意图

起步

起步时，只有电机参与工作，发动机不起动。因为发动机不能在低转速时输出较大转矩，而电机则可以在低转速时就输出最大转矩，保证车辆顺利起步。

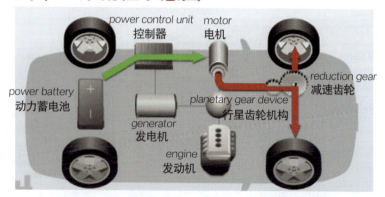

低速和中速行驶

对于发动机而言，在低速、中速时的效率并不理想，而电机在低速、中速时性能优越。因此，在0~20千米/时的速度行驶时，油电混合动力系统只使用电机驱动汽车行驶。

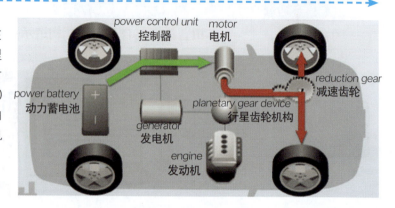

一般行驶

一般行驶时，以发动机工作为主，并且发动机带动发电机向电机供电，使电机也能辅助发动机驱动汽车前进。如果这时发动机产生多余的能量，则这部分能量由发电机转换成电力，储存在动力蓄电池中。

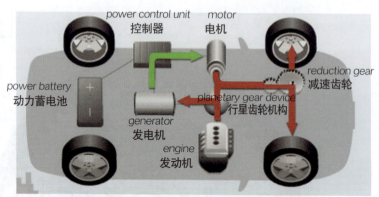

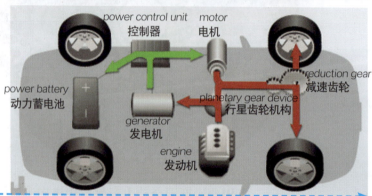

加速行驶

当汽车需要加速行驶时（如爬陡坡及超车），不仅发动机参与工作，而且动力蓄电池也提供电力来加大电机的驱动力。此时，是发动机和电机双重动力共同驱动汽车加速前进。

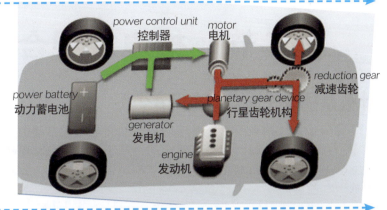

减速或制动

当踩制动踏板或松开加速踏板时，车辆的惯性带动车轮继续旋转，车轮带动电机旋转。此时，电机处于发电机工作状态，发电并将电能储存于动力蓄电池中，回收能量以便再利用。

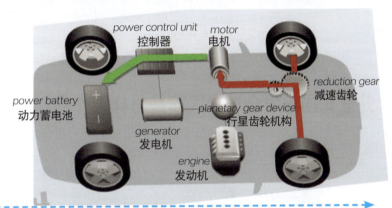

停车

当停车时，发动机和两个电机都不工作，车辆完全静止。

丰田普锐斯混合动力汽车构造图

第二节　插电式混合动力汽车

什么是插电式混合动力汽车？

可以使用外接电源为车载动力蓄电池充电的混合动力汽车，就称为插电式混合动力汽车。插电式混合动力汽车有两套动力系统：发动机和电机。这两套动力系统不仅相互独立——都可以独立获得能量补充、都可以独立驱动汽车行驶，又可以相互协作，共同驱动汽车前进。

在日常使用过程中，它可以作为一台纯电动车来使用，但一般插电式混合动力汽车的纯电续驶里程都较短，往往不会超过60km。当然它也可以当作一台纯燃油汽车来使用，只是它的重量要比普通燃油汽车增加不少。

插电式混合动力汽车主要分并联式混合动力汽车和混联式混合动力汽车两种。

并联式插电混合动力汽车是怎样工作的？

并联式插电混合动力汽车一般只有一台电机，这台电机与发动机的动力系统呈并联关系，它们的动力通过动力耦合装置整合后，共同向汽车提供驱动力。

代表车型：比亚迪秦、荣威550 Plug-in、华晨宝马530 Le、奥迪A3 e-tron、沃尔沃S60L E、宝马i8、奔驰S500 Plug-in Hybrid、大众高尔夫GTE等。

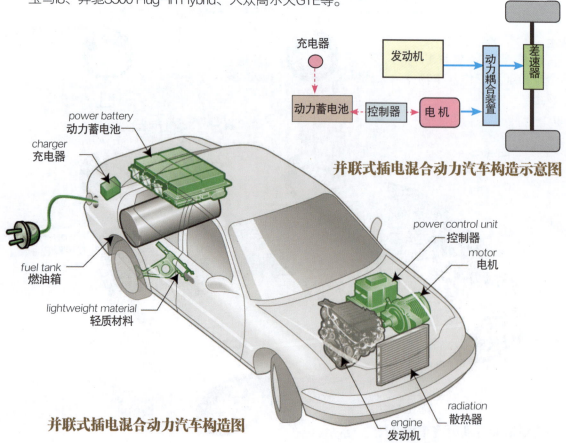

并联式插电混合动力汽车构造示意图

并联式插电混合动力汽车构造图

混联式插电混合动力汽车是怎样工作的？

混联式插电混合动力汽车一般都会拥有一台电机和一台发电机。电机和发动机都可独立向汽车提供驱动力（并联关系）；同时，在动力蓄电池的电量不足时，发动机还可以带动发电机发电并向电机供电（串联关系）。

代表车型：上汽EDU混动系统（含荣威ei6、eRX5车型）、丰田普锐斯插电式混动车型等。

混联式插电混合动力汽车的工作过程如下：

1）当起步或低速行驶时，汽车依靠电机驱动车轮前进，此时由动力蓄电池向电机提供电能。

2）只有当汽车急加速或高速行驶时，或动力蓄电池的电量不足时，发动机才参与工作并直接驱动车轮，同时发动机还带动发电机发电并将电能供给电机。此时，电机与发动机共同驱动车轮，使汽车拥有更大的驱动力。

3）动力蓄电池的电能有三种来源方式：一是当车辆减速或制动时，车轮带动电机旋转，此时电机作为发电机发电；二是发动机直接带动发电机发电；三是外接电源为汽车充电。

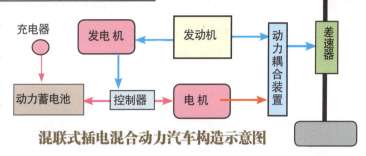

混联式插电混合动力汽车构造示意图

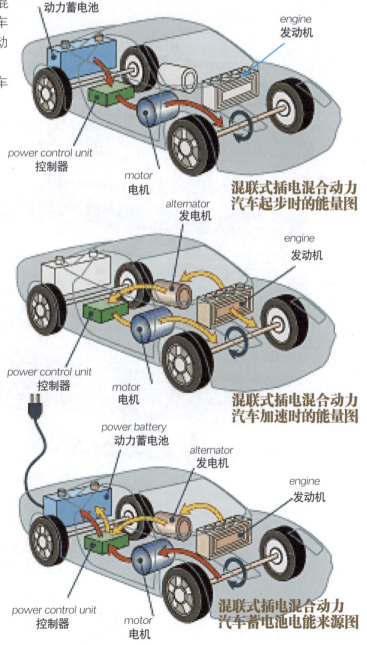

混联式插电混合动力汽车起步时的能量图

混联式插电混合动力汽车加速时的能量图

混联式插电混合动力汽车蓄电池电能来源图

奥迪 A3 e-tron 插电式混合动力汽车是怎样工作的？

奥迪 A3 e-tron 插电式混合动力汽车的混合动力模块位于发动机与变速器之间，属于并联混合动力方式，电机和发动机都可以独立驱动汽车前进。在发动机单独运转时，可通过双质量飞轮绕开电机直接将动力传递给变速器；而纯电动模式下，则仅将电机的动力传递给变速器。奥迪 A3 e-tron 的最大综合续驶里程为 940 千米，最大纯电续驶里程为 50 千米。

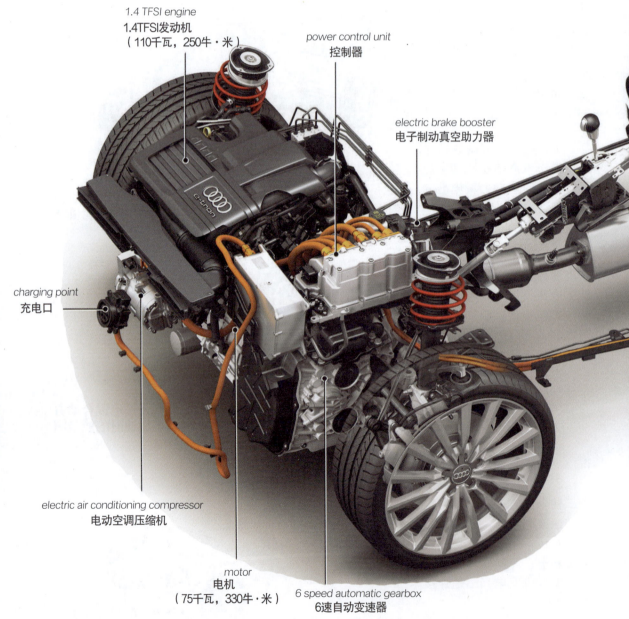

奥迪 A3 e-tron 插电式混合动力汽车构造图

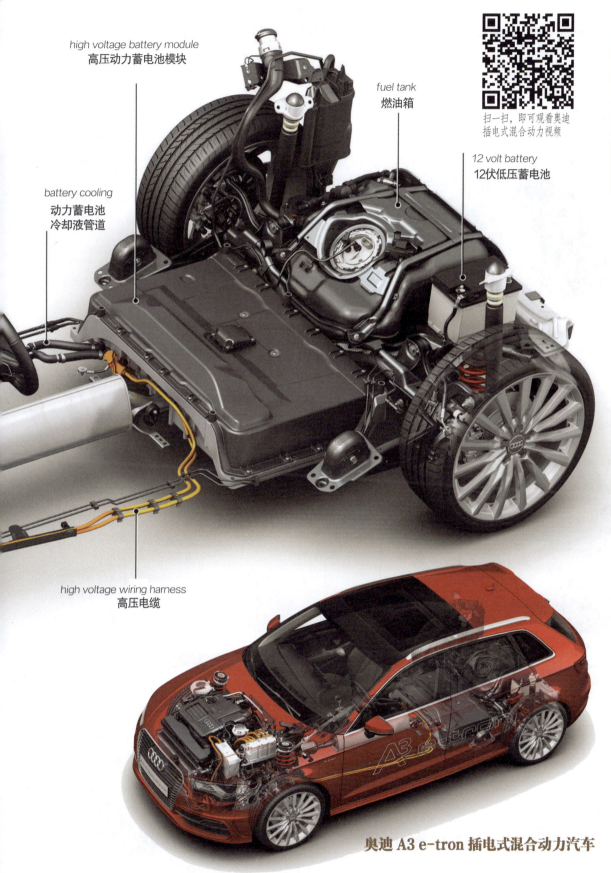

奥迪 A3 e-tron 插电式混合动力汽车

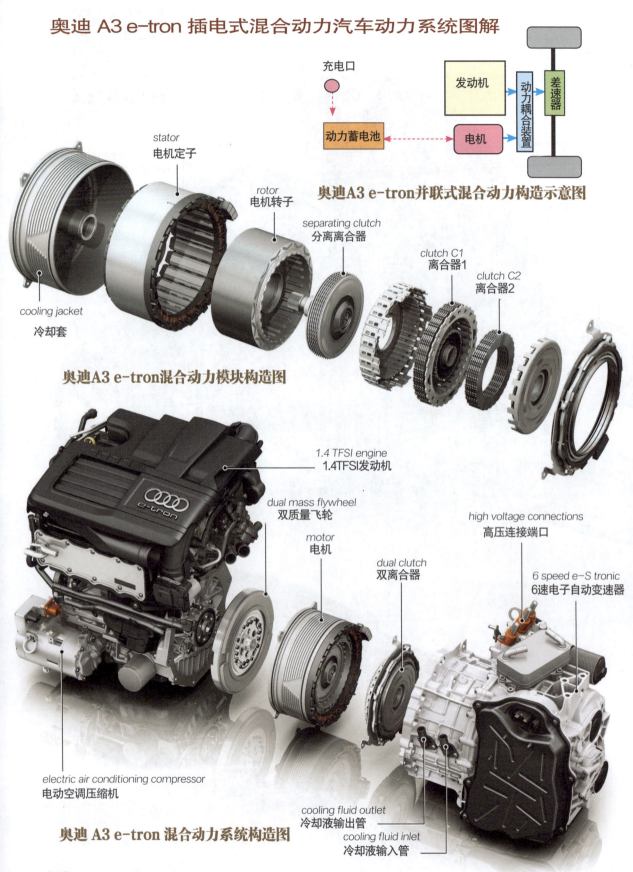

上汽荣威插电式混合动力汽车是怎样工作的？

上汽集团推出名为EDU的混合动力系统，并应用在荣威eRX5、荣威ei6等插电式混合动力车型上。EDU混动系统的最大特点是配备了一台2速变速器。它是一台2速双离合变速器，具有手动变速器的齿轮传递构造，又具有自动变速的功能，不需要人工操作。在这台2速变速器的两端，分别装备一台电机，其中一台为主电机，功率较大，主要用于动力驱动，另一台功率较小，主要用于发电。这两台电机分别通过离合器与2速变速器相连。

当动力蓄电池中电量较充足并且车辆对转矩需要适中时，离合器1分离，发动机和发电机不工作，只有主电机工作，离合器2闭合，车辆处于纯电驱动状态。

当动力蓄电池中电量较低、转矩需要也较低时，离合器1分离，发动机带动发电机发电，向动力蓄电池充电，同时主电机也工作，离合器2闭合，车辆处于纯电驱动状态。

当有较大的转矩需求时，发动机、发电机和主电机都工作，两个离合器都闭合，车辆处于电力驱动和燃油动力驱动状态。

滑行和制动状态下，两个离合器都闭合，在车身惯性的拖动下，主电机与发电机都处于发电状态，共同向动力蓄电池充电。

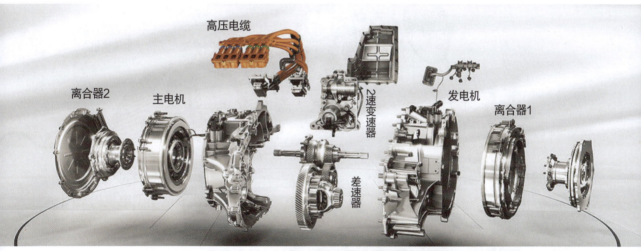

上汽 EDU 插电式混合动力模块构造图

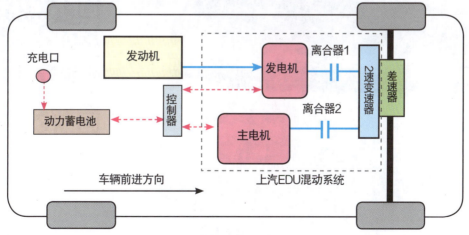

上汽 EDU 插电式混合动力两驱汽车构造示意图

雪佛兰沃蓝达插电式混合动力汽车是怎样工作的？

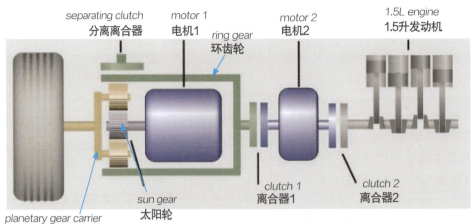

雪佛兰沃蓝达（VOLT）插电式混合动力构造图

雪佛兰沃蓝达车型电机构造图

雪佛兰沃蓝达（VOLT）Voltec 混合动力模块

用手机扫一扫，即可观看雪佛兰 VOLT 汽车视频

雪佛兰沃蓝达（VOLT）Voltec 混合动力系统工作流程图

EV纯电动低速模式：分离离合器接合，离合器1、离合器2分离，发动机停转。环齿轮被固定，电机1推动太阳轮转动，行星齿轮架因太阳轮的转动而转动，把动力传输到减速齿轮并传递到车轮。

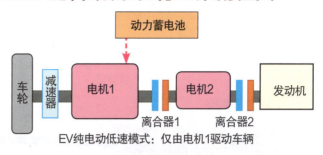

EV纯电动低速模式：仅由电机1驱动车辆

EV纯电动高速模式：离合器1接合，分离离合器、离合器2分离，发动机停转。电机2推动环齿轮转动，电机1推动太阳轮转动。环齿轮和太阳轮同时转动，带动行星齿轮架转动，把动力传到车轮。

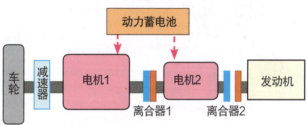

EV纯电动高速模式：两台电机共同驱动车辆

EREV增程电动低速模式：分离离合器、离合器2接合，离合器1分离，发动机运转并推动电机2发电为动力蓄电池充电；同时动力蓄电池为电机1供电推动太阳轮转动。由于环齿轮固定，行星齿轮架跟随太阳轮转动，把动力传到车轮。

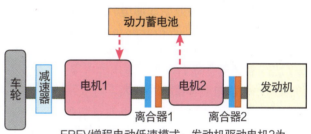

EREV增程电动低速模式：发动机驱动电机2为动力蓄电池充电，电机1驱动车辆

EREV增程电动高速模式：离合器1、离合器2接合，分离离合器分离，发动机运转。此时，发动机与电机2转子连接后推动环齿轮转动的同时还推动电机2发电。电机1推动太阳轮转动。环齿轮和太阳轮同时转动，带动行星齿轮架转动，从而把动力传到车轮。

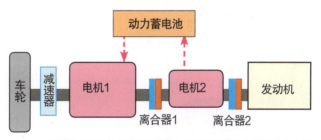

EREV增程电动高速模式：发动机驱动电机2为动力蓄电池充电的同时，与电机1共同驱动车辆

能量回收模式：分离离合器接合，离合器1、离合器2分离，发动机停转。车轮带动行星齿轮架转动，由于环齿轮固定，太阳轮随着行星齿轮架转动，并带动电机1（作为发电机）发电对动力蓄电池充电。

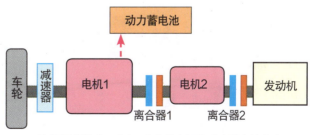

能量回收模式：电机1充当发电机为动力蓄电池充电

插电式与非插电式混合动力汽车有什么区别？

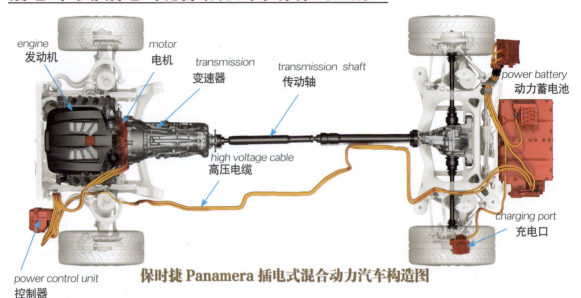

保时捷 Panamera 插电式混合动力汽车构造图

1）普通混合动力（非插电式混合动力）汽车的动力蓄电池容量很小，只是用来储存回收来的能量，并不能进行外部充电；而插电式混合动力汽车的动力蓄电池相对要稍大些，并且可以利用外接电源充电。

2）普通混合动力汽车不能用纯电模式行驶较长距离，一般仅为数千米；插电式混合动力汽车的动力蓄电池容量相对较大，可以外部充电，满电情况下可以纯电模式行驶数十千米。

3）普通混合动力汽车的电力驱动系统完全处于辅助地位，极少情况下才会以纯电模式行驶；而插电式混合动力汽车的电力驱动系统虽然也处于次要地位，但它可以纯电行驶较长距离，电机的功率也相对较大。

4）相对普通混合动力汽车而言，插电式混合动力汽车的自重更大，制造成本更高，售价也更高。从节能和实用性讲，插电式混合动力汽车可能是目前最合适的过渡车型。它不仅具有与燃油汽车相当的续驶里程，而且还能使用电能驱动汽车，可谓是既节能又环保，同时还避免了"里程焦虑"。

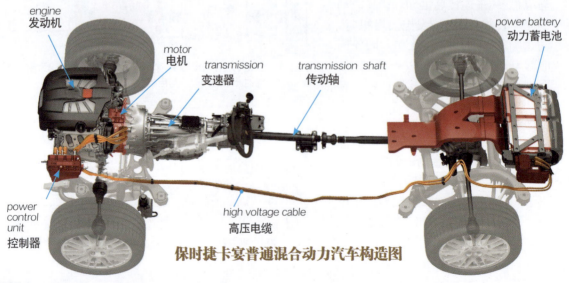

保时捷卡宴普通混合动力汽车构造图

第三节　纯电动汽车

纯电动汽车的构造是怎样的？

与燃油汽车相比，纯电动汽车的构造要简单多了。它主要由电机、控制器和动力蓄电池三大部件组成。在此，按介绍传统汽车的方式，分别介绍电动汽车与传统汽车的区别。

车身造型： 许多纯电动汽车都是根据传统汽车的车型改造而来的，因此车身外形没有太大区别。如果是从零设计的纯电动汽车，为了便于在底板上放置动力蓄电池，往往会将车身设计得较高一些，如宝马i3、腾势等。

动力系统： 电机替代了发动机，初始转矩更大，起步迅猛。电机的动力输出大小由电子控制器来调节。

传动系统： 电动汽车上一般没有变速器，电机的转速变化通过电子控制器来调节，然后通过减速器、差速器直接传递到前轴或后轴上。

转向系统： 采用电动助力转向，与现在越来越多采用电动助力转向的传统燃油汽车没有什么差别。

行驶系统： 悬架、车桥、车轮等与传统燃油汽车一样，没有太大差别。

制动系统： 因为传统燃油汽车要采用来自发动机的真空力作为制动助力，所以电动汽车要找到发动机真空的替代方案。最常用的办法就是装备一个电动真空泵，专门向真空制动助力器补充真空。

能量供给系统： 没有了燃油箱，但动力蓄电池的体积和重量都增大很多。

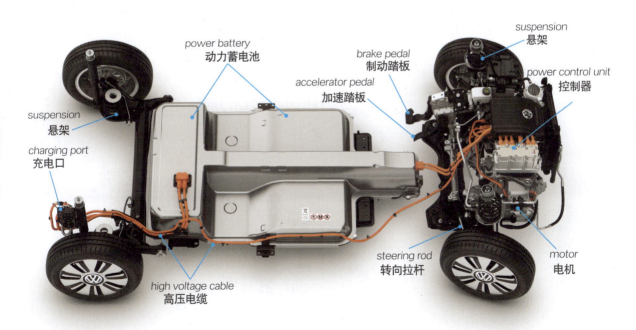

纯电动汽车基本构造图

纯电动汽车是怎样奔跑的？

当驾驶人转动点火钥匙时，电动汽车并没有什么反应和动静，只是附件电器接通电源，但电机并没有开始运转。当驾驶人踩加速踏板时，电机控制器根据加速踏板位移传感器的信息，发出接通电机电源的指令，动力蓄电池通过DC/AC变换器向电机定子绕组提供三相交流电，使定子绕组瞬间形成旋转磁场。如果是交流异步电机，闭合的转子绕组会产生感应电流，进而在旋转磁场中会受到电磁力的作用，促使转子开始追着定子磁场旋转，使电机输出旋转力矩；如果是永磁同步电机，转子的永磁体磁场与定子绕组的旋转磁场相互作用，使转子跟着旋转磁场同步旋转，从而使电机输出旋转力矩。

电机一开始旋转就可以输出最大转矩。由于初始转矩足够大，因此只需通过减速器而不是变速器的低速档位，就可以将低转速、高转矩的动力传递到差速器，然而再通过半轴传到驱动轮上，最终驱动汽车起步、前进。

当驾驶人继续向下踩加速踏板希望汽车加速前进时，电机控制器根据加速踏板位移传感器的信息，向电机输出更高的电源频率和电压，从而使电机转速升高，进而使驱动轮的转速提高，最终提高汽车的速度。

当驾驶人抬起加速踏板时，电机控制器根据加速踏板位移传感器的信息，调节电机的转速，进而使驱动轮的转速降低，最终使电动汽车的速度下降。

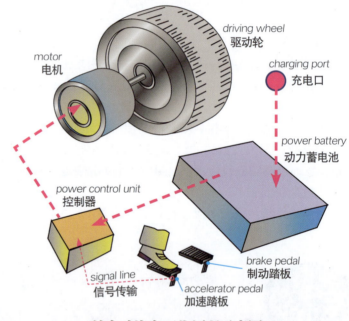

纯电动汽车工作原理示意图

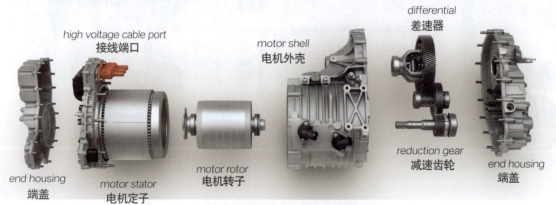

纯电动汽车动力系统构造图

纯电动汽车为什么没有变速器？它是怎样变速的？

因为电机的起动转矩非常大，足以使静止的汽车起步并提速，所以电动汽车上没有传统汽车上的机械变速器，只有一个单级减速器，不需要使用多个齿轮变速组合将电机的输出转矩放大，只要控制好电机的转速，即可实现电动汽车的变速。电机转速的计算公式是：

交流异步电机转速：$n = (1-s)60f/P$；**永磁同步电机转速**：$n = 60f/P$。

式中，n 为电机转速（转/分）；f 为电源频率（赫兹），P 为磁场的磁极对数（磁极数除2）；s 是磁场转速与转子转速之间的转速差（2%~6%）。

从计算公式中可看出，电机转速与电源频率成正比，改变电源频率，就能调节电机转速。

因此电机控制器中的主要部件就是用于调节电源频率的变频器，通过调节电源频率实现对电机转速的控制，而且是无级调速，进而调节汽车速度。纯电动汽车的调速过程是：

驾驶人踏下加速踏板——传感器检测到加速踏板被踩下去的深度（一般都会装备两个相同的传感器，以防误操作，只有两个传感器的数据完全一致时，才会进行下一步）——电机控制器根据传感器信息调节电源频率——电机的转速随电源频率的改变而改变——经过差速器、半轴等传动系统后，将电机动力输出的变化传递到驱动轮上，最终使汽车的速度产生变化。

倒车时，电机控制器将供给电机的交流电方向调反，电机立即就会反转，从而驱动汽车倒退。

用手机扫一扫，即可观看交流异步电机视频

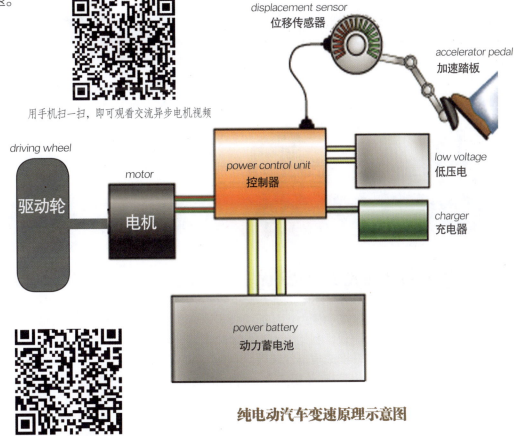

用手机扫一扫，即可观看纯电动汽车电动模块视频

纯电动汽车变速原理示意图

第十七章 新能源汽车

209

纯电动汽车是怎样回收能量的？

电动汽车之所以称为节能环保汽车，不仅是指它的排放物没有污染，更重要的是它配有能量回收系统。它可以将汽车的制动力和惯性力转换为电力，从而继续作为驱动汽车的动力。

当驾驶人抬起加速踏板时，动力蓄电池停止向电机供电，但此时车辆并不能马上停下来，而是在惯性力的作用下继续前进。这个时候驱动轮通过半轴、差速器、减速器的动力传递，反过来拖动电机的转子运转，使电机进入发电机的工作状态，电机定子绕组上产生反向交流电，经过AC/DC变换器后整流为直流电，并储存于动力蓄电池中。

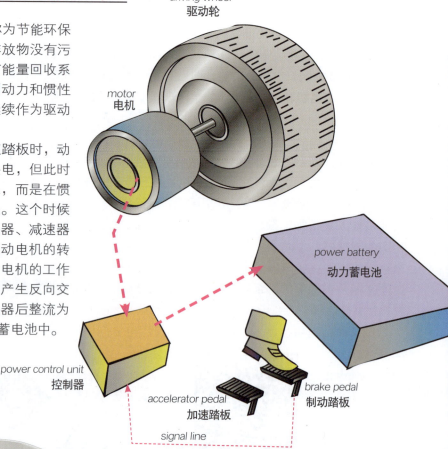

电动汽车制动能量回收示意图

电动汽车在制动时，车辆因惯性而推动车轮转动，进而带动电机发电，并将电能充入动力蓄电池中

为什么电动机又能充当发电机？

从工作原理上看，电动机与发电机是完全不同的。电动机是将定子绕组通电后产生磁场，然后使转子的通电导体在磁场中受力，从而使转子运转。它是将电能转换成机械能的装置；发电机则是利用电磁感应原理，利用外力来转动转子并使其切割定子磁场磁力线，从而产生感应电流。它是将机械能转换成电能的装置。

但从结构上看，发电机与电动机完全一样，都是由定子与转子等组成。当向电机的定子绕组输入电能时，它的转子就会转动，它就是电动机；当向电机的转子输入机械能时，定子绕组上就会产生感应电流，它就变身为发电机。因此，当汽车减速或制动时，由于惯性，汽车就会拖动电机的转子旋转，产生电流，从而电机就转变为发电机。

特斯拉 Model S 纯电动汽车图解

特斯拉Model S纯电动汽车共分两大系列：单电机后驱车型和双电机全驱车型。

其中后驱车型又根据动力蓄电池容量的不同分为70（蓄电池容量70千瓦·时）和85（蓄电池容量85千瓦·时）两个型号，续驶里程分别为420千米和502千米。

全驱车型采用一前一后两个交流异步电机，分别驱动前轴和后轴，根据动力蓄电池容量和电机功率的不同，又分为75D、85D和P85D三个型号，其中85D的续驶里程高达528千米，P85D的0—100千米/时加速时间为3.0秒(狂暴模式)。

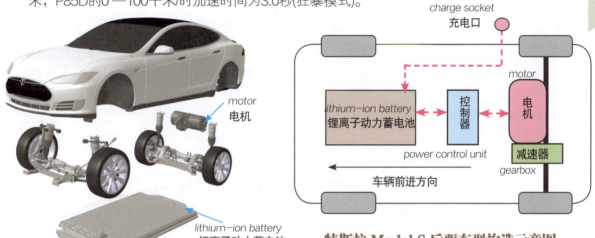

特斯拉 Model S 后驱车型构造示意图

用手机扫一扫，即可观看特斯拉S纯电动汽车视频

奔驰 B 级纯电动汽车构造图解

奔驰B级Electric Drive纯电动车是与特斯拉合作的产品，它配备一台可以输出最大功率为100千瓦的电机，最大转矩可达到310牛·米，这个数据与3.0升的汽油发动机相当。该车在动力蓄电池满电时续驶里程为200千米，并且快充1小时可以获得100千米的续驶能力。

第十七章 新能源汽车

211

第四节　燃料电池汽车

什么是燃料电池汽车？

燃料电池汽车(Fuel Cell Vehicle，简称FCV)是一种用车载燃料电池产生的电力作为动力的汽车。

燃料电池是一种把氢氧化学能转化为电能的电化学设备。燃料电池装置通常使用高纯度氢作为燃料，但它不是直接燃烧氢，而是利用氢与空气中的氧发生化学反应而产生电能，用来驱动汽车前进。因此，燃料电池汽车也是一种纯电动汽车，只不过它不是采用外接电源为蓄电池充电，而是利用燃料电池在车上实时发电来为电机提供电能。因此，燃料电池汽车被称为"自带发电站"的汽车。

燃料电池的原理是1839年由威尔士物理学家威廉·格罗甫首先发现的。

燃料电池汽车构造示意图

燃料电池汽车是怎样奔跑的？

燃料电池一般由燃料电池反应堆、储氢罐、蓄电装置（蓄电池或超级电容）、电机和电控系统等组成。储氢罐向燃料电池堆提供燃料氢，氢在燃料电池堆中与氧气进行电化学反应产生电，然后供电机使用，在电控系统的指挥下驱动汽车前进。当汽车制动或减速时，回收的能量可以储存在蓄电池或超级电容中，用来辅助驱动车轮。

与纯电动汽车相比，燃料电池汽车只是由燃料电池堆替代了可充电的动力蓄电池，而动力传递和驱动部分基本一样。

燃料电池汽车也有多种形式，纯燃料电池汽车上没有储存电能的装置，但现在的燃料电池汽车都设有蓄电池或超级电容，以进行能量回收。带有蓄电池或超级电容的燃料电池汽车又称为燃料电池混合动力汽车。

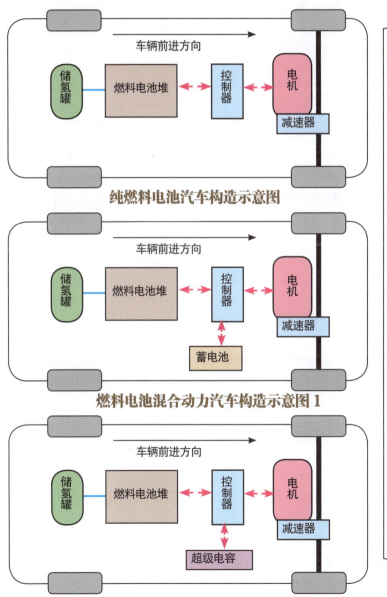

纯燃料电池汽车构造示意图

燃料电池混合动力汽车构造示意图 1

燃料电池混合动力汽车构造示意图 2

Did You Know?

燃料电池汽车为什么还要装备蓄电装置

既然已有燃料电池作为汽车的动力源，为什么还要再准备一个蓄电池或超级电容来储存电能呢？主要有两个原因：

1）蓄电池或超级电容可以用来储存减速或制动时回收的能量，而燃料电池没有储存功能。

2）由于燃料电池是车载实时发电设备，当驾驶人踩加速踏板要急加速时，从控制器监测到加速信息，到燃料电池产生电能，再到电机接收到电力，都需要一个过程，从而造成"加速迟滞"现象，影响车辆性能。如果此时另有储存电能的蓄电池或超级电容及时为电机提供电能，那么就可以克服燃料电池汽车的"加速迟滞"现象。

燃料电池是怎样发电的?

燃料电池是一种不燃烧燃料而直接以电化学反应方式将燃料的化学能转变为电能的高效发电装置。其发电的基本原理是：电池的负极(燃料极)输入氢气（燃料），氢在负极催化剂的作用下被离解成为氢离子（H^+）和电子（e）；氢离子穿过燃料电池的电解质层向正极方向运动，电子因通不过电解质层而由一个外部电路流向正极；在电池的正极输入氧气（O_2），在正极催化剂的作用下，氧气与通过外部电路流向负极的电子和燃料穿过电解质的氢离子结合生成稳定结构的水（H_2O），完成电化学反应并放出热量。

$$2H_2 + O_2 = 2H_2O$$

这种电化学反应与氢气在氧气中发生的剧烈燃烧反应是完全不同的。只要负极不断输入氢气，正极不断输入氧气，电化学反应就会连续不断地进行下去，电子就会不断地通过外部电路流动形成电流，从而连续不断地向汽车提供电力。

燃料电池与锂离子蓄电池有巨大区别，虽然其结构也是由正极、负极和电解液构成，但它并不储存电能，不是个"蓄电池"，而是一个"原电池"，它利用供给的燃料（氢）不停地发电。

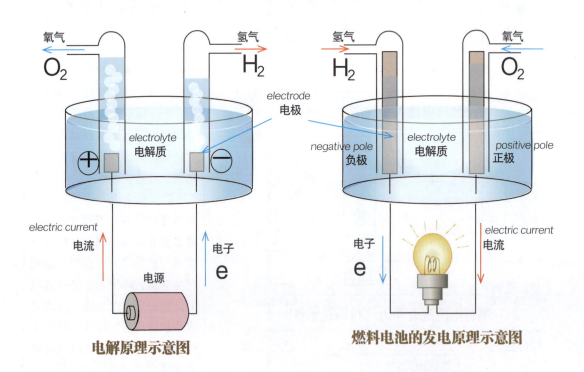

电解原理示意图

燃料电池的发电原理示意图

Did You Know?

为什么称"燃料电池堆"

与锂离子蓄电池一样，燃料电池也是由单体电池组成。但每个单体电池的电压还不到1伏，因此也需要将它们组合起来，形成一个总电压较高的"燃料电池堆"，这样才可以用来为电机供电。通常的办法就是根据车辆需要，将数百个单体燃料电池串联起来，从而组成总电压高达数百伏的燃料电池。

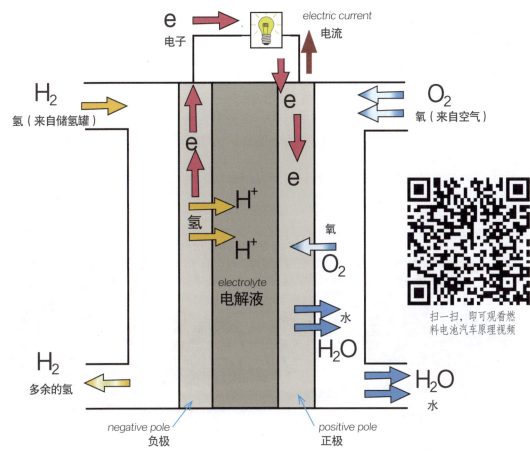

单体燃料电池工作原理示意图

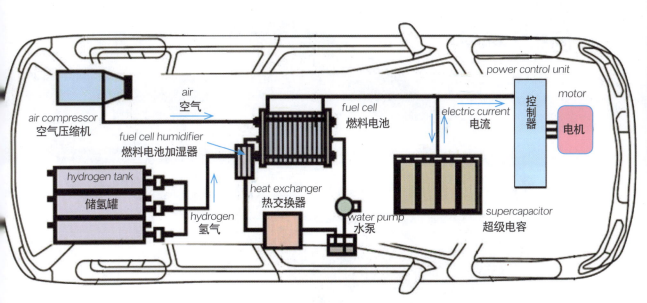

燃料电池汽车构造与工作原理示意图

215

丰田 Mirai 燃料电池汽车有什么特点？

丰田Mirai是世界上真正量产销售的第一款燃料电池汽车。Mirai上实际有两套电池：一套位于车身中部，为高分子电解质燃料电池组，是整辆车的核心部件，负责使氢气和氧气在催化剂的作用下产生电能；另一套为镍氢蓄电池，位于行李舱下面，它可以储存燃料电池发的电，负责为车内电气设备供电以及保障低速时的纯电动运行。此外，能量回收系统也将减速和制动时回收的能量储存到镍氢蓄电池中。由于没有真正的能源燃烧，Mirai的氢气能量转化效率达到了60%，比传统内燃机高一倍。在整车性能方面，燃料电池最大输出功率为114千瓦，功率输出密度为3.1千瓦/升。Mirai配置了一台交流同步电机，最大输出功率为113千瓦，峰值转矩为335牛·米，其转矩表现接近2.0T发动机。

Mirai的续驶里程达到了650千米，同时完成单次氢燃料补给仅需约3分钟。

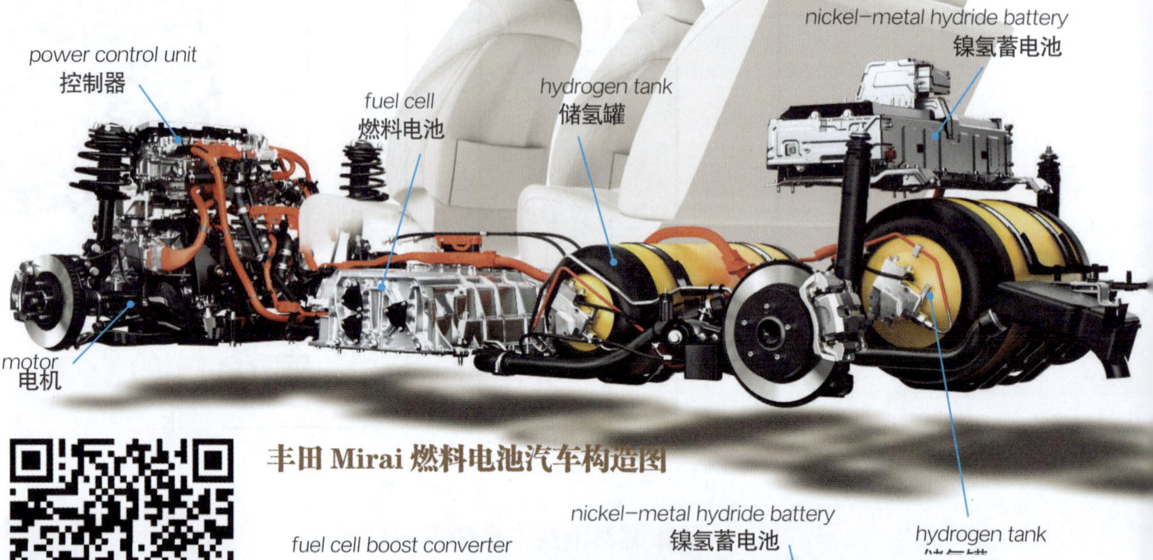

丰田 Mirai 燃料电池汽车构造图

扫一扫，即可观看丰田燃料电池汽车视频

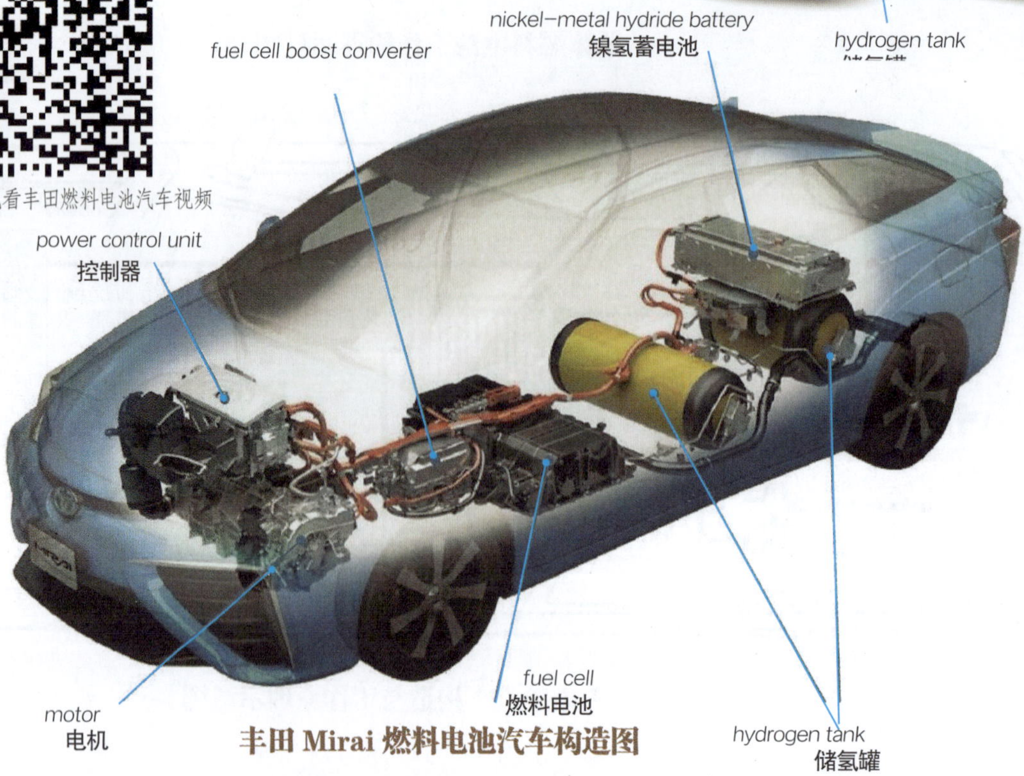

丰田 Mirai 燃料电池汽车构造图

奥迪 A7 Sportback 燃料电池汽车有什么特点？

奥迪A7 Sportback h-tron quattro概念车，采用一前一后两个电机分别驱动前轴和后轴。而且，在车前部装置燃料电池，后部则装置动力蓄电池。

燃料电池由300多个单体电池组成，总电压为230~360伏。在燃料电池模式下，车辆仅需大约1千克的氢就能行驶100千米，产生的能量相当于3.7升汽油，加满4个储氢罐（大约5千克的氢气），只需要3分钟的时间，与汽油车的加油时间相差无几。

后面的动力蓄电池可以通过外接电源进行充电，也可以储存燃料电池的电能以及制动和减速时回收的电能。它的容量为8.8千瓦·时，位于行李舱的下方，可为车辆额外提供大约50千米的续驶里程。

一前一后两个电机的输出功率都是85千瓦。在两个电机的共同作用下，车辆的最大转矩可达540牛·米，从静止加速到100千米/时仅需7.9秒，最高车速可达180千米/时。

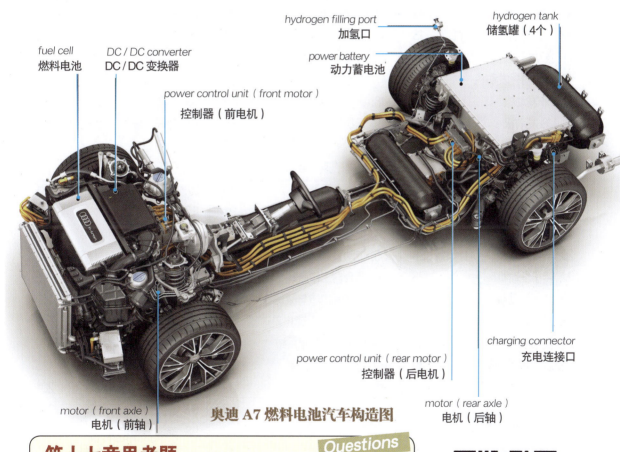

奥迪 A7 燃料电池汽车构造图

第十七章思考题

Questions

17.1　混合动力通常是指将哪两种动力混合在一起？
17.2　什么是轻混和重混？它们各有什么特点？
17.3　什么是并联式、串联式和混联式混合动力汽车？
17.4　为什么纯电动汽车没有传统的变速器？
17.5　燃料电池汽车使用哪种燃料？排放的是什么？

扫一扫，即可观看奥迪燃料电池汽车视频

本书视频资源索引

序号	视频内容	页码	序号	视频内容	页码	序号	视频内容	页码
1.	车身构造	1	36.	发动机排气系统	55	71.	轮胎制造过程	139
2.	底盘构造	4	37.	燃油供给	58	72.	转向系统	140
3.	前横置发动机前轮驱动	5	38.	发动机燃油喷射	58	73.	电动助力转向	143
4.	前横置发动机四轮驱动	5	39.	"双喷"发动机	60	74.	奥迪四轮转向	145
5.	前置后驱车型	6	40.	高压共轨	61	75.	盘式制动	147
6.	保时捷 GT3	6	41.	发动机点火	65	76.	盘式制动	147
7.	宝马 M6	7	42.	发动机冷却系统	68	77.	奥迪 TT 车身结构	154
8.	奥迪 R8 超级跑车	7	43.	发动机润滑过程	73	78.	车身安全设计	156
9.	发动机原理	11	44.	手动变速器	76	79.	车身结构	156
10.	克尔维特 V8 发动机	13	45.	液力变矩器	81	80.	轻量化车身结构	159
11.	发动机气缸排列形式	14	46.	行星齿轮变速原理	82	81.	汽车空调	160
12.	水平对置发动机	14	47.	自动变速器	83	82.	LED 前照灯	164
13.	V6 发动机	16	48.	采埃孚 8 速自动变速器	84	83.	矩阵 LED 前照灯	167
14.	V8 发动机	16	49.	无级变速器	86	84.	激光前照灯	169
15.	宝马 V8 发动机	16	50.	无级变速器	87	85.	TCS 系统	175
16.	水平对置发动机	17	51.	奥迪 7 速双离合变速器	88	86.	ESP 工作原理	176
17.	W16 形气缸	19	52.	双离合变速器	89	87.	盲点监测系统	181
18.	发动机工作原理	24	53.	自动离合变速器构造	91	88.	车道保持系统	182
19.	发动机工作原理	25	54.	福特双离合变速器	92	89.	自适应巡航控制系统	186
20.	柴油发动机	26	55.	传动系统	99	90.	轻混合动力	188
21.	转子发动机	28	56.	离合器工作原理	99	91.	奔驰 9AT 与电机混动	188
22.	转子发动机	28	57.	差速器构造与原理	101	92.	奥迪 Q5 混合动力	189
23.	发动机内部运动	30	58.	伊顿机械式锁止差速器	102	93.	奥迪 48 伏轻混动	189
24.	发动机活塞	32	59.	奥迪 TT 四驱系统	106	94.	丰田雷凌双擎汽车	190
25.	发动机运动部件	35	60.	电控多片离合器	107	95.	丰田混合动力汽车	195
26.	发动机工作原理	38	61.	分动器构造	109	96.	奥迪插电式混合动力	201
27.	奔驰可变气门	40	62.	分动器构造与原理	109	97.	雪佛兰 VOLT 汽车	204
28.	宝马电子气门	41	63.	奥迪运动型差速器	113	98.	交流异步电机	209
29.	本田可变气门	42	64.	宝马 xDrive	115	99.	纯电动汽车电动模块	209
30.	奥迪可变气门	43	65.	多片离合器	117	100.	特斯拉 S 纯电动汽车	211
31.	奥迪可变气缸技术	48	66.	奔驰 G 级差速锁	122	101.	燃料电池汽车原理	215
32.	涡轮增压器	49	67.	奥迪前悬架	124	102.	丰田燃料电池汽车	216
33.	涡轮增压器	50	68.	主动空气悬架	133	103.	奥迪燃料电池汽车	217
34.	机械增压器	52	69.	空气悬架	134			
35.	机械增压器	53	70.	奥迪 TT 电磁悬架	135			